Triplo X

Lucie Bach

TRIPLO X

Ein Kinderwunschroman

SCHWARZKOPF & SCHWARZKOPF

Inhalt

1. ICH BIN EINE ANTI-MÜLLER 7
2. DIE MENSCHEN AUF DER ANDEREN SEITE 10
3. KLEINSTER GEMEINSAMER TEILER 14
4. ALASKA IST NICHT ITALIEN 20
5. SCHWANGER, BIS DAS GEGENTEIL BEWIESEN IST 24
6. KINO KAPUTTE KINDHEIT 30
7. SUPER FEMALE 34
8. KLETTVERSCHLUSSMÄDCHEN 43
9. LEICHENGIFT 50
10. LIEBES ÜBER-ICH 58
11. DER ELEKTRISCHE BÄR 68
12. BIST DU AUCH ECHT? 82
13. DIE AUSPUTZER 96
14. FINN-GÖPPEL 106
15. OCTOMOMSCHE ANZEICHEN 117

16. DIE LETZTE PARTYSCHAUMMASCHINE 126

17. HERR GRÄULICH 135

18. PEPSI-CAROLA 145

19. KEIN KIND IM KIND 152

20. VERWAISTE EMBRYONEN 163

21. EINMAL MÄDCHEN, BITTE! 173

22. DAS LEIDEN LIEBLOSIGKEIT 180

23. VIELLEICHT SIND WIR HIPPIES 189

24. DU WIRST, WAS DEIN ALTER IST 196

25. E.T. 203

26. FREIER FALL 216

27. DIE NEUE FREMDHEIT MEINER STADT 223

28. PROFESSOR DRÜCKERFISCH 231

29. BALLERN 238

30. ES HAT UNS NIEMAND GEFRAGT 246

1

ICH BIN EINE ANTI-MÜLLER

Ich liege auf dem gynäkologischen Stuhl. Der lässt mich schon lange kalt, genauso wie Spritzen mir inzwischen egal sind. Auch Tom scheint sich an meinen breitbeinigen Anblick im Beisein eines Dritten gewöhnt zu haben. Er steht hinter Doktor Korn und begutachtet das schwarz-weiße Wirrwarr auf dem Bildschirm.

»Ja, die zwei sind Montag so weit, und rechts ist sogar noch eine gewachsen, wenn die sich beeilt, nehmen wir sie auch noch mit«, konstatiert unser Kinderwunscharzt, als der Schallkopf aus meiner Vagina flutscht. »Und die Gebärmutterschleimhaut ist tipptopp aufgebaut. Alles super.«

Klar, tipptopp-super. Andere Frauen entwickeln unter der Hormondosis, die ich mir täglich in meinen zerstochenen Junkie-Bauch jage, zehn bis 20 Eizellen. Ich hingegen bin ein sogenannter Low Responder, meine Eierstöcke reagieren kaum auf die Hormonspritzen. Anders ausgedrückt: Sie haben ihren Betrieb fast eingestellt, ich stehe mit 34 kurz vor den Wechseljahren. Vor zwei Monaten habe ich erfahren, dass mein Anti-Müller-Hormon, das die Eizellreserven anzeigt, unter 0,2 µg/l liegt – für mein Alter ein miserabler Wert. Tom und ich hatten noch gewitzelt, als mir das Laborblatt zugeschickt worden war, weil der Mädchenname meiner Mutter Müller ist und ich irgendwie wirklich eine Anti-Müller bin, schließlich verdanke ich ihr meine immer wieder aufkeimenden Depressionen. Seit wir wissen, was dieser Wert bedeutet, witzelt hier niemand mehr. Angemessenerweise bin ich depressiv und Tom sprachlos. Wenn ich in den nächsten Monaten nicht schwanger werde, war es das mit einem leiblichen Kind. Den Ärzten der Kinderwunschklinik zufolge habe ich einfach nur Pech gehabt, meine Eierstöcke seien meinem tatsächlichen Alter eben schon zehn Jahre voraus. Ich finde es erstaunlich, dass ich »einfach nur Pech« mit meinen Eierstöcken haben soll. Mir tut das Leben nämlich alles an, was es an Grausamkeiten zu bieten hat. Nur mit Tom habe ich Glück, aber wie die Dinge stehen, wird er mich verlassen. Er möchte Kinder und ist gesund. Zwar leugnet er, mit Trennungsgedanken zu spielen, aber ich an seiner Stelle würde gehen, also nicht ich an seiner Stelle, sondern er an seiner Stelle. Ich, die ich mich minderwertig fühle, würde bleiben bei einem Menschen wie Tom, den ich in Gedanken immer wieder erhöhe. Würde er mich verlassen, könnte ich es jedenfalls verstehen.

Ich habe mir wenig erträumt für mein Leben, so kann ich kaum enttäuscht werden. Eines aber wünsche ich mir – ein Kind, zumindest ein Kind, und am liebsten ein Mädchen. Ich würde ihm mein Herz zu Füßen legen, gemeinsam könnten wir das Leben neu entdecken, und nebenbei würde sie heilen, meine kranke Kinderseele. Man sollte kein Kind bekommen, um seine eigenen Begierden zu befriedigen, aber ich bekomme den Kinderwunsch nicht aus mir heraus. Trotzdem ahnte ich, dass es nicht klappen würde, noch bevor Tom und ich die Verhütung aufgaben. Einfach weil ich ein Schattenkind bin, aufgewachsen im Schatten meiner toten Schwester. Großwerden ohne Licht ist nicht möglich, aber ich hatte Papi. Er war meine Erde und mein Himmel. Was er mir gab, war alles, was ich zum Atmen hatte.

Leah wurde mit acht Jahren beim Überqueren einer Straße von einem Lastwagen überrollt. Sie sei plötzlich vor ihm aufgetaucht, sagte der Fahrer aus, er hätte nicht mehr reagieren können. Immerhin sei sie sofort tot gewesen. Zeugen gab es keine. In meiner Familie wurde selten darüber geredet, Mutter sprach überhaupt nie davon. Nur Papi hat es mir so erzählt, weil ich ihn wieder und wieder danach fragte.

»Deine Mutter hat den Schock, etwas so Geliebtes zu verlieren, nicht verkraftet. Deswegen konnte sie sich auf dich nie ganz einlassen. Aber sie liebt dich, sei dir sicher.«

Ich hatte nur diese eine Mutter, und so hielt ich für Mutterliebe, was von ihr kam. Heute weiß ich, dass ich Überlebende einer Mutterkatastrophe bin. »Alaska« nannte ich sie manchmal, wenn ich mit Tom scherzte. Später kam Casper mit seinem Lied, und ich stellte mir vor, er sänge über Mutter: »Dein eigenes kleines Alaska, so kalt, so verlassen und leer.«

Noch heute träume ich fast jede Nacht von ihr. Nach dem Aufwachen sage ich zu Tom: »Ich habe von Alaska geträumt.«

2

DIE MENSCHEN AUF DER ANDEREN SEITE

Tom sprach mich an, darauf besteht er. An der Supermarktkasse fragte er: »Ich sammle Einkaufszettel, schenkst du mir deinen?«

Nach dem Einkauf gingen wir ins Café gegenüber, und er gestand mir, dass er die fremden Einkaufszettel nicht sammelt, sondern mit ihnen einkauft, mit jedem einmal.

»Wegen meiner chronischen Feindschaft Entscheidungen gegenüber, auch den kleinen. Wegen der Verlockung, in andere Menschen zu schlüpfen und sich dabei abzuwerfen. Weil ...«

Ich hörte nicht mehr zu. Nach einem Augenblick inneren Exils erwachte ich bei: »Die Musik, die ich höre, passt nicht zu dem Leben, das ich führe.«

»Was hörst du denn?« Es interessierte mich nicht.

»Sonic Youth, Dinosaur Jr., Pixies, so Kram eben. Subversiv wie meine Seele.«

»Och, die alten Kamellen«, gab ich mich unbeeindruckt, obwohl ich diese Musik damals liebte. »Und dein Leben? Spießig und angepasst, oder was?«

»Nee, so nun auch nicht, aber was soll man schon bewegen in diesen Tagen? Ach egal, erzähl mal was von dir!«

Plötzlich musste ich raus und heim. Tom und ich würden uns wiedersehen, beschloss er. Dass ein Mädchen – so nannte er noch 40-jährige Frauen, wenn sie ihm gefielen – seine Musik kannte, hatte ihn in seiner Vermutung bestärkt, ich sei sein weibliches Pendant, erklärte er mir später.

Ich ließ mir Zeit damit, ihn anzurufen. Vielleicht weil ich ahnte, dass er unausweichlich werden würde für mich. Tom war 24, ich war also gut zwei Jahre älter und orientierungslos wie ein Kind. Bei unserem nächsten Treffen erklärte mir Tom, er sei nicht gegen morgen, ganz im Gegenteil, und ich stimmte ihm zu. Nein, wir waren nicht gegen morgen, wir hatten nur im Gestern nicht viel Glück gehabt. Nachdem ich die Geschichte seiner tristen Kindheit gehört hatte, erzählte ich von früher. Dabei durfte er nicht merken, dass ich keine Persönlichkeit habe. Eine Therapeutin hatte mir das bescheinigt: »Es gibt Menschen, die haben keine richtige Persönlichkeit entwickelt, da kann Ihre Mutter auch nichts für.«

Pah, was wusste die schon von Mutter. Tom wusste auch nichts von ihr und nichts von Leah, deshalb begann ich damit: »Also, Mutter ist tot, Krebs, und auch meine Schwester ist gestorben, Unfall.« Als ich ein Flimmern in Toms Augen sah, tat er mir leid, und ich schob hinterher: »Aber mein Vater lebt, und ich besuche ihn oft.«

Es war zu spät, Tom reagierte wie so viele vor ihm: »O Gott, das tut mir leid, ich …«

»Muss es nicht«, unterbrach ich ihn, »meine Schwester starb, als ich ganz klein war, ich kann mich gar nicht an sie erinnern, und zu Mutter hatte ich kein gutes Verhältnis. Eigentlich hat mein Vater mich großgezogen. Mutter war zwar da, aber irgendwie auch nicht.«

»Innerlich woanders?«

»Und ziemlich abweisend, gleichzeitig aber auch wahnsinnig bedürftig. ›Sie trauert um deine Schwester‹, behauptete mein Vater immer. Ich hatte jedenfalls das Gefühl, die liebt dich nicht.«

»Oha«, kam es von Tom, »willkommen im Klub. Meine Eltern sind übrigens beide an Krebs gestorben.«
»Da ist zu viel Krebs in deiner Familie«, sagte ich.
»Da ist zu viel Angst in meiner Welt«, antwortete Tom, der dieses Lied natürlich kannte.
Mit Tom fühlte ich mich wohler als mit den Männern zuvor. Er wunderte sich nicht über mich, denn er war auch versehrt, und das machte mich frei. Wir redeten lang an diesem Tag. Noch heute sprechen wir viel über früher; unsere beschwerte Kindheit ist eines der unzähligen Dinge, die uns zu Doppelgängern machen. Tom hat Tiefe und ist auf meiner Seite. Wir beobachten die Menschen auf der anderen Seite bei ihrem glücklichen Leben, aber wie wir dorthin gelangen können, wissen wir nicht. Stattdessen reflektieren wir unsere neurotischen Gefühle und treiben Sport, um über den Tag zu kommen. Unser Leben verschieben wir auf später, auf dann, wenn alles gut ist.
»Das bisschen besser wär das Warten nicht wert«, singen wir im Chor und hoffen auf das Gegenteil. In unseren Streiten darüber, wer sich um wen wieder nicht genug gekümmert hat, stellen wir oft fest, dass wir uns nicht geben können, was wir früher nicht bekamen, so maßlos wir einander auch lieben. In uns ist je ein Eimer mit Loch; egal wie viel man hineingießt, es ist nie genug. Wobei es Tom noch schwerer hatte mit einer Mutter, die ihm die frauenübliche Mixtur aus Alkohol und Tabletten vorzog. Sein Vater entzog sich diesem Schlachtfeld und damit seinem Sohn durch die Scheidung. Ich hingegen hatte Papi, und ich habe ihn noch. Nach Tom ist er der wichtigste Mensch in meinem Leben. Zwar kann er Gefühle kaum verbalisieren, aber das ist egal. Wenn er

mich ansieht, muss er lächeln vor lauter Liebe zu mir. Das war schon immer so; während von den anderen Kindern die Mütter zu den Klassennachmittagen und Schulbasaren kamen, war Papi da und lächelte mich an.

3

KLEINSTER GEMEINSAMER TEILER

Ich kann nicht bis zehn warten, deshalb rufe ich um halb zehn an. »Hallo, hier ist Marta Reinhardt, ich hatte gestern die Punktion von zwei Eizellen und wollte wissen, wie viele sich mit dem Sperma haben befruchten lassen.«

»Sie haben Glück«, erwidert eine freundliche Stimme, »eine der beiden hat es geschafft; wenn die sich weiterentwickelt, können wir sie in zwei Tagen einsetzen.«

Während andere Frauen 20 Eizellen produzieren, von denen sich 18 befruchten lassen und 16 »fürs Geschwisterchen« eingefroren werden, weil sie sofort schwanger werden und die meisten Frauen diesen Horror gar nicht brauchen, habe ich Glück mit einer befruchteten Eizelle.

Immerhin werde ich nie das gefürchtete Überstimulationssyndrom entwickeln, das Frauen blüht, die unter der Hormonstimulation zu viele Eizellen produzieren. Dabei kann es passieren, dass der Körper große Mengen Wasser einlagert und die Blutgerinnung spinnt, sogar Tote gab es schon. Trotzdem erbetteln die meisten Frauen in Kinderwunschbehandlung eine möglichst hohe Hormondosis von ihrem Arzt – viele Eizellen bedeuten viele Chancen auf ein Kind.

Neulich wollte ich von Papi wissen, ob er Probleme mit einem Reagenzglasenkel haben würde.

»Nee, das wäre nicht schlimm. Ich find es aber gut, dass du so wenige Eizellen produzierst. Wenn da sonst ein Zwillingsembryo auf Eis warten würde, bis er Jahre später als jüngeres

Geschwisterchen seines Zwillings endlich geboren werden dürfte, wäre mir das suspekt.«
Damit tröstete er mich ungemein. Embryos einfrieren ist suspekt, denn bei uns kommt es nie dazu. Ich bin erleichtert über eine befruchtete Eizelle, im vorigen Zyklus schaffte es keine von dreien. Dass die Eizellen den letzten Schritt der Befruchtung alleine vollbringen, hilft mir. Es ist in Wirklichkeit keine künstliche Befruchtung, sondern eine assistierte. Der Samenfaden wird lediglich in die Eizelle gespritzt; ob der Kern der Eizelle mit dem Kopf des Spermiums verschmilzt und sich die Zellen teilen, liegt nicht mehr in der Macht des Biologen. Der Mensch kann es eben doch noch nicht – neue Wesen schaffen –, und das ist wirklich Glück.

Männliche Fruchtbarkeitsstörungen nehmen immer weiter zu, bei vielen Paaren klappt es mit dem Nachwuchs wegen der Spermazellen nicht. Oft sind sie reichlich vorhanden, aber verformt und unbeweglich, oder sie schwimmen planlos herum wie Entenküken ohne Mama. Deswegen nimmt der Mensch sie an die Hand und bringt sie zur Eizelle. Einen Orientierungslosen zu dem Ort zu bringen, an dem er sein möchte, kann so unmoralisch gar nicht sein. Auch sehr unnatürlich finde ich es nicht, schließlich befruchten sich selbst Lurche und die meisten Fische äußerlich.

Toms Spermien sind wohlgeformt, und den Weg zur Eizelle finden sie wahrscheinlich blind. Bei uns bin ich das Problem, die Qualität meiner Eizellen ist miserabel, und bald ist der Ofen richtig aus. Niemand weiß, woher das kommt bei mir. Um keine Zeit zu verlieren und unsere winzige Chance auf ein Kind zu vergrößern, werden möglichst viele meiner Versager hormonell herangezüchtet, dem Eierstock entnommen und gezielt befruchtet, um sie dann in meine Gebärmutter zu setzen. Diese Methode nennt sich Intrazytoplasmatische Spermieninjektion oder auch kurz ICSI und ist unsere letzte Hoffnung. Mit einer In-vitro-Fertilisation, also der IVF, halten wir uns nicht auf. Bei ihr werden die Eizellen mit den Spermien zusammen in ein Reagenzglas gegeben, in der Hoffnung, dass die Spermien die Befruchtung alleine hinbekommen. Darauf wollen wir uns bei meinen wenigen Eizellen trotz Toms Supersperma lieber nicht verlassen.

Ich erinnere mich an ein Mädchen, das neben mir im Aufwachraum lag, nachdem meine Gebärmutter vor der ersten ICSI gespiegelt worden war. Man hatte prüfen wollen, ob sich Embryonen überhaupt in mir einnisten können. Das Mädchen hatte gerade ihre Zwillinge abgetrieben, weil sie, wie sie sagte, schon ein Kind hatte und »nun erst mal leben« wollte. Ich konnte sie verstehen, sie war noch so jung. Als ich ihr erzählte, warum ich hier war, erwiderte sie: »Künstliche Befruchtung find ich doof, ist ja völlig unnatürlich.«

Ich hätte sie liebend gern genommen, ihre natürlich gezeugten Zwillinge, und stellte mir vor, wie sie im OP-Abfall vergammelten.

Aufgeregt rufe ich Tom an. Eine Eizelle – wir bekommen zumindest eine Chance. Ich habe sie unseren kleinsten gemeinsamen Teiler getauft, und Tom findet den neuen Projekttitel originell, aber ihn interessiert etwas anderes: »Hast du die Vollnarkose gut weggesteckt, Süße?«

Zu meinem Trost werden die Eizellen unter Komplettrausch punktiert. Die Hormonmengen, die ich mir täglich spritzen muss, würden selbst manische Menschen in die Depression treiben; die unheimliche Anspannung, bis der Schwangerschaftstest einem wieder jede Hoffnung raubt, ist kaum zu ertragen, und zwischen die ständigen Klinikbesuche muss ich mein Berufsleben quetschen, von einem Privatleben ganz zu schweigen, aber die Narkosen liebe ich. Dieses wundersame Gefühl des Wegsackens, la petite mort – der kleine Tod, andere nennen den Orgasmus so, für mich ist das die Vollnarkose. Ich habe schlimme Angst vor dem Tod, deswegen meide ich Friedhöfe, und der Gedanke daran, dass Tom und ich einmal sterben müssen, löst stundenlange Panik in mir aus.

»Weil Sie Ihr Leben nicht feiern«, behauptete ein Therapeut. Wenn Sterben wie Narkose ist, sterbe ich liebend gern und feiere den Tod. Tom aber zittert vor jedem Eingriff, der mir bevorsteht.

»Du bist wichtiger als unser imaginäres Kind. Wenn dir die Behandlung zu sehr schadet, adoptieren wir eben«, pflegt er zu sagen.

Er ist Sohn einer Süchtigen, deswegen hat er immer Angst um mich, ich aber nehme alles in Kauf für mein eigenes Kind.

Zwei Tage später liege ich wieder auf dem gynäkologischen Stuhl, Tom sitzt hinter mir auf dem Männerplatz. Heute wird der Sechszeller eingesetzt, zu dem sich unser Embryo im Brutkasten entwickelt hat. Wenn Tom schon beim Akt der Zeugung nicht dabei sein konnte, will er wenigstens das Einsetzen miterleben. Bloß dass außer einem Schlauch in meiner Vagina nichts zu sehen ist. 6.000 Euro kostet die Behandlung, und ich spüre nicht, ob überhaupt etwas in mich hineinkommt. Alles ist abstrakt. Eizelle, Befruchtung, Embryo, nichts davon kann ich mit bloßem Auge erkennen. Ich las von einer Frau, der ein vertauschter Embryo eingesetzt wurde. Ob sie das fremde Kind behalten durfte? Eine andere bekam ihre Eizelle mit falschem Sperma befruchtet zurück. Dieser Embryo würde eigentlich nicht existieren, weil sie nie mit Norman Neuman aus Neustadt geschlafen hat, aber dann ist es da – game over –: ein echtes Kind. In Nachbarländern wie Spanien oder Tschechien ist die Embryonenadoption möglich. Aus Katalogprofilen kann ich eine Frau wählen, deren Eizelle mit dem Samen eines von mir ausgesuchten Katalogmannes zusammengebracht und mir eingepflanzt wird. Wir drei haben uns nie getroffen. Gingen da nicht vor Jahrzehnten Horrorfantasien um die Welt?

Und wenn das eingefrorene Geschwisterchen nicht mehr gewünscht ist, wegschmeißen oder verschenken? Soll der Embryo keine Chance bekommen oder möglicherweise in einer Familie aufwachsen, in der er sich wünscht, nie eine Chance bekommen zu haben? Ich will sie nicht ziehen, die moralischen Grenzen der Reproduktionsmedizin. Ich will mein Kind wie jede andere Frau. Ein verdammt normales Leben will ich führen.

Nun hieße es beten, wenn ich einen Gott hätte. Die Chance, dass sich der Embryo einnistet, liegt ungefähr bei 15 Prozent.

»Alles okay?«, fragt mich Tom beim Hinausgehen.

»Klar, bin ja geübt«, antworte ich und lächle ihn übertrieben tapfer an.

Falls es eine ideale Kinderwunschpatientin gibt, bin ich es sicher nicht. Als mir bei der ersten ICSI zwei Embryonen eingesetzt wurden, tauchte ich bis zum Schwangerschaftstest

in ein Kinderwunschforum im Netz ab und hörte nach dem negativen Ergebnis ganz auf zu existieren. Das Schlimme ist, dass ich nicht mehr aufgetaucht bin seitdem. Ich fühle nicht einmal mehr, ob ich mir ein Kind immer noch so sehr wünsche, denn der Wunsch ist zum Lebenszweck geworden. Vielleicht will ich gar kein Kind und bin nur zu wenig da, um das zu merken. Tom meint: »So ein Quatsch, du wünschst es dir einfach so sehr, dass du durcheinander bist.«
Aber Tom glaubt mir auch nicht, dass ich keine Persönlichkeit habe.
Willkommen, Warteschleife, noch 14 Tage bis zum Bluttest. Tom muss zurück ins Krankenhaus. Er und ich lieben uns seit sechs Jahren. Die Menschen, die uns kennen, verstehen nicht, warum wir nicht heiraten, nie hätten sie eine größere Liebe erlebt. Tom ist Scheidungskind, und Liebe zwischen meinen Eltern habe ich nicht erlebt. Papi scharwenzelte um die kalte Königin herum, die sich selten zu ein bisschen Freundlichkeit herabließ. Tom und ich sind ohne Trauschein unser beider große Liebe, und das soll genauso bleiben. Kaum einen Tag halten wir ohne einander aus, Hamburg verlassen wir nur gemeinsam, und andere Menschen treffen wir immer zusammen. Wir hängen so aneinander, dass schon ein Abend ohne den anderen mit quälender Sehnsucht verbunden ist. Manchmal wundere ich mich darüber, dass ich mich selbst so wenig mag, Tom aber, der ist wie ich, über alles liebe. Schleicht sich Selbstliebe von hinten an, wenn sie vorne abgeschmettert wird? Ich weiß es nicht und will es gar nicht wissen. Nichts darf unsere Liebe entzaubern. Ohne sie wäre ich verloren, ich bin zu tief in ihr verwurzelt.

4

ALASKA IST NICHT ITALIEN

Als Mutter krank wurde, zunächst war es nur Brustkrebs, wollte ich so für sie da sein, wie sie es für mich nie gewesen war. Sie brauchte jetzt viel Liebe, ein Kind war sie, und ihre Bedürftigkeit quoll ihr aus Mund und Nase. Tom warnte mich, aber ich rief sie an, besuchte sie und liebte sie, so gut es ging. Nach ein paar Monaten ging es plötzlich gar nicht mehr. Ich konnte nicht mehr sprechen mit ihr, fand keine Worte und keine dem Krebs angemessene Tonlage. Etwas in mir entschied ohne mein Zutun, nicht mehr zu spielen. Es wurde immer unverdrängbarer, dass sie den Krebs nicht überleben würde. Metastasen in der Lunge, in den Knochen, und ich musste ihr doch unbedingt noch sagen, wie tief es mich geprägt hatte, dass sie mich nicht hatte lieben können. Als Kind glaubte ich, selbst schuld daran zu sein; ich war eben hässlich, innen und außen. Heute denke ich, sie war so schwach, dass sogar ihre kleine Tochter ihr Selbstwertgefühl ständig kränkte. Sie musste sich dann an mir rächen, um sich wieder stark zu fühlen. Wie gern hätte ich sie anders stark gemacht. Stattdessen wurde ich immer schwächer und hässlicher, ich war nichts, nichts mehr wert. Sicher, Papi war da und ließ mich überleben, aber es gab eine Zeit, in der alles davon abhing, dass sie mich endlich liebte. Weil sie versagte, glaubte ich bis in mein Erwachsenenalter hinein an meine Wertlosigkeit. Heute weiß ich es dank Tom rein rational besser, mehr auch nicht. Wenn ich in den Spiegel schaue, wundere ich mich, dass ich nicht hässlich bin, aber diese Erkenntnis hält nie lange an.

Ich stattete Mutter einen Besuch ab, Papi hatte ich vorher gesagt, ich wolle nur zu ihr. Das kam sonst nie vor, und er freute sich. Ihre Beziehung habe ich nie verstanden. Ich glaube bis heute, er liebte sie nicht, hatte sie nie geliebt, sondern eine abartige Form der Abhängigkeit mit Liebe verwechselt. Papi ist still, aus seinem Herzen macht er eine Mördergrube, aber er wird sie wohl gebraucht haben.

Meine Stimme klang verändert, als ich Mutter von ihrer Illusion erlösen wollte, eine gute Mutter gewesen zu sein: »Was warst du für mich? Eine Mutterfalle, die immer dann zuschnappte, wenn ich mir einen Hauch Zuneigung erhoffte. Um meine Liebe abzuschöpfen, warst du zuckersüß, und sobald du dir in der Mutterrolle nicht mehr gefielst, hast du mich ignoriert, tagelang. Ich wünsche mir so sehr, es gäbe einen einzigen, einen winzig kleinen Ort in deinem Herzen, in dem du mich je sehen, je meinen, wenn schon nicht lieben könntest …«

Ich hatte mich in einen Rausch gesprochen, ich wollte nie mehr aufhören, ihr diese Dinge zu sagen. In jahrzehntelangen Monologen hatte ich sie hin und her gewälzt.

»… Du bist meine Mutter, aber eigentlich warst du ein Kind, das ich bei Laune halten musste. Dabei hätte ich das Recht gehabt auf eine unversehrte Kindheit. Warum verdammt hast du mich nicht lieben können?«

Ich stand auf und atmete, ein und aus, ich war am Leben. Für eine Sekunde fühlte ich die Ur-Marta, die ich hätte sein können. Dann waren da wieder Schuld, Mitleid und all die anderen Rollen, die ich in Mutters Drama zu spielen hatte. Ich setzte mich erneut und sah zu ihr hinüber, bereit, alles zurückzunehmen, wie immer die Wogen zu glätten, um Mutter zu besänftigen. Aber ich sah da nichts und hörte nichts, weil da nichts war. Ich sauste als einziger Planet durch das Universum, umgeben von schwarzen Löchern. Das war der Preis für mein Ich-Sein, aber ich wollte ihn nicht mehr zahlen. Ich umklammerte die Armlehnen des Sessels, es zog mich in Mutters Schoß. Sie sah mich an und sagte: »Dich möchte ich hier nie mehr sehen.«

Zu Hause weinte ich mit Tom. Dabei zitterte ich so sehr, dass er sagte: »Als wärest du in Alaska gewesen.«

So kam Mutter zu einem passenderen Namen. Ich ging mit einer Wärmflasche ins Bett und schlief mich davon. Als ich spät am Abend erwachte, war Tom schon zur Nachtschicht gefahren, aber auf dem Küchentisch lag eine verschlüsselte Nachricht, wie wir sie uns manchmal schreiben: *Alaska ist nicht Italien und wird es nie, vermag es nicht zu sein.*

Ich lächelte, Tom hatte meine Maria nicht vergessen.

Marta ist auf dem Weg von der Schule nach Hause, nur noch die Maria-Louisen-Straße hinunter. Sie kickt zwei Schottersteine vor sich her. Keinen der beiden darf sie verlieren, es sind Zwillingsmädchen, und sie ist ihre Mutter. Eigentlich ist Marta gar nicht Marta und auch nicht auf dem Weg nach Hause. In Wirklichkeit ist sie Maria und ein wildes Mädchen. Sie hat sich von Marta alles über die fremde Mutter erzählen lassen. Die wird sie reinlegen, aber richtig. Die wird nicht merken, dass Marta in echt die wilde Maria ist, denn die beiden sehen sich zum Verwechseln ähnlich. Da haben sie sich einfach ausgetauscht. Die liebe Marta darf jetzt in Italien bei einer freundlichen und wilden Familie Lasagne essen. Gleich ist Maria da. Als sie, wie mit Marta abgesprochen, die Haustür aufschließt, fährt ein eiskalter Blitz durch ihren Körper – sie hat ihre Zwillingssteine vergessen. Schnell läuft sie wieder hinaus und sucht, aber sie kann sie nicht finden. Alle Steine sehen jetzt gleich aus. Sie ist eine schlechte Mutter, und sie verachtet sich dafür.

Ich freute mich, wie geschickt Tom Mutters neuen Namen »Alaska« mit der italienischen Herkunft meiner imaginären Zwillingsschwester verwoben hatte. Für mich bedeutete sein »Alaska ist nicht Italien«, dass Mutter eben kälter war als andere. Erst Tage später begriff ich, was er damit hatte sagen wollen: Sie konnte nicht anders, konnte wirklich nicht, denn in ihr gab es nichts, was meine Enttäuschung, meine Wut hätte aufnehmen können. Damit hatte ich nicht gerechnet. Wenn ich vor ihr stünde und ihr die eine Frage stellen würde, könnte ich ihr Herz endlich aufbrechen, hatte ich geglaubt.

Warum verdammt hast du mich nicht lieben können?

Dieses Gespräch war unser Bruch, das war mir nun klar, nichts mehr würde möglich sein zwischen uns, nie mehr. Da trauerte ich monatelang um meine lebendige Mutter. Der Schmerz war so stark, dass ich jedes Mal, wenn ich ihn zuließ, das Gefühl hatte, ihn nicht zu überleben. Tom zeigte mir in dieser Zeit immer wieder, dass sich in meinem realen Leben nichts geändert hatte, und ich verstand ganz langsam, dass ich einem Ort hinterhertrauerte, an dem ich nie gewesen war. Als endlich alles in mir das begriff, konnte ich Mutter loslassen. Nach ihrem Tod weinte ich keine Träne.

5

SCHWANGER, BIS DAS GEGENTEIL BEWIESEN IST

Die Zeit ist eine Schnecke. Noch sieben Tage bis zum Bluttest. »Bitte bleib bei uns!«, beschwöre ich unseren kleinsten gemeinsamen Teiler täglich. Ich studiere meine Brüste, ich prüfe meine Haut, ich betaste meinen Muttermund, immer auf der Suche nach Schwangerschaftszeichen, obwohl ich gar nicht weiß, wie sich das anfühlt – schwanger. Ein lebendiges Wesen in mir kann ich mir nicht vorstellen, und ich male mir aus, ich hätte einen Fisch verschluckt, der in mir herumwuselt. Das ekelt mich schrecklich.

Ich werde verrückt. Tage zählen, Stunden zählen, Minuten nicht mehr zählen können. Deshalb beschließe ich, Papi zu besuchen. Wir essen Erdbeerkuchen auf seinem Balkon und schauen auf den Kanal. Ich vergesse immer, wie schön es hier ist. Als ich Papi vom neuen Flöckchen erzähle, sagt er kaum etwas, aber ich spüre, dass er sich freut und mit uns hofft, mit mir und mit Tom, den er sehr mag. Dann möchte er sich hinlegen, das muss er in letzter Zeit immer, nachdem wir uns unterhalten haben. Er ist so viel Mensch in seiner Nähe nicht mehr gewöhnt, der alte Eremit.

Ich bin schwanger. Tom sagt, solange meine Regel nicht kommt, bin ich schwanger, denn bis dahin ist das Gegenteil nicht bewiesen. Ich sitze auf Papis Balkon und bin schwanger. Leider fühle ich mich wie immer. Ich möchte zu gerne wissen, wie Mutter aussah, als sie mit mir schwanger war. Mutter mit mir im Bauch, ich als Teil von ihr, einfach undenkbar. Ich schleiche in das blaue Zimmer, hier ist immer noch ihr Reich. Zu ihren Lebzeiten, als sie schon sehr krank war, hatte Papi all ihre Habseligkeiten um sie herum drapiert. Nachdem sie gestorben war, schloss er die Tür zum blauen Zimmer und ließ die Dinge, wie sie waren. So, denke ich, hat er das Gefühl, sie sei noch bei ihm, schließlich umgab Mutter schon zu Lebzeiten eine Wand.

Ich ziehe die untere Schublade des dunklen, schweren Schreibtisches auf, dort finde ich lose Fotos von Mutter früher. Sehr jung und sehr schön, da war ich bestimmt noch nicht geboren. Sie sieht immer traurig aus auf diesen Bildern, sogar wenn sie lächelt. Auf einem Gruppenfoto mit ihren Kindergartenkindern wirkt sie selber wie ein Kind, ein großes und hübsches Kind, umringt von den anderen. Schließlich finde ich ein Foto, auf dem sie ein Baby im Arm hält. Mutter sieht jung aus, deshalb muss das Leah sein. Auf diesem Bild lächelt Mutter ganz echt und strahlt eine solche Erhabenheit aus, als würde sie außer Leah niemanden brauchen. Fotos von mir finde ich nicht und auch keine, auf denen Mutter schwanger aussieht. In der mittleren Schublade liegen Mutters Reisepass und anderer langweiliger Krempel. Während ich an der oberen Schublade ziehe und sie nicht aufbekomme, sehe ich die zehnjährige Marta vor mir.

Sie ist eine Detektivin und weiß etwas genau. Nun muss sie nur noch die Beweise dafür finden. Indizien heißt es, verbessert sie sich streng. Sie schleicht ins blaue Zimmer, zum dunklen, schweren Schreibtisch, in dem Mutter alle wichtigen Unterlagen aufbewahrt. Da müssen sie liegen, Marta ist ganz sicher. Vorsichtig zieht sie die untere Schublade auf und forscht und wühlt und sucht. Auch in der mittleren Schublade findet sie nicht die Papiere, die beweisen, dass Mutter sie nur adoptiert hat. An der oberen zerrt sie wie verrückt, aber sie bekommt sie nicht auf.

»Noch nicht«, spricht sie rhythmisch vor sich hin, »noch nicht, noch nicht ...«

Ihre italienische Zwillingsschwester Maria ist ganz nah bei ihr und flüstert: »Mutter ist nicht unsere Mutter. Wir haben eine andere, eine italienische, die ist freundlich und wild zugleich.«

Marta atmet tief durch, sie spürt ganz stark, dass Maria recht hat. Und irgendwann wird sie kräftig genug sein, die obere Schublade zu öffnen, dann wird sie es beweisen können.

Ich kann mir nicht vorstellen, dass ich in den letzten 24 Jahren kräftiger geworden bin. Das Aufschrauben der Tomaten- und Gurkengläser bewältigt jedenfalls Tom, von den seelischen Untiefen unseres täglichen Lebens ganz zu schweigen. Ich zerre an der oberen Schublade, sie bewegt sich keinen Millimeter. Ich ziehe die mittlere Schublade vollkommen heraus, greife von unten nach dem hinteren Ende der oberen und ruckele. Knarzend gibt das dumme Ding seinen Widerstand auf und bewegt sich auf mich zu. Wenigstens schlauer bin ich anscheinend geworden. Ich zerre, bis meine Hand in die Öffnung passt. Ungeduldig grapsche ich hinein und hole ans Licht, was ich zu fassen bekomme: einige gefaltete Seiten beschriebenen Papiers. Hastig falte ich die erste auf: *Liebe Katharina, ich bedauere so sehr, an Deinem Geburtstag nicht bei Dir sein zu können ...*

Die Handschrift kenne ich. Ich wende das Blatt: *In Liebe, Robert.* Papi. Bei den anderen Briefen schaue ich sofort auf die Unterschrift: *Robert, Robert,* irgendwann *Dein Robert.*

Ich will nichts wissen von ihrer Liebesgeschichte, denn ich glaube sie nicht, auch nicht, dass sie ihn geliebt hat. Wenn sie lieben konnte, war ich es nicht wert, geliebt zu werden, und deshalb will, darf ich nicht daran glauben. Wütend reiße ich an der Schublade, und plötzlich habe ich sie ganz in der Hand. Ich schütte den Inhalt auf den Boden und wühle – keine Adoptionspapiere, eine wiedererwachte Kinderhoffnung liegt in Trümmern und eine andere gleich dazu: Nichts hier erinnert an mich, ihre zweite Tochter, sie hat mich wirklich nicht geliebt.

Dafür will ich jetzt etwas von ihr, irgendeine Erinnerung an sie steht mir zu, wenn schon keine Mutterliebe. Mein Blick fällt auf das Einlegepapier in der Schublade mit einem Muster aus den 70ern. Das gefällt mir, es ist bunt und wild, das werde ich zerschneiden und vor die Glasfenster unserer Schlafzimmertür kleben. Ich ziehe daran, ohne mir Mühe zu geben, es nicht kaputt zu machen. Es reißt ein, ich ziehe mehr, und es reißt kaputt. Heulend zerre ich es heraus und zerknülle es. Mein Blick fällt auf einen braunen Umschlag in der Schublade, er hat wohl unter dem Einlegepapier gelegen. Darin liegen Zettel, kleine und große, weiße und farbige.

Mami, Papi, ich hab euch seer liep! Eure Leah

Wunschzettel: Ein hantuch mit Hello Kitty drauf, Friden für ale kinder, ein kopf zum frisuren machen

An Mami: Ich bin auf dem spiilplaz. An ale einbrecha: Die tür ist abgeschlosen!

Mami, mit dir wil ich nicht mehr leben. Sei nich traurig, du hast ja noch Papi und Marta. Gib inen jeden Tag ein Kuss von mir. Leah

Ich freue mich darüber, Briefe meiner großen Schwester gefunden zu haben. Wie schön, dass sie in den wenigen Zeilen auch mich bedenkt. In mir ist plötzlich ganz viel Liebe für dieses Mädchen, das ich nie gekannt habe, dessen Tod mich aber um eine glückliche Kindheit gebracht hat. Auf den Zetteln stehen keine Daten, wie alt sie da wohl war? Es gibt noch einen Gedanken in mir, zunächst ganz fern, nicht fassbar, dann donnern die Faustschläge los: Meine Schwester hat sich umgebracht. Meine Schwester hat sich umgebracht? Abschiedsbrief? Unfall Erfindung? Schuld loswerden? Meine Gedanken überlagern sich, so schnell schießen sie durch mich hindurch. Mutter deshalb kalt? Fing damals Vereisung an? Mit Schuldgefühlen nicht zurechtgekommen? Papi? Hätte nie mitgemacht bei solch einer Lüge. Welchen Grund hatte Leah? Vielleicht hat sie es auch nicht getan? Stopp. Der Film reißt, und ich atme auf. Sie hat es nicht getan. Sie hat es nicht getan. Sie hat es gar nicht getan. Wie oft habe ich in mein Tagebuch geschrieben, ich wolle mich umbringen? Und vor dem Einschlafen habe ich in Gedanken tonnenweise Abschiedsbriefe an Mutter formuliert und mir vorgestellt, wie sie ihr schlechtes Gewissen in einen trockenen Blechkuchen backen würde, mit Schuldstreuseln darauf. Den hätten die Menschen, die angeblich um mich trauerten, auf meiner Beerdigungsfeier hinunterwürgen müssen. Leah hatte ihre Fantasien eben an Mutter geschrieben. Und sie hatte ihr den Brief sogar hingelegt? Ich bewundere sie für ihren Mut.

Meine Hand zittert. Ich will mit Papi sprechen. Er soll mir sagen, dass sie es nicht getan hat. Ich stoße die Tür zu seinem Schlafzimmer auf, rüttele ihn wach und lese den Brief vor. In seinem Gesicht wechselt die Mimik so schnell, dass ich mit dem Deuten nicht hinterherkomme. Zuletzt sieht er hilflos aus. Er will den Brief noch einmal hören. Er schweigt. Er zieht sein Gesicht lang, dann knautscht er es zusammen. Endlich stottert er: »Sie, äh, sie hat sich nicht umgebracht. Sie ist von einem Lastwagen, hm, überfahren worden. Ich weiß nicht, was sie da meint. Sie und deine Mutter hatten manchmal, äh, Streit.«

Seinen letzten Satz spricht er fest: »Ich kenne diesen Brief nicht.«

Er ist rot geworden. Er wird nie rot. Lügt er? Ist es ihm peinlich? Ich bearbeite ihn. Zuerst bettele ich, dann drohe ich mit Kontaktabbruch, und schließlich gelobe ich Verständnis für alles, was er mir sagen wird. Nichts, nur die immer gleichen Wiederholungen: ... nicht umgebracht ... Unfall ... er wisse von nichts ... Ich glaube ihm. Papi lügt mich nicht an, er kann das nicht. Mehr will ich nicht denken. Ich stecke den Brief in meine Hosentasche, verabschiede mich und steige in den falschen Bus.

6

KINO KAPUTTE KINDHEIT

Als ich endlich zu Hause ankomme, ist Tom längst in der Nachtschicht. Mit Pizza und Fernsehen mache ich mich leer und träume mich ins italienische Nirgendwo. Die jugendliche Marta hat mir das beigebracht.

Die übt sich mit 14 in der Kunst des Imaginierens. Ein Eis kann sie schon essen, nur in ihrer Vorstellung, alles andere möchte sie noch lernen, dann braucht sie gar nichts mehr. Sie sitzt im Philosophieunterricht – Konstruktivismus: Wir konstruieren unsere Realität selbst, eine objektiv erfassbare Wirklichkeit gibt es nicht. Ihre Mitschüler sind ganz aus dem Häuschen: Wenn niemand einen Baum fallen hört, fällt er dann trotzdem?

Natürlich nicht, denkt Marta gelangweilt und träumt sich nach Italien. Sie ist in Italien. Marta sieht nicht ein, warum Menschen ihre Körper transportieren sollen, um wohin zu kommen. Die Gedanken können sich von selbst bewegen, wozu also Körper nachschleppen? Dann Chemie: Atome fliegen frei und chaotisch. Das muss Marta wirklich nicht mehr lernen. Stets ist sie fassungslos, wenn sie mit dem Stadtplan in der Hand durch die Gegend marschiert und eine Straße tatsächlich dort liegt, wo der Plan sie angibt. Eine konstante Realität gibt es für Marta nicht. Die Welt passiert, wenn Marta dazu bereit ist, und wenn sie nicht will, passieren die Dinge eben nicht.

Erst nach dem Aufwachen fällt mir wieder ein, dass ich schwanger bin, bis meine Regel kommt. So lange habe ich meinen Kinderwunsch noch nie vergessen. Ich fahnde in meinem Unterleib, aber da ist kein Fisch, selbst imaginieren kann ich mir keinen. Tom sitzt in der Küche und isst Spiegelei. Die ständig wechselnden Schichten eines Assistenzarztes machen ihn irre, er weiß nie, ob er frühstücken oder abendbroten soll, deshalb isst er ständig Spiegelei. Ich setze mich und beobachte ihn. Er lächelt mich an und sticht in das Gelbe vom Ei. Da fällt mir eine Show ein. Ich hole sie hervor, um sie gemeinsam mit Tom anzuschauen.

Eines Tages sagt Mutter, dass sie sterben will. Sie ist wütend und im Bademantel und seit heute Morgen betrunken. Marta sitzt am Esstisch und wartet auf das Abendessen. Papi hat sein Spezialspiegelei gemacht. Da hat das Programm eine Bild- und Tonstörung: Geschrei im Bad, dann steht Mutter mit einem blutigen Arm in der Tür. Papi springt auf und bringt sie fort. Marta holt sich Spiegelei und sticht das Gelbe mit der Gabel auf. Schleimig fließt es hinaus und verteilt sich auf dem ganzen Teller. Jetzt läuft das richtige Programm weiter: Papi kommt herein und verkündet, sie könnten anfangen, Mutter sei heute krank. Kinder sind bei Tisch stumm wie ein Fisch. Papis Spezialspiegelei will heute nicht schmecken, möglicherweise ein Vitaminmangel, denkt Marta und sprudelt sich und Papi eine Multivitamintablette. War da eben eine Störung des Programms? Marta kann sich nicht erinnern, aber sie nimmt sich ganz fest vor, in Zukunft mehr Obst zu essen.

»Wie traurig. Arme kleine Marta. Süße, ich muss wieder los, hab heute noch die Tagesschicht.«
»Immer wenn es spannend wird im Kino Kaputte Kindheit.«

Die Show stelle ich zurück, hinter meine Wand aus Glas. Ich denke an die Masse der Psychotherapeuten, die mir ihre Verdrängungstheorien haben aufschwatzen wollen. Ja, wo ist er denn, der kleine sexuelle Missbrauch? Klemmt er im Bett der Eltern zwischen den Matratzen, oder ist er vielleicht in der Mädchenumkleide vom Tennis liegen geblieben, ganz hinten in der Ecke? Du siehst dich in einer Reihe mit von ihrem Vater vergewaltigten Mitpatientinnen und versuchst, die Auswirkungen einer Kindheit in Alaska zu erklären. Du kannst sie nicht sehen, du kannst sie nicht anfassen, und eigentlich glaubst du selber nicht an sie. So stempelten sie mir den Ödipuskomplex auf meine Stirn, sobald ich offenbarte, dass ich Papi seit jeher über alles liebe. Psychoanalyse für Dummies: verliebt in den Vater und die Konkurrentin Mutter zur Hexe verzerrt. In Wahrheit war die nämlich ganz lieb, aber das hat die eifersüchtige Marta verdrängt. Nein, die Wahrheit ist, in meinem ganzen Leben ist nie das kleinste bisschen wieder aufgetaucht, an das ich mich vorher nicht erinnern konnte. Ich habe nicht verdrängt, stattdessen habe ich mich abgeschirmt. Hinter meiner Wand aus Glas steht meine Kindheit. Die kleine Marta ist kein Teil von mir, ich kann über sie sprechen, aber ich sehe sie von außen. Eine Ausnahme bildet meine Verbindung zu Papi, auch die ganz frühe, der Rest hat nichts mit mir zu tun. Martas Auszug von zu Hause war meine Geburt, eingeleitet durch schwere Depressionen. Die Therapeuten haben mir immer Druck gemacht, ich müsse in mich hineinfühlen, die Trauer spüren. Was habe ich versucht zu heulen, in der Hoffnung, danach wäre ich normal, aber bei mir geht nur Kino Kaputte Kindheit. Tom kennt das schon und ist nicht schockiert über meinen kühlen Ton dabei. Deshalb schauen wir gerne hinein, wenn es die Zeit erlaubt.

Ich mache mich an die Unterrichtsvorbereitung, aber eine Frage besetzt meinen Kopf: Hat Leah sich umgebracht? Hat sich Leah umgebracht? Hat Leah sich umgebracht? Ich hole ihren Brief hervor:
Mami, mit dir wil ich nicht mehr leben. Sei nich traurig, du hast ja noch Papi und Marta. Gib inen jeden Tag ein Kuss von mir. Leah

Wenn sie sich wirklich umgebracht hat, haben mir meine Eltern mit dem Unfall immer etwas vorgespielt. Wobei, Mutter sprach nie darüber, aber Papi hat es mir so erzählt, und der war als Einziger immer echt, erinnere ich mich.

Marta ist ungefähr sechs oder sieben. Gerade ist es ihr klar geworden: Alle spielen Theater, nur sie und Papi nicht. Die anderen übernehmen die unterschiedlichen Rollen in Martas Leben, um zu testen, wie Marta sich verhält. Schon länger weiß sie, wozu es dunkel wird: In der Nacht nehmen die Mütter die Filmrollen aus den Augen der Kinder. Auf denen wird aufgezeichnet, was die Kinder den Tag über tun. Marta ist ein schlechtes Mädchen, das weiß sie, und Mutter weiß es auch – durch die Filme. Wenn die anderen Menschen nun doch echt wären, müsste in jedem von ihnen eine ganze Welt voll Schlimmigkeit sein wie in Marta selbst, und das kann sie sich nicht vorstellen. Deshalb spielen alle anderen nur Theater, alle außer ihr und Papi.

Spielte Papi wirklich nicht?, frage ich mich jetzt, oder war er nur der talentierteste Schauspieler? Ich bin mir nicht mehr sicher.

7

SUPER FEMALE

Der seit 14 Tagen ersehnte Anruf einer Sprechstundenhilfe klingelt in die Deutscharbeit einer neunten Klasse. Heute Morgen war ich bei der Blutentnahme. Ich schaffe das nicht, ich gehe einfach nicht an mein Handy.
»Ich bin sofort wieder da. Niemand guckt ab.«
Klar, denken sich 32 anarchische Teenager. Ich sprinte aus der Klasse.
»Frau Reinhardt, ich muss Ihnen leider mitteilen, dass es wieder nicht geklappt hat. Es tut mir leid.«
»…«
»Frau Reinhardt?«
»Hm?«
»Doktor Korn möchte mit Ihnen besprechen, wie es weitergehen soll.«
»Hm.«
Unser kleinster gemeinsamer Teiler ist tot. Ich bin ein Stein, ein versteinerter Stein. Eine seltsame Art kindlichen Stolzes verhindert jedes Fühlen. Dieser Stolz ist alt und unerbittlich. Tief in mir befiehlt er, dass Teilers Tod mir nichts auszumachen hat. Der Stolz ist mein innerer Offizier; seit ich denken kann, verteidigt er mich gegen ein feindliches Draußen. Mein bewusstes Ich weiß, unterdrückte Gefühle machen Depressionen, aber gegen den Offizier kommt es nicht an. Häufig empfinde ich keine Traurigkeit, Angst oder Wut, sondern nur deren körperliche Abdrücke. Dann breitet sich Gift in meinem Körper aus, ich bekomme klumpiges,

taubes Blut und eine kalte Stahlplatte auf der Brust. Das ist viel quälender, als Gefühle sein können, aber der innere Offizier entscheidet sich immer wieder für diesen Weg. Gefühle passen nicht zum Krieg. Weinen ist mein Ausweg aus diesem Zustand, aber es kann Wochen dauern, bis es dazu kommt.

Kribbelnde Giraffenbeine machen Sitzen zur Qual, deshalb wandere ich durch unsere Winzlingswohnung, während Tom auf dem Sofa liegt. Er muss mitkommen zur Kinderwunschklinik.

»Du musst mitkommen zur Kinderwunschklinik.«

»Warum genau sollen wir denn zum Corny-Riegel?« Tom meint den wirklich dürren Doktor Korn.

»Vielleicht, weil wir der Klinik noch Baby-Geld schulden?«

Das nicht vorhandene Baby-Geld ist unser Kind im Keller, mit jeder gescheiterten ICSI schreit es lauter. Die Kosten der Kinderwunschbehandlung haben wir allein zu tragen, obwohl unser Land nach Akademikerkindern lechzt. Als Beamtin muss ich mich privat versichern, wenn ich den Arbeitgeberanteil nicht selber zahlen möchte. So holt der Staat seine Diener aus dem Solidarprinzip, das vor die Hunde geht, weil es ohne Einzahler nicht funktioniert. Die privaten Krankenkassen übernehmen die Kosten für eine Kinderwunschbehandlung nur, wenn der Versicherte eindeutiger Verursacher der Kinderlosigkeit ist. Das nachzuweisen gleicht dem Versuch, herauszufinden, welcher Affe das HI-Virus auf den Menschen übertrug. Das Leid ist da, unübersehbar, aber wo ist der Affe? Würden wir heiraten, übernähme Toms gesetzliche Krankenkasse die Kosten für Toms Behandlung, also eher nichts. Wir heiraten nicht. 18.000 Euro haben wir bisher ausgegeben, in der Wohnung haben wir immer noch kein Kind, dafür brüllt das im Keller inzwischen so hysterisch, dass wir eine schalldichte Kellertür bräuchten. Und neue Kredite, die alten können wir nämlich nicht bedienen.

Als wir die Kinderwunschklinik betreten, warten meine Beklemmungen bereits auf mich. Sobald ich in die Nähe dieses Gebäudes komme, fühle ich mich schlecht. Und wie aggressiv ich werde, alles und jeden könnte ich zermalmen. Wenn ein Arzt mir dann vorschreibt, wie die weitere Behandlung auszusehen hat, wünsche ich mir eine Axt, mit der ich ihn zerlegen könnte. Lange donnerten diese bösen Gefühle auf mich nieder, ohne dass ich sie verstand. Sie wollen mir doch helfen, dachte ich immer und: Warum bin ich so ein schlechter Mensch?

Mein inneres Programm sieht es nicht vor, Fremde bestimmen zu lassen, wie und wann ich mein Kind empfangen soll. Das verstehe ich inzwischen. Dieses Ureigenste in fremde Hände legen zu müssen ist mir nicht peinlich, es macht mich rasend vor blutiger Wut. Da mögen sich die Helfer noch so sehr bemühen.

»Frau und Herr Merkens bitte!«

»Frau Reinhardt, wir sind immer noch nicht verheiratet«, korrigiere ich Doktor Korn und denke »du Wichser« hinterher.

»Guten Tag, entschuldigen Sie! Setzen Sie sich! Nun ja, es ist wieder zu keiner Einnistung gekommen. Die Qualität der wenigen Eizellen, die wir bei Ihnen gewinnen konnten, ist, entschuldigen Sie bitte, miserabel. Wir haben es jetzt sechsmal versucht, um dem Wunder eine Chance zu geben, aber ich sehe keinen Sinn mehr darin, die Behandlung fortzuführen. Es tut mir leid!«

»Was?«, frage ich dümmlich. Tom schweigt, seine Gesichtszüge entgleiten ihm.

»Nun ja, Sie sollten sich nach anderen Wegen umschauen, Adoption, Pflegschaft. Im Ausland gäbe es die Möglichkeit einer Eizellspende.«

»Wie?«, fragt Tom mit vollends entglittenem Gesicht. Mein innerer Offizier hat das Kommando übernommen, denn ich fühle nichts.

»Eine Spendereizelle würde mit Ihrem Sperma, Herr Merkens, befruchtet werden und Ihnen, Frau Merkens, dann eingesetzt werden. Wir dürfen das hier nicht machen. Ich kann Sie da auch nicht weiter beraten, gucken Sie ins Internet! An dieser Stelle ist die Behandlung in unserer Klinik jedenfalls beendet. Ich muss Sie außerdem darauf aufmerksam machen, dass Sie mit den Zahlungen im Rückstand sind, bitte gleichen Sie das aus! Und ich möchte Sie, Frau Merkens, jetzt noch alleine sprechen.«

»Äh, okay.« Tom wirft mir seinen fassungslosesten Blick zu und verlässt den Raum.

»Wir hatten ja auch eine genetische Untersuchung Ihres Blutes veranlasst. Für die Behandlung hier ist das zwar nicht mehr relevant, aber als Arzt sehe ich mich dazu verpflichtet, Ihnen das Ergebnis mitzuteilen.«

»Welches Ergebnis?«

»Nun ja, es gibt in der Tat ein Ergebnis. Ist Ihnen da bisher nichts bekannt?«

»Ähm, nein?«

»Es ist ungewöhnlich, dass da nicht früher schon was aufgefallen ist. Sie sind ja recht groß ... Wie groß sind Sie denn genau?«

»1,81.«
»Ja, das kommt hin. Hatten Sie als Kind Lernschwierigkeiten?«
»Ein bisschen vielleicht?« Wenn ich mit Mutter lernen musste.
»Ja, das passt.«
»Wozu?«
»Und wie war das mit Ihrer Sprachentwicklung?«
»Eher schleppend.« Was soll denn das?
»Interessant.«
»Warum fragen Sie das alles? Wollen Sie eine Biografie über mich schreiben, ›Die Leiden der jungen Reinhardt‹, ach nee, Merkens, oder was?«
»Ha, ha, Sie sind ja originell, Frau Merkens. Humor steht aber nicht auf der Liste der Symptome. Nun gut. Sie wissen ja vielleicht, dass Männer ein X- und ein Y-Chromosom in jeder Zelle haben, Frauen aber zwei X-Chromosomen?«
»Ja?«
»Sie haben drei X-Chromosomen.«
»Oh.«
»Sie haben eine Erbkrankheit, das sogenannte Triple-X-Syndrom, ein schwerer genetischer Defekt. Sagen Sie mal, ist bei Ihnen nie eine verminderte Intelligenz festgestellt worden?«
»Äh, bisher noch nicht. Ich bin Lehrerin?«
»Nun ja, es soll Ausnahmen geben. Jedenfalls kommt es bei den meist großwüchsigen und minderintelligenten Triple-X-Frauen oft zu einer vorzeitigen Alterung der Eierstöcke. Das trifft ja auch auf Sie zu. Sie müssen Ihren Wunsch nach einem leiblichen Kind über Bord werfen. Adoptieren Sie eins! Ihre

Entscheidung. Hier ist Ihre Akte, da ist auch das Ergebnis der genetischen Untersuchung drin. Tschüss.«

»Ähm, auf Wiedersehen!« Wohl eher nicht. Ich bin schockgefroren, mehr kann mein innerer Offizier nicht leisten. Zwei-Staaten-Krieg kennt er, einen Weltkrieg hat er nie erlebt. Ich muss jetzt aufstehen und hinausgehen. Ich stehe auf und gehe hinaus.

»Er sagte, dass ich groß bin, aber wahrscheinlich nicht so intelligent.«
»Marta!«
»Nein, wirklich. Ich bin groß und wahrscheinlich nicht so intelligent, und ich kann keine Kinder kriegen, weil ich drei X-Chromosomen habe.«
»Bist du dir sicher, drei X-Chromosomen?«
»Hm.« Ich bekomme schwer Luft, Panik kitzelt an meinen Fußsohlen, mein innerer Offizier ist offensichtlich desertiert.
»Tom, was heißt das?«
»Du hast echt drei X-Chromosomen?«
»Ja. Tom?«
»Du bist eine sogenannte Super Female, wow! So viel weiß ich nicht. Das ist eine Erbkrankheit. Angeblich sind solche Mädchen oft lernbehindert. Mit der Fortpflanzung gibt es manchmal auch Probleme.«
»Bin ich jetzt so was wie'n steriler Downie oder was? Ich meine, das hätte ich doch merken müssen. Du hättest das gemerkt, du bist doch Arzt.«
»So dramatisch ist das, glaub ich, nicht. Ich muss mich da erst schlaumachen, aber ich denke, du hast Glück gehabt. Solche chromosomalen Störungen können die unterschiedlichs-

ten Ausprägungen haben. Es gibt einen Mann mit Trisomie 21, also dem Downsyndrom, der einen Hochschulabschluss gemacht hat.«

»Na, super, den hab ich auch.« Nun weine ich tatsächlich. Und ich befürchte, dass dieses Weinen kein Ausweg aus meiner Starre ist, sondern der Beginn eines Albtraums. Ich bin behindert und steril, und die Menschen auf der Straße sollen mich nicht angaffen. Mein latent immer mitlaufendes Gefühl, falsch und hässlich zu sein, ist plötzlich an die Oberfläche geschossen und nun so unerträglich, dass ich mich sogar vor Tom verstecken muss. Ich bin zu behindert, um ein Kind zu kriegen. Weg will ich sein.

Tom hat irgendwie ein Taxi besorgt und schiebt mich hinein. Ich blicke aus dem Fenster und versuche, verrückt zu werden. Schlimmer als diese Realität kann der Wahnsinn auch nicht sein. Mein Geist schwebt durch die Luft, und meine Gedanken werden Wellen. Würde ich sterben an einem Tag wie diesem, das gäbe meinem Leben einen Sinn. Ob ich merke, dass ich nicht mehr träume, wenn ich tot bin? Tot bin, wenn ich nicht mehr merke, dass ich träume? Träume, wenn ich nicht mehr merke, dass ich tot bin ... Mir fällt keine für Tom erträglichere Lösung ein, als mit Valium ins Bett zu gehen, um einen Ersatzoffizier in den Dienst zu berufen. Für den Notfall bunkert Tom die unterschiedlichsten Medikamente aus der Klinik in seiner Privatapotheke, auch über einen geheimen Valium-Vorrat verfügt er. Ich bin der Notfall, ich bin behindert und kann keine Kinder kriegen. Ich heule nun hysterisch. Tom bringt mich ins Bett und redet mir behutsam zu. Ich höre nicht hin. Ich schreie nach Valium, bis ich es bekomme, und schreie weiter, bis Tom die Dosis verdoppelt. Ich bin verrückt geworden, und ich schätze, ich habe allen Grund dazu.

Als ich aufwache, ist es schon Abend. Tom sitzt mit seinem Laptop neben mir auf dem Bett und lächelt mich an. So schlimm ist das alles gar nicht, denke ich und schäme mich wegen meines Theaters von heute Vormittag. Tom sieht schön und friedlich aus, wie er da so sitzt. Er beginnt einen Ich-habe-recherchiert-es-ist-besser-als-du-denkst-Vortrag, aber ich unterbreche ihn: »So dramatisch finde ich das jetzt auch nicht mehr. Lass uns morgen darüber reden, heute will ich es vergessen. Wir wollten sowieso mal wieder zusammen ausgehen, und jetzt, wo ich nicht schwanger bin, darf ich sogar trinken.«

»Marta, dir geht es nicht gut, und du stehst noch unter Valium.«

Als Kind abhängig von einer Abhängigen, hängt Tom nun von meiner Abstinenz gegenüber jeglichen Substanzen ab. Darüber hinaus ist seine Laune meiner Befindlichkeit unterworfen. Es muss mir gut gehen, daran arbeitet Tom, wenn nötig bis zum Burn-out. Äußerst vorausschauend von ihm, sich in eine Depressive zu verlieben, der es praktisch nie gut geht. So hat der Workaholic immer zu tun und muss nicht zu sich kommen. Unsere Zusammenarbeit funktioniert erstaunlich gut. Während er mein Antidepressivum ist, bin ich sein Sinn des Lebens oder eine Ablenkung davon. Irgendwie versucht doch jede Liebe, sich in ein funktionelles Unternehmen zu verwandeln, damit sie möglichst lange überlebt. Falls ich je gesunde oder Tom die Kraft ausgeht, wird unsere Liebe stark genug sein, sich neu zu formieren? Bis dahin kontrolliert Tom jedenfalls all mein Sein und Tun hinsichtlich der Auswirkung auf meine Stimmung, denn so fühlt er sich gebraucht. Im Moment lautet sein Ziel, mich den Triple-X-Schock und meine damit verbundene Unfruchtbarkeit überleben zu lassen. Seiner biografischen Prägung entsprechend schätzt er Alkohol auf Valium nicht als sonderlich zielführend ein. Damit wir trotzdem gehen, schwöre ich ihm, dass mir der Abend beim Umgang mit meinem komischen Syndrom helfen wird. Als wenn ich wüsste, was mir hilft.

Wir gehen gemeinsam aus. Wir trinken Sekt und philosophieren über Glück. Tom kümmert sich rührend um mich. Ich bin schnell betrunken und watteweich verliebt. Irgendwann nach zwölf hört das Valium plötzlich auf zu wirken, und das mit dem Vergessen klappt nicht mehr ganz so gut.

»Guck mal, die Leute glotzen schon, weil ich so behindert bin!«, schreie ich den Gaffern entgegen.

Alle sehen weg, peinlich berührt. Tom versucht, mich davon zu überzeugen, dass niemand mir mein Syndrom ansehen kann, und ich lache mich kaputt. Ich lache über die Ahnungslosigkeit der Leute. Eigentlich lache ich das Leben aus. Ich darf das, ich darf alles, denn ich habe das Triple-X-Syndrom.

8

KLETTVERSCHLUSSMÄDCHEN

Das Grauen hat einen Namen, denke ich, bevor ich aufwache und alles noch viel schlimmer wird. Valium-Depression. Mit jedem Atemzug drängt Angst in meine Lungen, mein Herz pumpt Panik, und mein Kopf hat sich alles gebrochen vom Jemand-anderes-Sein. Nach mir wage ich nicht zu fragen. Mit einem Ruck stehe ich auf. Ich behalte an, worin ich aufgewacht bin, weil ich gestern darin eingeschlafen bin. Tom ist nicht hier. Ich muss seinem medizinischen Vortrag zuvorkommen und alleine zusammenbrechen, damit er heute Abend wieder etwas Valium herausrückt.

Deshalb begebe ich mich in die Sprechstunde von Doktor Google.

»Das Triple-X-Syndrom, auch bekannt unter den Synonymen 3-X-Syndrom, Trisomie X, Triplo-X-Syndrome und Super-Female-Syndrome, bezeichnet die Trisomie des X-Chromosoms bei Frauen«, heißt es bei Wikipedia.

Triplo, das klingt nach Italien. Ich schlage nach, und tatsächlich, es ist italienisch und bedeutet überraschenderweise dreifach. Wenn ich schon behindert bin, dann bitte schön auf Italienisch. Das würde auch meiner imaginären Zwillingsschwester Maria gefallen.

»Marta, wir beide sind so herrlich, uns muss es einfach dreifach geben«, würde sie sagen, und dann würde sie wild lachen. Natürlich hätte sie ein bisschen geschummelt, denn dreifach ist nur das X-Chromosom in allen Zellen meines Körpers. Was war noch mal ein Chromosom? Bio 3 Punkte.

Der Wikipedia-Artikel über Chromosomen gleicht einer wissenschaftlichen Abhandlung, von der ich genau genommen nichts verstehe. Jeder Link zu Chromosomen scheint mir komplizierter als der vorige, und ich werde immer wütender, bis ich ein Schülerreferat finde, das sogar ich kapiere: »Chromosomen enthalten unsere Erbinformationen durch eine je spezifische Anordnung ihrer Aminosäuren. Im Kern jeder menschlichen Körperzelle gibt es 46 Chromosomen, wobei 44 davon in 22 Paaren vorkommen. Die anderen zwei Chromosomen legen das Geschlecht fest, Frauen haben in jedem Zellkern zwei X-Chromosomen und Männer je ein X- und ein Y-Chromosom.« Der Rest erinnert mich zu sehr an den grausamen Bio-Unterricht meiner Schulzeit, deshalb lese nur noch den letzten Satz: »Das menschliche Y-Chromosom ist kleiner als das X-Chromosom, dagegen ist das Y-Chromosom bei der Weißen Lichtnelke bedeutend größer.«

Weiße Lichtnelke. Das klingt wunderschön.

Wikipedia sagt: »Ihre Blüten öffnen sich erst am Nachmittag und verströmen dann ihren angenehmen Duft, um die Nachtschmetterlinge anzulocken; bereits in der Dämmerung schließen sie sich wieder.«

Ich möchte eine weiße Lichtnelke sein und mit meinem verführerischen Duft Nachtschmetterlinge anlocken. Ich möchte eine weiße Lichtnelke sein, aber ich habe eine Erbkrankheit.

»Als Erbkrankheit werden Erkrankungen und Besonderheiten bezeichnet, die entweder durch ein Gen (monogen) oder mehrere untypisch veränderte Gene (polygen) ausgelöst werden und zu bestimmten Erkrankungsdispositionen füh-

ren. In diesem Zusammenhang spricht man auch von monogenetischer bzw. polygenetischer Erkrankung ...«
Ich überfliege den Text, um noch etwas zu finden, was ich verstehe.

»Syndrome wie Formen von Trisomie, bei denen sich nicht die übliche Zahl von 46 Chromosomen im menschlichen Genom findet, können somit genau genommen nicht als Erbkrankheit gezählt werden, da sie zumeist spontan auftreten und auch nur selten vererbt werden.«

Von wegen Erbkrankheit! Nach wenigen Minuten Internet-Recherche kann ich die Diagnose vom Corny-Riegel widerlegen; wahrscheinlich hat der sein Medizinstudium bei eBay ersteigert. Ich habe keine Erbkrankheit, sondern eine Trisomie, und bei der kommt ein Chromosom in allen oder einigen Körperzellen dreifach statt zweifach vor, referiere ich dem hirnverbrannten Corny in einem inneren Monolog. Trisomien bei Lebendgeborenen seien nur für die Chromosomen 13, 18 und 21 bekannt, lese ich weiter. »Trisomien der anderen Chromosomen scheinen mit dem Leben unvereinbar.«

Mit dem Leben unvereinbar. In meinem Hals steckt etwas. Ich schlucke und studiere die Symptome der drei genannten Trisomien.

Trisomie 21, Mongos kennt doch jeder, denke ich und schäme mich. Diese Sonnenmenschen sollen nicht fehlen in unserer Welt. Ihre kognitiven Fähigkeiten sind beeinträchtigt, und viele von ihnen werden mit einem Herzfehler und einer Immunschwäche geboren, aber ansonsten können sie ein relativ normales Leben führen. Dramatischer klingt die Trisomie 18, das sogenannte Edwards-Syndrom: Angeblich haben die Betroffenen schwere Intelligenzdefekte und entwickeln keine Sprache, aber ich schätze, sie haben sehr wohl eine, Zeichensprache oder so. Sogar Tiere verständigen sich. Blöder Artikel, arrogantes Internet. Nie wieder will ich »Mongo« denken, ich gehöre jetzt zu euch. Die möglichen Symptome der Trisomie 13 lesen sich so dramatisch, dass ich mich trotz meiner neuen Verbundenheit wie eine Gafferin fühle und den Absatz überspringe. Nun sind die Mutationen der Geschlechtschromosomen an der Reihe. Es gibt das Turner-Syndrom; den betroffenen Frauen fehlt das zweite X-Chromosom. Von dieser Störung bin ich weiter entfernt, als mir lieb ist. Bei 3.000 Geburten kommt das Turner-Syndrom einmal vor. Merkwürdig, dass ich nie zuvor davon gehört habe, in Hamburg müssen – Taschenrechner an: Einwohnerzahl Hamburgs durch 3.000 ist gleich – ganze 620 Frauen damit herumlaufen. Eine eigene Schule ließe sich mit diesen vergleichsweise kleinen Mädchen und Frauen füllen. Dort müsste überwiegend Mathematik und räumliches Denken unterrichtet werden, um die Defizite der Betroffenen auszugleichen.

Triple-X-Syndrom, da stehe ich. Das Ding in meinem Hals sitzt fest, ich huste. Gerade spüre ich einen starken Drang, alles zu lernen, was ich noch nicht weiß. Deshalb will ich mir erst einen Überblick über die anderen Syndrome verschaffen, so kann ich meines später besser einordnen. Ich muss den Absatz mit meinem Syndrom zunächst also überspringen.

Es gibt da noch das Klinefelter-Syndrom, bei dem die Männer wie ich ein X-Chromosom zu viel haben. Das zusätzliche X macht sie mir ähnlich, relativ groß und mit langen Gliedmaßen, sind sie meist unfruchtbar. Und mehr als »eine

Tendenz zur Ausbildung von Brüsten« habe ich schließlich auch nicht. Wie es wohl wäre, wenn ich mich in einen Klinefelter-Mann verlieben würde? Zusammen hätten wir fünf X-Chromosomen und könnten über die Winterklamotten von Tchibo lachen, die an uns aussehen wie Dreiviertel-Hemden und -hosen.

Neugier überwältigt Angst.

»Das Triple-X-Syndrom tritt bei einem von 1.500 Mädchen auf und ist die klinisch unauffälligste Chromosomenmutation. Da bis auf eines alle X-Chromosomen weitgehend inaktiviert werden, ist ein überzähliges X-Chromosom eher tolerierbar als zusätzliche andere Chromosomen.«

Ich bin nicht so behindert, wie ich dachte. Und ich bin mit dem Leben vereinbar. Aber warum habe ich ein X-Chromosom zu viel?

»In 90 Prozent der Fälle entsteht das Triple-X-Syndrom durch einen Fehler bei der Keimzellteilung: Das X-Chromosom weicht nicht auseinander, sodass sich eine Zelle ohne X-Chromosom und eine mit zwei X-Chromosomen bildet. Wird nun die Zelle mit den zwei X-Chromosomen mit einer Keimzelle befruchtet, die ein weiteres X-Chromosom enthält, entsteht das Triple-X-Syndrom.«

So ganz verstehe ich das nicht, aber es scheint, als habe Mutter mir ein Geschenk hinterlassen. Versaut sie über ihren Tod hinaus weiterhin mein Leben? Kann ich ihretwegen kein Kind bekommen? Und was ist sonst noch alles falsch an mir?

»Die betroffenen Frauen sind eher großwüchsig und ihr Intelligenzquotient ist meist niedriger als der ihrer Geschwister. In seltenen Fällen wurden Psychosen beobachtet. In etwa 70 Prozent der Fälle bestehen Lernbehinderungen, vor allem im Bereich der Lautsprache, und auch die Feinmotorik kann eingeschränkt sein.«

Vieles davon trifft auf mich zu. Ich habe erst mit fünf richtig sprechen gelernt, deshalb war ich im logopädischen Kindergarten. Meine Feinmotorik war schon immer miserabel, sodass ich als einziges Kind meines Jahrgangs in Handarbeiten eine Fünf im Zeugnis bekam. Ich hatte mich geweigert, Nadelkissen und Topflappen anzufertigen, weil meine Finger schon beim Schleifenbinden versagten, ich Klettverschluss-Mädchen, ich. Zum Glück war die Schuhmode der 80er-Jahre auf meiner Seite. Außerdem bin ich mir sicher, dass Leah um einiges schlauer war als ich. Mutter konnte mich nicht lieben, weil ich die dümmere Version einer Toten bin. Wie oft muss sie sich gewünscht haben, ich wäre an Leahs Stelle gestorben?

»Die Ausprägung der Fruchtbarkeit reicht bei diesem Syndrom von durchschnittlich bis unfruchtbar. Häufig produzieren die Eierstöcke zu wenig Hormone, sodass die Produktion der Eizellen eingeschränkt ist und die Wechseljahre vorzeitig eintreten.«

Wie bei mir. Wenn Männer nur ein X-Chromosom haben, Frauen zwei und ich drei, müsste ich noch weiblicher als Frauen sein, doch das Gegenteil scheint der Fall. Obwohl Frauen mit zwei X-Chromosomen angeblich kommunikativer sind als Männer mit einem X-Chromosom, haben Triplo-X-Mädchen Probleme mit der Sprache. Besonders fruchtbar sind wir auch nicht. Darüber hinaus sollen wir eine geringe Frustrationstoleranz haben und bei Überforderung Blockaden bekommen, lese ich weiter. Das könnte meinen Hang zur Hysterie erklären, für den ich nun eine Entschuldigung habe. Angeblich sind wir kontaktscheu und haben häufig eine

Mathematikschwäche. Was für ein Jammer, dass mein Syndrom zu Schulzeiten noch nicht bekannt war, sonst hätte ich vielleicht ein Attest für Mathe und Physik bekommen. Anders als Menschen mit Trisomie 21, die oft sehr emotional und fröhlich sind, scheinen Frauen mit dem Triplo-X-Syndrome keinerlei Vorteile durch ihr zusätzliches Chromosom zu haben. Ich habe also eine Erbkrankheit, die mich unfruchtbar macht und mir auch sonst nur Schwierigkeiten bereitet.

Tom kommt heim. Er schlägt vor, dass wir uns einen kleinen Hund anschaffen, der mich trösten soll. Ich erzähle ihm, wie es war, als ich einen Hund haben wollte und mir ein Hundebesitzer seinen zur Probe lieh. Zu der Zeit ging es mir nicht gut, aber der Hund half mir kein bisschen. Er war blind und wollte nicht laufen. Er machte einfach nichts, nur manchmal jaulte er. Ich trug ihn morgens die Treppe hinunter, setzte ihn auf den Bürgersteig und rauchte Zigaretten. Weil er sehr klein war und das Hinunterbeugen so mühsam, streichelte ich ihn schließlich nicht mehr, und er jaulte noch mehr. Er war eine Belastung. Nie wieder ein Hund, beschwöre ich Tom, ich habe einem Hund nichts zu geben. Ich will ein Kind, und weil ich das nicht bekomme, brauche ich noch so eine liebe kleine Pille. Ich rede lange, bettle viel, und am Ende bekomme ich meine Valium-Tablette. Wir kuscheln, futtern Schokoladeneis und gucken den vorhersehbarsten *Tatort* seit Menschengedenken. Einen richtig schönen Sonntagabend verbringen wir zusammen.

LEICHENGIFT

Montag, 6:45 Uhr. In einer Stunde und 15 Minuten muss ich in der Schule sein. Unterrichtsmedien werden überschätzt, an Tagen wie diesem konzentriere ich die mir verbleibende Kraft darauf, aufzustehen und zur Schule zu gehen. Für jeden Schritt morgendlicher Routine lobe ich mich, denn nur ich weiß, wie schwer er mir fällt. Ich halte alles aus, aber das reicht nicht. Die anderen dürfen nicht merken, dass ich etwas auszuhalten habe. Lässig wirken, auch wenn alle Welten Feuer fangen, das habe ich von der Pike auf gelernt. Und so stehe ich auf und fahre mit einer seit Freitag nicht berührten Tasche zur Arbeit. Mehr geht nicht.

Wenn ich mich in einem Zustand wie dem heutigen hinter das Steuer setze, beschädige ich Autos. Deshalb bin ich bereits aus zwei Versicherungen geflogen, wobei mir nicht einleuchtet, warum Autos lackiert sind. Empfindlicher als Autolack sind selbst Eierschalen nicht. Jedenfalls musste ich Tom gestern versprechen, mit der S-Bahn zu fahren. Die Menschen darin erscheinen mir unwirklich. Playmobilmännchen mit steifen Armen, die ihr Tagewerk im Takt verrichten. Ich kenne das bereits, immer wieder umgibt mich zeitweise eine rhythmische Plastikwelt statt der realen. Eine Therapeutin deutete das als Flucht aus einer mir unerträglichen Wirklichkeit. Wer sich aber je von glänzenden Playmobilmännchen umgeben wiedergefunden hat, wird künftig die Realität vorziehen, falls er das steuern kann, was mir beim besten Willen nicht gelingt.

Um dem Lehrerzimmer zu entgehen, stromere ich durch die Flure. Die Kinder glänzen, und ihre Zähne glitzern wie in der Werbung. Ich fühle in mich hinein und suche meinen Kinderwunsch. Ein Super-8-Film zeigt eine verschwommene Familie mit lachendem Kind, dann ist die Leinwand wieder grau und tot. Ich gehe in den Unterricht. Das Datum schreibe ich heute nicht an die Tafel. Ich kenne es nicht, denn ich bin aus der Zeit gefallen. Ich verteile Arbeitsblätter und meckere ein bisschen. Ich tue, was zu tun ist, während meine Gedanken wie hospitalisierte Hunde immer um den gleichen Baum toben, weil nichts sie beschwichtigen kann. Ich werde nie ein Kind bekommen, denn ich habe einen genetischen Defekt.

Als ich nachmittags nach Hause komme, ist Tom bereits im Krankenhaus. Ich schalte den Fernseher an und starre auf eine Nachrichtensendung. Die Moderatorin will meine Probleme mit einer Maschine lösen, die von selber kochen kann. Will sie das dritte Chromosom aus meinen Zellen schmoren? Ich bekomme wieder dieses Playmobilmännchengefühl und schlecht Luft. Wie war das, Psychosen treten in Zusammenhang mit dem Triplo-X-Syndrom häufiger auf? Ich konzentriere mich, und mir wird klar, dass ich keine Nachrichten, sondern eine Dauerwerbesendung gucke, aber besser fühle ich mich trotzdem nicht. Weil ich die Fernbedienung nicht finden kann, ziehe ich den Stecker aus der Dose. Ich sehe mich in unserer Wohnung um. Bei uns ist es dreckig, finde ich, der Kinderwunsch hat uns verwildern lassen. Es gehört aber zur Würde eines jeden Menschen, ein sauberes Bett zu haben, ein reines Klo, einen blitzenden Spiegel. Obwohl mich Putzen normalerweise deprimiert, kann ich mir gerade nichts Besseres vorstellen. Ich benutze Chlor. Das gieße ich auf Flecken, die schon immer da waren, und weiche sie ein. Dann schrubbe ich. Sie verschwinden auf der Stelle. Handtücher, Bettwäsche und Glühbirnen, ich wechsle aus, was mir in die Finger kommt. Dabei fühle ich mich glücklich und verfüge über grenzenlose Energie. Die Fenster, der Backofen, die Badewanne, alles wird geschrubbt. Um zwei Uhr nachts bin ich nicht fertig, aber auf einmal doch erschöpft, und lege mich ins Bett. Immer wieder rufe ich mir ins Gedächtnis, wie sauber unsere Wohnung nun ist. Es hat noch nie so geglänzt bei uns, ich habe eine immense Veränderung vollbracht. Diese Gedanken verscheuchen das schlechte Gefühl, und trotz meiner brennenden Chlorhände dämmere ich davon.

Ich rufe Papi an. Seit der Sache mit Leahs Brief haben wir nicht mehr miteinander gesprochen.

»Papi, ich bin trisom.«

»Marta, was redest du wieder?«

Ich erzähle ihm die ganze Geschichte, und er ist hörbar betroffen. Er will mich zu sich holen, bis es mir besser geht. Er will mich heile machen, aber das geht nicht, so wie es früher auch nie ging. Meine Verfassung spiegelt mein Syndrom, spiegelte es immer schon. Das Gefühl war da, bevor ich wusste, dass ich wirklich anders bin. Ja, es fühlt sich stimmig an, zum ersten Mal in meinem Leben fühle ich mich den Umständen entsprechend. Meine Kindheit war nicht falsch, ich war es. Mutter hat schon in der Schwangerschaft gespürt, dass an mir etwas zu viel ist, und gab mir zum Ausgleich kein h. Immer, wenn ich meinen Namen angebe, muss ich erwähnen, dass ich eine Marta ohne h bin. Als ich Papi nach dem h fragte, antwortete er nur, Mutter habe es so gewollt. Eine

Marta ohne jenes h, das ihren Namen vollständig gemacht hätte, stattdessen eine Leah mit zusätzlichem h am Ende. Mutter wusste eben von vornherein, dass sie mich nicht so lieben könnte wie Leah, Leah mit h, der Schatten meiner Kindheit. Auch wenn ich sie seit jeher um das beneide, was sie Mutter bedeutet haben muss, wünschte ich mir immer, sie würde leben, meine große Schwester, Leah mit h. Hat sie sich trotz Mutters Liebe umgebracht? Weder Papi noch ich haben sie eben erwähnt. Ich habe keine Kraft für meine tote Schwester, deren Leichengift mich zerfressen hat, kaum dass ich auf der Welt war. Ich muss an mich denken und an Tom, der alles ist, was mir bleibt. Bis zum Triplo-X-Schock war da noch jenes Dritte gewesen, auf das ich hingelebt habe. Das letzte Glied einer Kette von Zielen, abgearbeitet in der steten Illusion, beim nächsten Ziel wird alles besser. So einfach ist das, leben. Unser Kind sollte all die Mühe und den Schmerz wert gewesen sein. Tom und ich hätten es in den Himmel geliebt. Tom und ich, wir Kriegskinder, und mit uns eine ganze Generation von Ausputzern. Durch unsere Liebe wollten wir der transgenerationalen Weitergabe der Kriegstraumata den Garaus machen.

Betrunken hat mir Mutter einmal die Geschichte ihrer Familie erzählt: Ihre Mutter hatte im Krieg zugleich ihren Vater und den über alles geliebten Mann verloren. Um ihre drei Kinder durchzubringen, heiratete meine Oma dann ihren Nachbarn. Mutter war das Siegel dieses Arrangements, doch bis sich der Krebs durch meine Großeltern gefressen hatte, zierten die Bilder des ersten Mannes meiner Oma die kleine Hamburger Kaufmannswohnung. Mutter als Tochter des falschen Mannes fühlte sich immer überflüssig zu Hause.

Ihr Vater und sie waren eine Einheit im Feindesland, außer ihm hatte Mutter nichts und niemanden. Papi und ich, wie sich alles wiederholt.

    Aus Mutters Schilderungen über Großmutter war das Bild ihrer selbst entstanden. Eine mit unterschwelliger Aggression ausgestopfte Leere, die einem die Vernichtungsspritze ihrer Missachtung in den Rücken rammt. Mutter schien nicht zu bemerken, dass sie auch über sich sprach. Ebenso wie Tiere können Menschen überleben, ohne sich zu hinterfragen. Falls uns diese Entscheidung freisteht, hatte Mutter sich dafür entschieden. Und auch für mich gilt, was im Dunkeln liegt, das sieht man nicht. Aber im Gegensatz zu meiner Mutter werde ich diese Blindheit nicht an meine Kinder weitergeben. Die Blindheit nicht und meine Liebe nicht und auch keine Traumata. »Bis ich sie dann weitergebe«, schießt es mir unwillkürlich in diese Erkenntnis. Noch einmal sage ich mir, ich werde nichts weitergeben können, und wieder huscht mir dieses Wiesel durch den Geist. Ein Wiesel, das sich in den Schwanz beißt, das sich in den Schwanz beißt.

Die kleine Marta weiß, dass nach dem Leben nichts mehr kommt außer ein paar Würmer. Wer glaubt schon an einen Opa auf Schafswolke, wenn jedes Kind weiß, dass es selbst den Weihnachtsmann nicht gibt. Also versucht Marta, sich vorzustellen, wie das ist, wenn nichts mehr kommt. Es ist, als ob sie nach einem Spiel kein Spiel mehr spielen könnte, meißelt sie sich in den Kopf. Und schwups, ist das Spiel in ihrem Kopf, das nach dem Spiel kommt, das nicht kommt. Die Vorstellung vom Danach wartet immer schon auf Marta, so sehr sie sich auch bemüht, ihr zuvorzukommen. Das Universum ist unendlich, aber was kommt hinter seiner Mauer? Marta kann sich nicht vorstellen, nicht mehr zu sein, also stirbt sie nicht. Obwohl sie weiß, sie muss, wegen der Würmer.

Ohne Kind zu leben ist für mich nicht vorstellbar. Dieses Unvermögen befreit mich von der Verantwortung, mein Schicksal akzeptieren zu müssen. Ich kann mir nicht vorstellen, kinderlos zu bleiben, also werde ich ein Kind bekommen. Meine Schwäche, vieles nicht ertragen zu können, ist meine Stärke, denn was ich nicht akzeptieren kann, wende ich ab. Ein lächerliches Triplo-X-Syndrome kann da gar nichts ausrichten. Hindert es mich daran, ein Kind zu bekommen, adoptieren wir eben eins. So viele Eltern können oder wollen ihre Kinder nicht großziehen, eines davon wird unseres sein. Bin ich nicht Expertin darin, wie es sich anfühlt, von der eigenen Mutter nicht geliebt zu werden? Tom und ich hingegen werden das Kind lieben, so sehr, dass es seine leiblichen Eltern vergessen kann.

Ich will sofort einen Adoptionsantrag stellen oder was immer wir da tun müssen. Das Internet bringt die Ernüchterung. Auf zehn Bewerberpaare für eine inländische Adoption komme angeblich ein Kind, sodass nur junge Paare eine Aussicht auf Vermittlung hätten. Weitaus mehr Chancen habe eine Auslandsadoption. Auch gut, dann nehmen wir ein Mädchen aus Kambodscha. Könnten wir ein Kind aus diesem ausgebluteten Land vor der Kindersexmafia schützen, bekäme mein Triplo-X-Syndrome sogar einen Sinn. Aus dem Ausland adoptierte Kinder kämen meist aus Waisenhäusern, und diese Erfahrung hinterlasse Spuren, lese ich. Da die Länder zunächst den inländischen Adoptionsbedarf abdecken würden, seien viele der ins Ausland vermittelten Kinder außerdem krank oder hätten Behinderungen. Ergotherapie, Physiotherapie und die verhasste Logopädie, mein Leben mit Kind soll anders sein. Egoistisch ist das, und ich schäme mich, doch egoistisch ist der Wunsch nach einem Kind per se. Hinzu kämen die finanziellen Belastungen einer Auslandsadoption, erfahre ich und sehe für uns schwarz. Aller Voraussicht nach nie wieder Logopädie, ich atme auf.

Vielleicht sollten wir uns mit einem Pflegekind begnügen, die gibt es zuhauf. Sie können nicht mehr in ihren Herkunftsfamilien leben, aus denen sie vom Jugendamt meist wegen einer Gefährdung ihres Wohls herausgenommen wurden. Ihre Eltern geben sie nicht zur Adoption frei, sondern andere Menschen übernehmen vorübergehend oder dauerhaft die Pflegschaft für sie. Das Risiko einer späteren Rückführung in die Herkunftsfamilie lasse sich selbst bei der Dauerpflegschaft nie ganz ausschließen, steht in einem Forum. Das würde mir das Herz brechen, weiß ich genau. Teilweise haben die leiblichen Eltern noch Umgangsrechte mit ihren Kindern, lese ich weiter. So müssten sich Pflegeeltern oft mit einer ganzen Problemfamilie arrangieren, aus der die Kinder nicht umsonst herausgenommen wurden. Zum Betriebssystem nahezu aller Pflegekinder scheinen Traumata und Bindungsstörungen zu gehören, aus denen weitere Problembereiche resultieren. Falls wir trotzdem ein Pflegekind aufnehmen, dann ein ganz junges, überlege ich, dann hatten die leiblichen Eltern weniger Zeit zum Kaputtmachen. Bei kleinen Kindern, ob adoptiert oder in Pflege genommen, lasse sich aber das fetale Alkoholsyndrom nicht ausschließen, das durch Alkoholkonsum der Mutter während der Schwangerschaft entsteht. Würde sich herausstellen, dass unser Kind an diesem Syndrom leidet, zöge Tom, der Arzt mit multitoxisch abhängiger Mutter, für den Rest seines Lebens mit einem Flammenwerfer durch die Kneipen, um jene Frauen zu erwischen, die ihren ungeborenen Kindern schwerste Behinderungen ansaufen. Mich entlastet diese Gewissheit, denn ich fühle mich den Anforderungen eines traumatisierten Kindes mit fetalem Alkoholsyndrom nicht gewachsen.

Wenn wir kein Kind aufnehmen, muss ich doch selbst eines bekommen. Die einzige Möglichkeit dafür böte eine Eizellspende. Diesen letzten Hoffnungszipfel hatte Doktor Korn mir zu seinem herzlichen Abschied gereicht, und den werde ich festhalten. Als Tom von der Nachtschicht kommt, informiere ich ihn über unseren neuen Plan.

10

LIEBES ÜBER-ICH

In den nächsten Tagen tauche ich nach der Schule ab in Googles Welten und erkunde ein deutsches Tabu. Obwohl in Deutschland jedes Jahr 300 bis 400 Kinder durch eine Eizellspende geboren werden, ist sie bei uns illegal. Nach dem deutschen Ethikrat, jenem Sachverständigenrat, der unsere Politiker bei Fragen um Leben und Tod berät, soll das auch so bleiben. Im Gegensatz zur Eizellspende ist die Samenspende hierzulande erlaubt. Ausdruck einer patriarchalischen Gesellschaft, deren medizinische und politische Entscheidungsträger weiterhin Männer sind? Klar, die Samenspende macht Spaß und die Eizellspende Schmerzen. Auf einer juristischen Seite lese ich, das Verbot der Eizellspende solle ebenso wie das der Leihmutterschaft die Spaltung in eine genetische und eine austragende Mutter verhindern. Käme mir Triplo-X-Frau eine solche Spaltung nicht gerade entgegen? Das Internet behauptet, mein überflüssiges X vererbe sich möglicherweise an einen Sohn, der das Klinefelter-Syndrom bekommen könne, bei dem zusätzlich zum X- und Y-Chromosom ein weiteres X-Chromosom vorhanden ist. Auch negative Kindheitserfahrungen wie meine können die Keimzellen verändern und über diese an die nächste Generation vererbt werden. Ich staune darüber, dass Traumata auch die Hirnstrukturen dauerhaft verformen. Die Hirnrinde von misshandelten Kindern verdünnt sich in den für Selbstwertgefühl und Selbstreflexion zuständigen Bereichen. Das Hirn hungert die geschädigten Areale aus, um seine restlichen Funktionen aufrechtzuerhalten. Bei sehr frühen Traumata kann das Hirn die Neuronenspur der Identität sogar völlig isolieren und in einem unbeschädigten Bereich des Gehirns neu beginnen. Eine weitere Persönlichkeit entsteht und mit ihr die multiple Persönlichkeitsstörung.

Wie eine Schallplatte, die bei einem Kratzer in ein anderes Lied springt, denke ich und merke, wie ich mich in Webs wilden Weiten verfranse, mich tröste am Unterschied zwischen mir und den noch tiefer Gefallenen – der abwärts gerichtete Vergleich ist eine meiner leichtesten Übungen. Also zurück zur Rettung. In vielen Ländern der EU ist die Eizellspende legal, praktiziert wird sie regelmäßig aber nur in Tschechien, Spanien und seit 2015 auch in Österreich. Die Tschechen betrügen uns bestimmt, vorurteile ich, und die Österreicher müssen noch üben, also werden wir nach Spanien gehen, eine renommierte Kinderwunschklinik liegt auf Mallorca. Reproduktives Reisen nennt sich das, was unzählige Paare und Single-Frauen ins Ausland treibt. Tom und ich wollten ohnehin schon immer nach Mallorca, dann können wir unser kleines Mädchen gleich von dort mitbringen.

Wie bei der künstlichen Befruchtung werden die Eierstöcke der Eizellspenderinnen durch Hormonspritzen stimuliert, damit ihnen während der Vollnarkose gleich mehrere Eizellen entnommen werden können. Sie verdienen sich ein Zubrot von ungefähr 800 Euro und helfen kinderlosen Paaren. Ethische Bedenken habe ich keine. Wer ließe sich nicht auf einen rettenden Organhandel ein, wenn er könnte? Und im Gegensatz zu den Organen, von denen für den lebendigen Leib kaum eines verzichtbar ist, verfügt eine junge Frau über ungefähr 20.000 Eizellen. Die finanziellen Nöte eines anderen ausnutzen, um ein überlebenswichtiges Organ zu erhalten. Zum eigenen Kind kommen durch die europäische Wirtschaftskrise; viele Spenderinnen stammen aus den krisengebeutelten süd- und osteuropäischen Staaten mit hoher Jugendarbeitslosigkeit. Ist eine Eizellspende Menschenhandel? Die Leihmutterschaft ist es streng genommen schon, schließlich wird ein Kind gegen Geld getauscht. Mir fällt die Geschichte eines australischen Paares ein. Es bezahlte eine thailändische Leihmutter dafür, ein Zwillingspärchen auszutragen. Als bei dem Jungen im siebten Schwangerschaftsmonat Trisomie 21 diagnostiziert wurde, forderte das Paar die Abtreibung der Zwillinge. Weil die Leihmutter dies verweigerte, nahm das Paar nach der Geburt nur das gesunde Mädchen mit, den herzkranken Downie-Jungen ließ es bei der mittellosen Thailänderin. Es geht natürlich auch humaner. Weil die Frau von John Tripp, dem Kapitän der Kölner Eishockeymannschaft Haie, kein Kind bekommen kann, übernahm das eine Freundin für sie.

Bei der Eizellspende jedenfalls wird die halbe Möglichkeit eines Kindes gehandelt, finde ich. Skrupel steigen in mir auf, aber die müssen weg, damit wir unser Mädchen holen können. In Gedanken formuliere ich zum abertausendsten Mal ein und denselben Brief:

Liebes Über-Ich,
Es und Ich – nein, eigentlich nur Ich bin dir sehr dankbar, dass du unseren Laden bis jetzt zusammengehalten hast. Du hast recht, Es hätte uns längst in Schutt und Asche gelegt. Richtig also, dass du uns das Einschlafen vor dem Fernseher ohne Zähneputzen untersagst und das Hauen, Klauen, Scheißebau-

en. Trotzdem müssen Es und Ich dir mitteilen, dass wir in Zukunft mehr miteinander machen möchten. Also ehrlich gesagt wollen wir es ohne dich versuchen. Von jetzt an also ohne dich, liebes Über-Ich.
In alter Verbundenheit,
dein Ich mit Es

Eine Eizellspende ist mit einem erhöhten Risiko für Fehlgeburten und Gestosen verbunden, lese ich. So eine Gestose bricht in der zweiten Schwangerschaftshälfte aus und verursacht zu hohen Blutdruck. Die Mutter kann Probleme mit ihren Organen bekommen, und der Embryo wird möglicherweise nicht mehr genügend versorgt, schreibt Doktor Google. Es wird vermutet, dass es sich bei dieser Erkrankung um eine Immunreaktion der Mutter gegen den Embryo handelt. Das würde erklären, warum eine Frau in der Schwangerschaft mit einem genetisch nicht verwandten Embryo wahrscheinlicher daran erkrankt. Insgesamt entwickeln fünf bis acht Prozent aller Schwangeren eine Gestose, weltweit sterben jedes Jahr mehr als 50.000 Frauen daran. Halbherzig recherchiere ich, wie stark sich das Erkrankungsrisiko bei einer Eizellspende erhöht, und finde es zum Glück nicht heraus. Die Eizellspende soll mich retten und nicht töten, aber falls sie mich töten sollte, will ich das bitte schön erst hinterher und insofern gar nicht wissen.

Soll das Kind erfahren, dass es noch eine andere, eine Eizellmutter hat? Im Forum »Egg-Donation« wird geraten, Kinder aus Eizell- oder Samenspenden bereits im Kleinkindalter über den Umstand ihrer Zeugung aufzuklären, damit sie sich später nicht belogen fühlen oder in der Pubertät Identitätskrisen bekommen. Es soll fantastische Kinderbücher geben, mit denen man den Kindern ihre Herkunft erklären kann. Genauso werden wir das machen, beschließe ich kurzerhand. Ich folge dem Amazon-Link und bestelle *Zwei Papas für Tango* über zwei Pinguine, die ein Ei adoptieren. Da es oft gemeinsam mit *König und König* gekauft wird, lege ich auch das in meinen Warenkorb. Kunden, die diesen Artikel gekauft haben, kauften auch *Mommy, Mama and me*, *Komm, ich zeig dir meine Eltern* und *Regenbogenminis*. Also ab damit in den Warenkorb. Um nicht noch mehr Bücher zu kaufen, gehe ich schnell zur Kasse. Wie immer kommen die Zweifel erst nach dem Bezahlen, und ich lese mir die Produktbeschreibungen durch. *König und König* handelt von einem König, der keine Prinzessin, sondern einen Prinzen sucht. Ein Kind kommt nicht vor. Auch der Fokus der anderen Bücher liegt eher auf der Homosexualität der Eltern als auf der Zeugungsart der Kinder, aber zumindest wird die Samenspende am Rande mitbehandelt. Obwohl ich nicht verstehe, warum es keine Kinderbücher über heterosexuelle Paare und eine Eizellspende gibt, freue ich mich, dass unser Kind nun schon früh sehr tolerant wird. Damit wäre auch das erledigt.

Das Recht, die eigene biologische Abstammung zu erfahren, ist in Deutschland verfassungsrechtlich verbürgt. Eine junge Frau setzte 2013 gerichtlich durch, von einer Samenbank den Namen ihres leiblichen Vaters zu erfahren, und der Bundesgerichtshof entschied 2015, das Recht, seine biologische Abstammung zu erfahren, gilt ohne Altersgrenze.

Mehr als 15 Kinder darf ein Samenspender nicht zeugen, wofür er im Nachhinein mindestens so dankbar sein wird wie als junger Mann für die 80 Euro pro Spende. Theoretisch könnten demnächst 15 Kinder vor seiner Tür stehen und Unterhalt verlangen. Normalerweise wird der soziale Vater eines Spenderkindes auch zum rechtlichen Vater und muss den Unterhalt des Kindes zahlen. Wenn das Kind die Vaterschaft allerdings anficht, wird der Samenspender zur Kasse gebeten. Zwar ist häufig vertraglich geregelt, dass die Wunscheltern alle finanziellen Verpflichtungen übernehmen und der Samenspender sich das Geld notfalls vom sozialen Vater holen kann, aber wenn dieser pleite ist, nützt das dem Samenspender herzlich wenig.

Obwohl auch die UN-Kinderrechtskonvention das Recht auf die Kenntnis der eigenen Abstammung feststellt, kann unser Kind seine biologische Mutter nicht kennenlernen, weil die Spende in Spanien anonym abläuft. Die Daten der Spenderin werden dort nur für den medizinischen Notfall aufbewahrt, nicht aber, um das Kind über seine biologische Herkunft aufzuklären. Damit wird unser Kind leben müssen und auch können. Wir werden ihm dabei helfen.

Was aber, wenn die Spenderin ihr Kind auf einmal zu sich nehmen will? Um ihre Kinder aufzuspüren, können Mütter ungeahnte Kräfte entwickeln. Typisch Deutschlehrerin, denke ich an Brechts *Kaukasischen Kreidekreis*, in dem eine Gouverneursfrau ihren Sohn, den sie einst aus Selbstsucht zurückließ, bei ihrer ehemaligen Magd findet und zurückfordert, weil er reich erben wird. Ein Richter soll über den Fall entscheiden. Er stellt das strittige Kind in einen Kreidekreis und hält beide Frauen an, es zu sich über den Kreis zu ziehen. Die leibliche Mutter zerrt es zu sich herüber, und die Magd, die den Jungen großgezogen hat, lässt ihn los, um ihn nicht zu verletzen. Brecht, ganz Kommunist, lässt der Magd den Jungen zusprechen. Nicht umsonst habe ich das Drama als Schülerin geliebt, träumte ich doch von einer Magd, der ich zugesprochen werden würde. Mutter hätte auch nicht losgelassen. In Deutschland jedenfalls, so lese ich, ist die Gebärende die rechtmäßige Mutter. Zwar klingt das ein bisschen nazimäßig, aber ich finde es prima, bye bye, Über-Ich. Würde ich ein Kind aus einer Eizellspende gebären, könnte es mir also nie mehr weggenommen werden. Ich beende meine tagelange Google-Session mit dem Ergebnis, dass meinem Plan kein ernst zu nehmendes Hindernis entgegenzustehen scheint. Wird es also wieder einen kleinsten gemeinsamen Teiler geben? Diese Frage hebe ich mir für das Abendessen mit Tom auf.

»Also, die Bezeichnung kleinster gemeinsamer Teiler trifft in dem Sinne zu, dass ein kleiner Einzeller sich in mir ganz oft teilt, um zu unserem gemeinsamen Baby heranzuwachsen. In dem Sinne aber, dass der Embryo unsere beiden Erbinformationen immer wieder teilt und vermehrt, trifft die Bezeichnung nicht zu, denn er wird deine Gene vermischt mit denen einer anderen Frau vermehren«, doziere ich bei Fischstäbchen mit Kartoffelbrei.

»Und wie findest du das?« Tom blickt von seinem Teller auf.

Ich erschrecke. »Wie, wie finde ich das, das ist doch gar nicht die Frage. Die Frage ist, ob der Embryo trotz Eizellspende unser kleinster gemeinsamer Teiler sein wird.«

»Marta, das ist kindisch.«

Meine Augen werden feucht. Ich schluchze ein bisschen, und die erste Träne rollt. Ich kann nichts dafür, das ist mein Triplo-X-Syndrome.

»Gar nicht kindisch ist das, für mich ist es sehr wichtig. ›Unser kleinster gemeinsamer Teiler‹ war unser Projekttitel, und ich will wissen, ob wir ihn so beibehalten können.«

»Projekttitel?« Tom steckt sich ein halbes Fischstäbchen in den Mund und kaut sehr langsam. Er will Zeit gewinnen. Dann seufzt er.

»Also gut, werte Kollegin. Ich denke, dass in dem von Ihnen genannten zweiten Sinne weiterhin von unserem kleinsten gemeinsamen Teiler gesprochen werden kann, denn der Embryo wird von der Mutter, also von Ihnen, Frau Professorin, ernährt und, bitte verzeihen Sie mir diesen profanen Ausdruck, transportiert werden. Wie Sie sicherlich wissen, haben neuste Studien ergeben, dass auch Ernährung und Erfahrungen die Genetik beeinflussen. Insofern prägen auch Sie die Gene des Embryos, welche dieser dann teilt. Ich fasse also zusammen, dass es sich bei unserem gemeinsamen Projekt weiterhin in jedem von Ihnen angeführten Sinne um unseren kleinsten gemeinsamen Teiler handelt.«

Ich nicke zustimmend. Danke, Tom, denke ich und trinke einen großen Schluck Rotwein.

Er blickt mich durchdringend an: »Frau Kollegin, Sie sind doch sehr versiert auf dem Gebiet der Psychologie. Ich brauche da Ihren Rat. Denken Sie, dass es einen Einfluss auf die Bindung zwischen Mutter und Kind haben wird, dass, wie Sie vorhin ausführten, unser kleinster gemeinsamer Teiler meine Gene vermischt mit denen einer anderen Frau vermehren wird?«

Jetzt hat er mich. Aber es ist mir egal, dass es nicht meine Gene, sondern die von irgendeiner Tusse sind.

»Tom, es ist mir wirklich egal, dass sich deine Gene mit denen von irgendeiner Tusse vermischen.«

»Von irgendeiner Tusse? Das klingt so, als sei es dir wirklich wahnsinnig egal. Kann es sein, dass du eifersüchtig bist?«
Ich bin nicht eifersüchtig. Tom kennt die Tusse doch nicht einmal.
»Ich bin nicht eifersüchtig, du kennst die Frau doch nicht mal.«
Vielleicht bin ich doch ein kleines bisschen eifersüchtig. Meine Gene sollen mit denen von Tom verschmelzen, da hat eine andere nichts zu suchen. Aber weil ich unser Projekt nicht gefährden will, muss ich ihn beruhigen.
»Nee, wirklich nicht. Ich bin froh, dass es diese Möglichkeit gibt. Und wie du weißt, bin ich überhaupt nicht scharf darauf, meine verhunzten Gene weiterzugeben. Das ist eher so ein Männerding: seine Samen in den Wind streuen, für den Fortgang der Menschheit sorgen, sich selbst unsterblich machen. Ich möchte ein Kind mit dir großziehen, egal, ob es meine Augenfarbe hat oder nicht. Deine Schokoladenaugen sind sowieso viel schöner. Hoffentlich bekommt sie, äääh …«
Tom soll nicht wissen, dass ich unbedingt ein Mädchen will.
»… es deine Augen.«
Das Kompliment lenkt ihn ab. Es macht ihm sexuelle Gedanken, und die schalten seinen kritischen Geist aus. Er kommt um den Tisch herum und küsst mich lange. Bestimmt beobachtet uns der dicke Mann von gegenüber, der den ganzen Tag abwechselnd auf seinen Fernseher und unser Küchenfenster starrt. Deshalb ziehe ich Tom ins Wohnzimmer und bugsiere ihn zum Sofa. Wenn ich innerlich nicht so besetzt von meinem Plan wäre und mich ein bisschen fallen ließe, könnte unser Sexleben wieder freier werden. Schließ-

lich ist uns inzwischen klar, dass wir keine realistische Chance haben, auf diesem Wege ein Kind zu zeugen. Ich fand es von Anfang an merkwürdig, Sex zu haben, um ein Kind zu bekommen. Ich meine, was gibt es Gegensätzlicheres als ein zartes Baby in Hellblau oder Rosa und guten, wilden Sex?

11

DER ELEKTRISCHE BÄR

Allein die Eizellspende kostet um die 6.000 Euro, und weil sie bei uns verboten ist, können wir die Kosten nicht von der Steuer absetzen, geschweige denn von meiner Krankenkasse einfordern, obwohl ich als Triplo-X-Frau nun die eindeutige Verursacherin unserer Kinderlosigkeit bin. Für die Eizellspende wird mein Zyklus hormonell mit dem der Spenderin synchronisiert. Sollte ich noch einen Eisprung haben, verhindern ihn Hormonpflaster, die auch meine Gebärmutterschleimhaut aufbauen, damit sich das fremde Ei dort einnisten kann. Zusätzlich zu unseren Flügen müssen wir also die Medikamente und den Urlaub auf Mallorca finanzieren. So viel Geld haben wir nicht, vielmehr haben wir gar kein Geld oder besser gesagt weniger als keins. Aber von diesem klitzekleinen Detail lasse ich mich nicht um unser Kind bringen. »Und so macht man sich auf Dauer halt zum Schwierigkeitenaffen«, singt Frank Spilker die Hymne meines Lebens.

Frau Pisskorb hat Deutsch, Geologie und ein Melanom. Dann stirbt sie. Jeder soll eine ihrer Klassen übernehmen. Ich gehe zum Schulleiter und teile ihm mit, dass ich alle Klassen von Frau Pisskorb übernehmen möchte. Mein Stundendeputat wächst damit auf unglaubliche 187 Prozent. Ein Vorgesetzter hat seinen Mitarbeitern gegenüber die Sorgfaltspflicht, sie vor maßloser Selbstüberschätzung zu schützen. Mein Chef ist erleichtert. An dieser Schule schieben wir unsere Berge von Arbeit auf Schubkarren vor uns her, damit keiner es wagt, uns noch mehr aufzutürmen. Wenn rechts und links Arbeit herunterfällt, schieben wir pfeifend davon, wen auch immer es getroffen haben mag. Bis wieder jemand seine Karre in den Dreck fährt. Burn-out ist bei uns kein Modewort. Nur ich kann keinen mehr bekommen, denn ich habe schon Depressionen.

Immer wieder den Staub der Tage wegzuschaffen konfrontiert mich mit unserer Vergänglichkeit. Deshalb hat Tom irgendwann beschlossen, mich vom Putzen zu befreien, statt mich danach jedes Mal neu zusammenzusetzen. Ich kaufe jetzt ein und koche. Im Gegensatz zum Schmutz negierenden Putzen sind das lebensbejahende Aufgaben, die ich gerne übernehme. Nun schließe ich die Küche, um die Arbeit in der Schule, wenn schon nicht zu bewältigen, wenigstens ansatzweise zu verwalten. Ich stelle das Einkaufen ein und schicke Tom in seine Kantine. Die Raucherkneipe »Zum letzten Ausweg« unter unserer Wohnung wird mein Überlebenselixier. In diesem Sozialzentrum für Suchtkranke, vom bürgerlichen Leben durch grüne Palmen und gelbliche Gardinen abgetrennt, verkaufen sie die besten Pommes des ganzen Viertels. Keine dicken oder gewellten, sondern die langen knusprigen von früher, retro wie die blinkenden Daddelautomaten in den staubigen Ecken.

Tom ist in dieser Woche auf einer Fortbildung, so kann ich mich ganz auf meine Arbeit konzentrieren. Heute habe ich acht Stunden am Stück unterrichtet und in jeder Pause Schüler- oder Elterngespräche geführt. Als ich jetzt beschließe, gleich noch die Arbeiten der 8a zu korrigieren, sind meine Erschöpfung und ich mir egal. Wenn ich so viel arbeite wie im Moment, kann ich schwer pausieren. Falls ich es versuche, werde ich wütend auf alles, und es dauert Tage, bis ich diesen Zustand so weit ausagiert habe, dass ich damit anfangen kann, mich mit meinem Leben auszusöhnen. Das kenne ich aus den Ferien. Und dann sind sie vorbei, und der Wahnsinn beginnt erneut – mein liebes Leben Hamsterrad. Arbeit ist immer da, weil Schüler ewig geplante Unterrichtseinheiten binnen weniger Stunden essen. Lehrer haben immer Arbeit, denn Schüler sollen immer lernen.

Ich sitze an meinem Schreibtisch und zähle Hefte, acht habe ich schon, 17 muss ich noch. Keine einzige Erörterung über den Sinn von Erörterungen kann ich mehr ertragen. Ich feile meine Nägel, ich mache die Wäsche, und ich programmiere das Radio, es gibt immer etwas zu tun. Ich muss immer etwas tun. Nur reden, das kann ich nach der öffentlichen Schulkommunikation nicht mehr. Ich telefoniere nicht, und ich treffe niemanden. Mir reicht es, abends in eine Wolldecke gehüllt auf dem Rücken zu liegen und zu schweigen, mit Glück Tom neben mir, zwei Mumien in einem Sarkophag. Am Wochenende treffen wir dann und wann Menschen und schauen uns die Werbespots über ihre schönen Leben an. So erschwindeln wir uns das Gefühl, dabei zu sein, ohne dass wir kommunizieren müssen. Es gab aber Zeiten, in denen meine Existenz vom Sprechen abzuhängen schien, vielleicht weil ich es erst so spät erlernte.

Marta lebt in einem fließenden Dauerdialog mit ihrer Freundin Jaana. Die beiden Mädchen teilen einen Job und die Einzimmerwohnung in Berlin, wohin sie nach dem Abi geflüchtet sind. Als Hamburgerinnen konnten sie nur nach Berlin gehen, eine Frage der Ehre. Während eine die Verrückten versorgt, schreibt die andere den Brief, den die eine in der Berliner Hinterhofwohnung finden soll, während die andere die Verrückten versorgt. So verdienen sie sich Geld für ihre Indienreise. Abends in ihrer Kohleofenküche kann keine genug bekommen von der Stimme der anderen, in der sich die eigene spiegelt. Du bist da, und ich bin da, und wir sind nicht allein.

Wenn Menschen mir ihre Reiseerlebnisse oder Träume erzählen, schalte ich grundsätzlich ab.

Der Traum der beiden Freundinnen ist eine Reise nach Indien. In überfüllten Bussen kriechen sie über das sengende Land, in dem Schwarz Grün ist und Rot Gelb, aber Rosa Blau. Sie sind lässig, sie kiffen und sie hören traurige Musik. Sie klettern Berge hinauf, schließlich liegt die Welt ihnen zu Füßen, sie knattern auf Mopeds den Ganges entlang, und sie quälen sich durch tagelanges Schweigen in einem Ashram. Es muss doch etwas zu finden sein. Aber da sind nur die beiden, starrende Inder und die heiligen Kühe. Marta denkt an Papi, und plötzlich will sie heim. Ganz kurz fällt ihr nicht mehr ein, wo das ist, aber dann bedauerlicherweise doch. Schließlich geben die Mädchen auf und treiben durch das Land. Die Zeit zerfließt. In einem Nationalpark erwischt sie der Monsun. Es gießt wochenlang, und sie spielen Karten. Clark und Joey, Jaana und Marta am Holztisch einer Kaschemme im Nirgendwo, ein Kartenspiel wird ihre ganze Welt. Die Jungs aus Utah haben ihnen Texas-Poker beigebracht. Normales Poker kannten sie bereits, das haben sie im Berliner Mauerpark einen lieben langen Tag hindurch gespielt. Als es am Abend regnete, behielten sie ihre Blätter in den Händen und stopften die Einsatz-Bohnen in die Hosentaschen, um zu Hause nahtlos weiterspielen zu können. Die laue Nacht verbrachten sie wieder im Mauerpark, es hatte sich aufgeklart. Sternschnuppenzeit, und sie wünschten sich den Himmel leer mit ihren Träumen. Im größten davon spielen sie nun Texas-Poker, was viel aufregender als normales Poker ist, weil jeder nur zwei Karten auf der Hand hat und fünf weitere für alle offenliegen. Die Regeln wird Marta nie vergessen, in jenen Wochen brennen sie sich in ihr Hirn wie ihr eigener Name. Das kennt man aus der Schule: Wenn die Kinder glücklich sind, lernen sie von selbst. Schulversagen ist meist das Unvermögen der Eltern, ihren Kindern gutzutun.

Im Dschungel gibt es nur die vier, Zigaretten und warmes Cobra-Bier. Marta liebt die Jungs beide, doch sie will sie nicht küssen, nur pokern will sie und in ihre schönen Gesichter schauen. Niemals soll der Regen aufhören. Sie spielen um indische Rupien, trotz des lächerlichen Kurses macht es heiß, einfach so 1.000 Rupien zu setzen. Durch die sich immer wieder auftürmende und abebbende Spannung entwickelt das Spiel einen ähnlichen Sog wie das Meer. Und so sind Marta die Tiger egal, und es sind ihr die Elefanten egal. Nur die Karten, die Marta in ihre Welt ziehen. Nie ist sie glücklicher gewesen in ihrem Leben.

Als ich jetzt an diese Zeit denke, breitet sich ein aufgedrehtes Gefühl in mir aus. Ich muss unbedingt rauchen. Damit habe ich aufgehört, als ich das Lehramtsstudium begann, und auch das Trinken habe ich stark eingeschränkt, schließlich muss ich nun ein Vorbild sein. Ich gehe in den Ausweg, ziehe mir eine Schachtel Zigaretten und nehme noch zwei Bier mit hoch. Um dem Damals nahe zu sein, google ich nach Texas-Poker. Dabei rauche ich meine erste Zigarette seit Jahren. Jede Zelle meines Körpers entspannt sich durch das Nikotin, sie haben lang darauf gewartet. Auf der Homepage »666Poker«

wird mir ein Freispiel im Wert von acht Dollar angeboten, und da weiß ich plötzlich, wie ich das restliche Geld für unser Mädchen verdienen werde. Ich muss mich nur noch registrieren. Benutzername: Sarala.
So nennen sie Marta im indischen Pokerdschungel. Sarala, die Schwarze. Marta hat braune Haare, dieser Name soll vielmehr ihren verhangenen Blick beschreiben und ihre undurchdringlichen Augen, aus denen sie schwarze Löcher machen kann, ohne jeden Ausdruck – ihr perfektes Pokerface.
Schade, dass ich es für dieses Spiel nicht werde nutzen können. Ich wähle die Option »No Limit«, schließlich habe ich kaum Zeit, unser Geld zu verdienen, 17 Schulhefte warten auf mein Urteil. Ich wähle den Hamburger Tisch aus, wenn schon virtuell, dann wenigstens mit echten Nachbarn zocken. Hier sitzen die merkwürdigsten Gestalten, zumindest ihren Namen nach zu urteilen: schleimotzer, biggy diggy und alte fresse. Ich scheine die Einzige zu sein, die ihren Nutzernamen großgeschrieben hat, wohl gleichbedeutend mit vollkommen ahnungslos. Umso besser, wenn sie mich unterschätzen. Ich beobachte den Tisch eine Weile. Nachdem ich mich an die Masse von zehn Spielern und die Virtualität des Ganzen gewöhnt habe, bin ich schnell im Bilde. Das Prinzip ist dasselbe, nur geht alles schneller, und das Flirten fehlt. 15 Sekunden hat jeder pro Entscheidung. Plötzlich erscheint der Button »Platz nehmen«, und ich klicke darauf. Schon sitzt Sarala am Tisch und bekommt eine Pikneun und den Karokönig. Flop und Turn Card interessieren mich nicht, ich schiebe, aber die River Card ist ein Herzkönig, ich habe ein Königspärchen und raise auf 14 Dollar. Alle gehen raus – Feiglinge! Die nächste Runde setze ich aus, aber dann … Ich komme richtig in Fahrt.

Ich rauche, ich trinke, ich bin aufgeregt. Häufig gewinne ich, denn ich traue mich, und die anderen springen schnell heraus. Nur master of desaster bietet mir die Stirn. Ehe ich michs versehe, ist es Abend und dunkel, und ich habe weder Unterricht vorbereitet noch die 17 Arbeiten angerührt. Dafür bin ich 283,45 Dollar im Plus. Pipibeträge, was für Angsthasen. Schweren Herzens logge ich mich aus und mache mich an die Unterrichtsvorbereitung. Am nächsten Morgen fühle ich mich zerschlagen. Lange konnte ich nicht einschlafen, Bier und Zigaretten, die flirrige Aufregung, ich bin das nicht mehr gewohnt. Im Schlaf spielte ich weiter, meine Träume abstrakte Pokerrunden.

 Nach der Schule esse ich wieder Pommes im Ausweg. So spare ich Zeit, die ich ins Korrigieren stecken kann. Beim Essen denke ich an unsere Dschungel-Combo. Wie damals war das gestern nicht, es ist ein Unterschied wie zwischen Liebemachen und Pornogucken. Aber besser Pornogucken als gar kein Sex, denke ich und mache einen Deal mit mir: Nach jedem korrigierten Heft darf ich fünf Minuten pokern. Ich esse schneller. In der Wohnung angekommen, beschließe ich, die ersten fünf Minuten Pokern vorzuziehen, weil ich mich direkt nach der Schule sowieso nicht konzentrieren kann. Danach werde ich mit dem Korrigieren beginnen, verspreche ich mir. Nach drei Stunden stehe ich mit 545 Dollar im Plus und bin glücklich wie lange nicht mehr. Ich fühle mich stark und wach und überhaupt, ich fühle. Nun müsste ich alle Hefte auf einmal korrigieren, rechne ich. Aber weil ich so viel gewonnen habe, belohne ich mich mit einem weiteren Spielchen, auch um meine Glückssträhne auszunutzen. Abends um neun stehe ich mit 986 Dollar im Minus. Mir ist schlecht vom Rauchen, ich bin aggressiv, und ich schäme mich. Das war fast mein halber Monatslohn, und die Klassenarbeit müsste ich morgen dringend zurückgeben. Ich spiele weiter, schließlich muss sich dieser Tag irgendwie lohnen. Ich will mein Geld zurück, verdammt! Ich erhöhe die Einsätze. Als hätten sie es mit einer Verrückten zu tun, verlassen viele den Tisch. Gegen 23 Uhr bin ich nur noch bei minus 523 Dollar, immerhin. Mein Magen schreit, mir ist schwindelig, und ich habe keinen Unterricht vorbereitet. Wahllos drucke ich ein paar Seiten aus dem Netz aus, dann sollen die Schüler morgen eben lesen. Ich habe nichts zu essen, und ich kann nicht mehr. Um den Hunger zu verscheuchen, trinke ich ein Glas Wein und falle betäubt ins Bett. Diese Nacht wird schlimm, das spüre ich.

Nach wenig dumpfem Schlaf schreien mich 25 Jugendliche an, dass sie ein Recht auf ihre Arbeiten hätten. Ich werde wütend und schreie ein bisschen zurück von wegen wenn sie wüssten, wie egal es dem Leben ist, auf was man alles ein Recht hat. Zum Glück ist heute Freitag. Zu Hause angekommen, bestelle ich eine Pizza und beginne sofort mit der Korrektur. Fünf Hefte lese ich im Schnelltempo und versehe sie mit unzähligen Randbemerkungen und Smileys, als wollte ich etwas wiedergutmachen. Dann darf ich mir mein Geld holen, Sarala stürmt die Front. Um halb elf am Abend habe ich noch einmal 297 Dollar verloren und bin erledigt. Ich muss mich um mich kümmern, entsinne ich mich und schleppe mich in die Kneipe, um Pommes zu essen. Dort drücke ich mich hinten tief in die Ecke und beobachte einen Mann, der alleine sein Bier trinkt. Ich denke an das einsame Wochenende, das ihm bevorsteht. Der Arme. Und da spüre ich ihn plötzlich wieder, diesen beißenden Schmerz. Er bohrt sich in mein Herz und drückt mir die Luft ab. Er erinnert mich an den Bären und daran, warum er damals zu mir kam.

Marta soll sich etwas aufbauen, aber sie kann nicht. Ihre Freundin Jaana fängt in Berlin ein Studium an, während Marta ein Berufsziel nach dem anderen verwirft. Nach der Indienreise ist sie zurück zu ihren Eltern nach Winterhude gezogen, Marta steht wieder im Mist. Sie fühlt sich hier unendlich verlassen ohne Jaana, deswegen verbringt sie ihre Wochenenden feiernd in der Schanze oder auf dem Kiez. Alkohol und was ein hübsches Mädchen sonst abstauben kann verringern den Abstand zu den anderen, derzeit Martas einzige Möglichkeit, Nähe zu erleben. In einem ihrer Lieblingsläden poltert sie aus Spaß an die Tür der Männertoilette.

»Aufmachen, hier spricht die Polizei!«

Tatsächlich öffnet ein hübscher Kerl und schenkt ihr eine Nase Kokain. Sie ziehen durch die Gegend, und wie immer verbringt Marta den nächsten Tag bei ihm im Bett. Anders als den Männern geht es ihr nicht um den Sex, so abgeschossen spürt sie sowieso nichts mehr. Vielmehr genießt sie es einfach, einen Freund zu haben. Weil die Männer ihr spätestens Sonntagabend ihre Verliebtheit gestehen, fängt die Woche wieder einsam an. Nur wenn ein Mann sich nicht verliebt, kann sie bei ihm bleiben und trauern, weil ihre Liebe nicht erwidert wird.

Für die Wochentage befreundet sie sich mit einem anderen Gestrandeten. Carlos nimmt sie mit zum Pokern in den Keller einer Wandsbeker Bar. Die Atmosphäre ist nicht so verzaubert wie im Dschungel, dafür ist das Spiel spannender, weil die Beträge um ein Hundertfaches höher sind. So steigert sich auch das Kribbeln beim Showdown ins Unendliche. Marta ist die einzige Frau in der Runde und gewinnt rasch die Kontrolle. Sie führt Texas-Poker ein. Schön ist sie und unnahbar, eine strahlende Siegerin. Natürlich läuft nicht immer alles glatt, aber Papi hat ein schlechtes Gewissen, weil Marta für das Leben nicht ausgestattet scheint, und das zahlt er ihr gerne aus. Nach einer wirklich großen Zeit überschätzt Marta sich und die Karten immer mehr. Ihr höchster und letzter Einsatz sind 3.000 Euro, die sie sich von Carlos leihen muss. Das ist der Endpunkt ihrer Pokerkarriere. Auch die Wochenenden befinden sich auf einem absteigenden Ast, so zählt Marta inzwischen Mafiosi und gewaltverherrlichende Terroristen zu ihren nächsten Vertrauten. Und statt montags endlich zu schlafen, hört sie immer öfter ein ganz bestimmtes Lied:

Now the drugs don't work
They just make you worse
But I know I'll see your face again.

Zufällig las ich neulich, dieses Lied sei das traurigste der Welt. Um das herauszufinden, spielte ein amerikanischer Wissenschaftler Testhörern unzählige Lieder vor und bestimmte dabei Puls, Atmung und Temperatur. Als der Forscher beschloss, diese Untersuchung durchzuführen, hatte er bestimmt ebenso einen Drogenblues wie Marta zu jener Zeit.

Die kennt noch viel traurigere Lieder, aber die mag sie nicht mehr hören. Überhaupt will Marta so nicht mehr, und sie kann auch nicht mehr. Sie bittet Papi um Geld für ein Studium der Ethnologie, zieht nach Altona und studiert wie eine Besessene.

Then I saw the electric bear
Now he's always there
I can talk to him behind my door.

Er war plötzlich einfach da. Zuerst rüttelte er nachts an meinem Bett und ließ mich nicht einschlafen. Dann steckte der elektrische Bär mir pausenlos Zigaretten an, sodass ich immer zittriger wurde. Er klemmte mir seinen Bienenstock zwischen die Rippen, übte seinen Speedtechnotanz in meinem Herzen, ließ mich keine Luft mehr kriegen. Papi war auf einer Kur, und in meiner Not rief ich Mutter an. Sie kam und flößte mir Rotwein ein, damit ich endlich schlafen würde. Ich versuchte mich zu wehren, ich wollte in diesem Zustand nicht trinken, aber der Bär ließ mich schlucken. Mein Körper löste sich von mir, und der Bär brachte etwas ins Bett, was nur aussah wie ich. Mutter schickte mich zu ihrem Orthopäden, einem alten Freund der Familie, der mir eine ihrer monatlichen Rückenspritzen gab. Neuroleptikum, ein starkes Psychopharmakum, das bei Psychosen und Schizophrenie eingesetzt wird. Es sollte mir eine Elefantenhaut machen und mich vom elektrischen Bären befreien. Mutter brachte mich dazu, bei ihr zu wohnen, bis es mir besser gehen würde. Als Gegenleistung musste ich sie hüten, schließlich könne sich die Welt nicht ständig nur um mich drehen.

Nach einer Woche ließ die Wirkung der Spritze nach, und der Bär wütete mehr denn je. Er stellte sich zwischen mich und die Welt. Machte, dass ich nicht mehr lesen konnte, nicht mehr denken, nicht mehr weinen. Der elektrische Bär flüsterte mir ein, dass es besser wäre, tot zu sein. Er rettete mir das Leben. Er ließ mich so nicht weiterleben. Er zeigte mir, wie traurig, wie wütend und vor allem wie einsam ich war. Er erklärte mir, dass meine Kindheit nicht normal gewesen war, und er warnte mich vor dem Imperium Mutter. Ich flüchtete vor ihr und besorgte mir einen Therapeuten, dem diverse andere folgen sollten. Vom Studium der Ethnologie wechselte ich zum Lehramt, und schließlich lernte ich Tom kennen. Die Einsamkeit verschwand langsam, denn es gab so viel zu tun. Der elektrische Bär hatte mir eine Biene dagelassen, die sich bis zu meinem Innenohr durchgeschlagen hatte. Dieser sirrende Ton musste besänftigt werden, so bescheuert ich autogenes Training und progressive Muskelentspannung auch fand. Und die Lehramtsseminare mit ihren Kennenlernspielchen und Diddlmausmädchen mussten durchgestanden werden. Es galt, meine kleine Welt im Griff zu behalten.

Und jetzt ist sie wieder da, jene erbarmungslose Einsamkeit, und sie wütet in meinem Körper, weil meine Seele sie nicht ertragen will. Ich bin wieder da, und es fühlt sich genauso an wie damals, als ich –

»Tü tü tü tüü«, reißt es mich aus meinen Erinnerungen. Der einsame Biertrinker kloppt wütend auf den Knöpfen mehrerer Daddelautomaten herum. Ich habe ihre Regeln nie verstanden. Es ist Zeit, diesen elenden Ort zu verlassen.

Am Samstagmorgen schalte ich zuerst das Radio an, Kontakt zur Welt, ich gehöre noch dazu. »Die Schäden können wir beheben, das ist nicht die Kunst.«

Nur zu gerne würde ich dir glauben, Xavier, doch Blumfeld in meinem Kopf kontern: »Ein Lebender, der nicht weiß, wie das geht.«

Meine Überlebensstrategie: Erst einmal überleben und nie die Neugier verlieren. So studiere ich meinen Untergang vor dem Kleiderschrank. Alles stinkt nach Ausweg. Xavier schnulzt: »Es geht nicht nur um dein Leben, sondern ob es ein Leben ist.«

Darum, ob es ein Leben ist, du Wichser, verbessert die Deutschlehrerin in mir. Ich ziehe meine Sportsachen an, weil die nur nach Schweiß riechen, und verschwinde in das Nirgendwo dieser lebensmüden Stadt. Bewaffnet mit Demeter-Lebensmitteln tauche ich Stunden später wieder auf. Ich dusche, ich öffne die Küche, ich koche italienische Bolognese mit frischen Kräutern und Bio-Hack. Und ich korrigiere den ganzen Nachmittag. Ich mache einen neuen Anfang und zeige mich unserer Tochter würdig. Am Abend empfange ich Tom mit Spaghetti bolognese, einem frischen Salat und der aktuellsten Facette meiner multitoxischen Abhängigkeitsstruktur. Nebenbei erwähne ich, dass ich beruflich geliefert bin, weil die Arbeit nicht mehr zu schaffen ist. Tom ist nicht sehr wütend. Angesichts dessen, was ich in der letzten Zeit mitgemacht hätte, seien kleine psychische Ausreißer verständlich, und die paar Schulden mehr seien nun auch schon egal, meint er. Ich habe Angst, dass Tom so nachsichtig mit mir ist, weil er mich wegen meines Syndroms als behindert einstuft, aber weil er mir hilft, nehme ich das für heute in Kauf. Und wie Tom mir hilft. Er entwickelt ein Zufallssystem der Notenfindung, bei dem die Noten den Vornoten der Schüler entsprechen oder besser sind. Gute Noten werden immer akzeptiert. Dann malen wir die halbe Nacht Smileys in die Hefte und verbessern hier und da ein »das« ohne Doppel-S.

Am nächsten Tag rufe ich Papi an und erzähle ihm von unserem neuen Plan. Er verkündet, er stehe immer hinter mir, und als ich einstreue, dass wir noch nicht genug Geld zusammenhaben, bietet er seine Unterstützung an. Auf unbestimmte Zeit leiht er uns 8.000 Euro. Ob er dabei an Leah denkt? Wieder sprechen wir nicht über sie, und ich bin erleichtert, es soll jetzt nur um unser Mädchen gehen.

12

BIST DU AUCH ECHT?

Ich rufe in der mallorquinischen Klinik an. Ein deutschsprachiger Sprechstundendrache besteht darauf, dass ich zunächst zur Voruntersuchung vorbeikomme. Vorher werden sie mir keine Medikamente verschreiben, vorher werden sie noch nicht einmal eine geeignete Spenderin für uns suchen, obwohl ich drohe, in eine andere Klinik zu gehen. Zunächst zur Voruntersuchung vorbeikommen, denken die eigentlich nach? Immerhin gibt es Samstagstermine, so kann ich Freitag nach der Schule losfliegen und Sonntag zurückkommen. Schweren Herzens buche ich nur einen Flug, unser Budget ist begrenzt, lediglich Toms auf Eis gelegtes Sperma darf mich begleiten. Die Klinik will untersuchen, ob es sich mit der Eizelle einer fremden Tusse vereinen lässt. Und meine Gebärmutter wollen sie schallen, schade, dass ich die nicht auch auf Eis verschicken kann. So kommt es, wie es kommen muss: Mein Flugzeug steht noch auf Hamburger Boden, da ergreift mich schon das Heimweh. Dieses süchtige Reißen im Herzen überwältigte mich auch als Kind, bevor eine Reise überhaupt begann. Je unsicherer die Bindungen nach zu Hause, desto stärker das Sehnen danach, habe ich in einem der beknackten Pädagogik-Seminare aufgeschnappt.

Meine Flugzeugnachbarin lächelt mir aufmunternd zu.
»Na, auch Flugangst? Hallo, ich bin Anne.« Sie reicht mir ihre Hand. »Also, ich habe ja einfach unheimliche Flugangst. Trotzdem kann ich es nicht lassen, mich ins Flugzeug zu setzen. Das Leben ist ja wahnsinnig kurz, und es gibt einfach

so unheimlich viel zu entdecken, und als Single bin ich ja so herrlich unabhängig. Mallorca soll ja eine wahnsinnig schöne Insel sein, also überhaupt nicht nur Ballermann, sondern ...«
Während Annes Geplapper muss ich an Anna denken, die auch so anders war als ich und trotzdem meine Nähe suchte. Ich erinnere mich daran, warum Anna und ich nicht wie Schwestern waren und keine Freundinnen werden konnten.

Die kleine Marta wird zur Kur nach Norderney geschickt, weil sie viel zu dünn ist. Sie hat schreckliches Heimweh. Bestimmt tanzt sie die nordfriesischen Volkstänze noch verhakter als die anderen, aber irgendetwas fasziniert Anna an ihr. Marta lässt sich die Nähe des asthmatischen Mädchens gerne gefallen, um sich und ihre schamvoll verkackten Höschen hinter Anna zu verstecken. Nach der Kur schreibt Anna Briefe mit Glitzerbildchen und lieben Fragen, Marta antwortet nie. Ein Jahr später kommt Anna zu Besuch, und Marta, schon damals hoffnungslos verlogen, schwört, ihre Antwortbriefe müssten bei der Post verloren gegangen sein. Anna ist die einzige Tochter ihrer alternden Eltern, und die wissen um ihre seltsame Zuneigung zu Marta. So verabreden sie mit Martas Eltern einen gemeinsamen Skiurlaub der beiden Familien in der Ferienhütte von Annas Eltern. Da sich die Väter dann doch nicht freinehmen können, fahren nur die Frauen mit den Mädchen. In einem österreichischen Dorf werden die Mütter nicht müde, die Ähnlichkeit zwischen Marta und Anna zu beschwören und die Freundschaft der beiden Mädchen zu preisen. Marta und Mutter wohnen im ersten Stock. Dort ist Mutter durchgehend wütend und auf der Suche nach Gründen dafür. Wie immer hält Marta zwanghaft Ordnung. Jetzt sitzt sie auf dem Hochbett und liest. Eigentlich soll sie im Haushalt helfen, aber es ist doch schon alles gemacht, antwortet sie Mutter. Da hat Marta eine sitzen. Beständig darum bemüht, ein besserer Mensch zu werden, prangert sie den Schlag vom Hochbett aus an. Sie weiß nicht, wie sie auf den Boden gekommen ist, aber da liegt sie nun und feuert Mutter im Wahn des die andere Wange hinhaltenden Jesus dabei an, wie sie Marta nach allen Regeln der Kunst zusammenschlägt. Als Mutter sich beruhigt hat, verkündet sie, Marta sei selbst schuld, weil sie Mutter nicht helfe. Das kann Marta gut verstehen, denn dieses Gefühl beruht auf Gegenseitigkeit. Marta ist zu jener Zeit noch nicht restlos davon überzeugt, selbst an allem schuld zu sein, aber sie sagt einmal mehr beschämt zu, als Mutter sich mit ihr vertragen will. Dass Marta sich dabei nicht spürt, ist ihnen beiden egal. Und während Anna unten eine verschneite Kindheit verlebt, träumt sich Marta oben ins Nirgendwo. Fluchtpläne, die sie nie umsetzen wird, weil Marta eben Marta ist.

»… die haben ein einfach wahnsinnig tolles Appartement hier und schwärmen immer, wie unheimlich schön die Natur auf Mallorca sein soll und …«

Ich hole einen Stapel Vorabiklausuren heraus und beginne mit dem Korrigieren. Woyzeck, mein liebster Antiheld.

»… jedenfalls dachte ich, dann buche ich mir doch einfach einen Flug und schaue es mir selbst an. Und hier sitze ich nun. Und du, was treibt dich auf die Insel?«

Auf die Insel?

»Meine Tochter«, antworte ich in schroffem Tonfall. Ich drehe meinen Kopf zur anderen Seite und starre gegen die Scheibe.

»Deine Tochter? Holst du sie ab? Hat sie da Urlaub gemacht? Mit ihrem Vater? Und die Kleine soll noch nicht alleine fliegen? Das ist aber unheimlich nett von dir, dass du sie abholst. Der Vater könnte sie ja auch bringen. Oder seine neue Freundin.«
 Die sitzt in ihrem eigenen Film. Klingt nach Komödie, denke ich.
 »Meine Tochter ist tot«, sage ich.
 Endlich ist sie still.
 »Woyzeck, Er hat keine Moral!«, spricht es aus einer Klausur zu mir. Ich bekomme Angst. Zur Bestrafung könnte die Karmapolizei unsere Tochter umbringen, wenn sie später bei uns lebt. Später, eben, noch lebt sie nicht, also ist sie tot. Das kann man ruhig so sagen. Ich atme tief ein. Wobei ich von einer Mutter gelesen habe, die behauptet, auf dem Spielplatz habe ein fremdes Kind ihre kleine Tochter umarmt und gesagt, es freue sich, dass es das Mädchen diesmal besser habe. Als die Mutter ihr Kind gefragt habe, woher es das andere Mädchen kenne, habe es »von früher« geantwortet. Es gibt sogar einen Professor, der um die Welt reist, um Kinder über ihre vorherigen Leben zu befragen. Ich glaube nicht daran, aber ich finde es herrlich gruselig. Falls unser Mädchen jetzt doch irgendwo lebt, wünsche ich ihm den Tod an den Hals, damit es zu uns kommen kann.
 »Da setz einmal einer mein'sgleichen auf die Moral in der Welt. Man hat auch sein Fleisch und Blut«, verteidigt mich Woyzeck. Berufskrankheit.
 Das kleine Hotel liegt in einem Randbezirk Palmas. Es sieht billig aus, aber das ist es schließlich auch. Nach dem Einchecken muss ich die Sache mit dem Sperma klären. Die

Kühlakkus halten nur ein paar Stunden, deswegen sollen sie Toms Sperma bis morgen hier in ein Gefrierfach legen. Weil die alte Dame an der Rezeption und ich keine gemeinsame Sprache finden, versuche ich es mit Zeichensprache. Ich hole mir imaginär einen runter, zeige auf die Kühltasche und zittere am ganzen Körper. Sie schaut mich angewidert an und rührt sich nicht. Ich zeige erneut auf das Päckchen und schlecke an einem fiktiven Eis. Das mit dem Runterholen lasse ich nun lieber weg, bestimmt ist sie katholisch. Sie glotzt mich nur bräsig an. Dann aber huscht ein Hauch von Verstehen über ihr Gesicht. Sie nimmt das Päckchen und verschwindet. Ich kann nur hoffen, dass sie das Richtige tut.

Am nächsten Morgen betrete ich gemeinsam mit Toms unfassbarerweise noch tiefgefrorenem Sperma ein lichtdurchflutetes Foyer. Dort teilt mir ein freundlicher Drache mit, Professor Bäumer habe gleich Zeit für mich. Professor Bäumer? Während in Deutschland die Kinder aussterben, macht sich die medizinische Elite mit dem Geld ihrer unfruchtbaren Landsleute ein feines Leben auf Malle. Der liebe Drache führt mich zum Wartezimmer. Es ist leer bis auf eine zusammengekauerte Gestalt in der Ecke. Die guckt von ihrer *Gala* auf und mich aus mit Wimperntusche verklebten Augen an, dann zuckt sie zusammen. Flugzeug-Anne. Ich stocke, dann lächele ich ihr aufmunternd zu. Betreten senkt sie ihren Blick. Auf der Klinikhomepage habe ich gelesen, dass sie hier auch Singles behandeln. Also Drama statt Komödie. Ich setze mich außerhalb ihres Blickfeldes. Zu jemandem, dem es einfach unheimlich gut geht, darf ich ein bisschen fies sein. Wenn aber wer am Boden ist, haut eine Bodenexpertin wie ich nicht drauf. Anne soll sich nicht schlecht fühlen, weil sie in eine Kinderwunschklinik geht, niemand sollte das. Neue Kinder braucht das Land, aber wenn jemand nachhilft, wird nicht gehauen, sondern getreten, und zwar unter die Gürtellinie. Die Autorin und Büchner-Preisträgerin Sibylle Lewitscharoff bezeichnete Kinder, die aus künstlicher Befruchtung hervorgehen, in ihrer Dresdner Rede als »Halbwesen, zweifelhafte Geschöpfe, halb Mensch, halb künstliches Weißnichtwas«. Ein Mensch nicht vollwertig, weil für seine Zeugung Sperma und Eizelle zusammengebracht wurden? Weil das Sperma seines Vaters nicht stark, nicht arisch genug war? Bist du auch echt? Rassismus für morgen. »Gottfroh« sei sie darüber, selbst beim Ficken gezeugt worden zu sein, die schlaue Sibylle: Furore machen, Geld auf Kosten der Kinder scheffeln und sich anschließend entschuldigen. Als habe sie ihre öffentliche Rede nicht penibel geplant, will sie ihre Worte plötzlich zurücknehmen. Einmal in der Welt, lassen sie sich aber nicht mehr herausschaffen. Diese Worte haben bereits unzählige Kinder diffamiert und ihren Eltern in die Eier getreten, dahin, wo es am meisten wehtut. Viel schlimmer noch, sie haben die Alltags-Diskriminierer bestätigt, fast alle also, die nicht auf die künstliche Befruchtung angewiesen sind. Das wissen Tom und ich, weil wir mit diesem Tabu nicht hinter dem Berg halten, sondern versuchen, es aufzubrechen. Und so hören wir es uns tagtäglich an, jenes Naturnazigeschwafel, dass man nicht eingreifen dürfe in den Lauf der Natur, denn wer Kinder bekommen solle, bekomme auch welche.

Dann lasst sie laufen, eure geliebte Natur, und krepiert an euren Herzinfarkten, Schlaganfällen, Krebsgeschwüren. Das sage ich nicht. Ich bin in missionarischer Tätigkeit unterwegs und erkläre geduldig, wie eine künstliche Befruchtung tatsächlich abläuft. Dadurch kann ich die meisten Menschen bekehren, Wissen macht weise. Manchmal füge ich noch hinzu, dass Fruchtbarkeitsstörungen durch Entspannung und eine gewisse Unverkrampftheit kein bisschen geheilt werden und sie solche Tipps ihren Karnickeln geben sollen.

Wir sind uns nicht sicher, ob wir auch mit der Eizellspende offen umgehen sollten, sind wir doch schon vom Verteidigen der künstlichen Befruchtung so erschöpft. Außerdem müssen wir erst selbst erfahren, wie es sich anfühlen wird, unser Kind auf diese Weise bekommen zu haben. Die Lewitscharoff jedenfalls hat ihre Kritik nach dem Rückruf der bösen Worte wiederholt, gesitteter versteht sich. Aha, haben die Stammtischredner sich gemerkt, öffentlich darf man das nicht so drastisch sagen, aber recht haben wir doch. Ich habe Sibylle ausgelacht. Kinder aus künstlicher Befruchtung sind gewollt und werden geliebt. Und das ist alles, was es braucht. Nicht die müssen auf die Couch, wie Sibylle behauptet, sondern Menschen, die nach unten treten, und ich sowieso, ich ungeliebtes Kind.

Mal sehen, was es Neues gibt in der Repro-Diskussion. Ich logge mich in den Hotspot der Klinik ein. Sibylle hätte mit ihren »Halbwesen« auch die verhungernden Size-Zero-Models von Dolce & Gabbana meinen können, und Dolces Bezeichnung »synthetische Babys« klingt fast nach einer ihrer neusten Kollektionen. Aber eben nur fast, wie Elton John findet und deshalb zum Boykott des Modelabels aufruft. Schade, dass ich nicht boykottieren kann, was ich mir nie leisten würde. Im erzkatholischen Italien fordert also sogar ein schwuler Modeschöpfer, Kinder nur durch den Akt der Liebe zu zeugen. Wenn Homosexuelle anscheinend die schlechteren Eltern abgeben, sind Tote vielleicht die besseren? Eine 50-jährige Italienerin setzte nach jahrelangem Rechtsstreit durch, von ihrem verstorbenen Ehemann schwanger werden zu dürfen. Die Embryonen hatte das Ehepaar vor seinem Tod einfrieren lassen, als derlei in Italien gesetzlich noch nicht geregelt war. 2003 wurde dort von einer katholisch-konservativen Front gegen den Widerstand der liberalen Kräfte und vieler Frauen im Parlament eines der restriktivsten Fortpflanzungsgesetze Europas verabschiedet. Seitdem dürfen nur so viele Eizellen befruchtet werden, wie im selben Zyklus eingesetzt werden sollen, höchstens aber drei. Da die Befruchtungsrate bei einer ICSI ungefähr 65 Prozent beträgt, kommt es häufig zu gar keinem Embryonentransfer, oder Frauen müssen drei befruchtete Eizellen zurücknehmen und bekommen Drillinge. Was für ein fortschrittliches Gesetz.

Im ebenso erzkatholischen Polen war der Umgang mit der Reproduktionsmedizin bis vor Kurzem eine gesetzliche Grauzone. Nachdem die große Oppositionspartei PiS vor einigen Jahren vorschlug, reproduktionsmedizinisch behandelte Paare zwei Jahre wegzusperren, wurde dort nun ein Gesetz verhandelt, das die künstliche Befruchtung in engen Grenzen erlaubt. Die katholische Bischofskonferenz Polens drohte jenen Parlamentariern, die dem Gesetz zustimmen würden, mit Rauswurf. Als es trotzdem verabschiedet wurde, ließen die Bischöfe verlauten, das Gesetz gelte nicht für Katholiken, die dürften sich einer solchen Behandlung nicht unterziehen. Und seit die PiS im Oktober 2015 die Parlamentswahlen gewann, scheint es nur eine Frage der Zeit, bis die künstliche Befruchtung in Polen auch gesetzlich verboten sein wird, nachdem die katholische Kirche sie schon längst verdammt hat. Aber Gott liebt seine Kinder, oder wie war das?

»Frau Reinhardt?« Ich schrecke hoch. Professor Bäumer nennt mich nicht bei Toms Nachnamen, das ist ein gutes Zeichen, finde ich. Und so sehr ich an ihm herumsuche, ich finde nichts Schlechtes. Das mag an seinen hellblauen Augen liegen, mit denen er mich immer einen winzigen Moment länger als nötig fixiert. Sicher eine Masche, aber eine wunderschöne.

»Ihre Unterlagen habe ich bereits studiert. Wenn die Untersuchungen keine Probleme offenbaren, können wir nach einer geeigneten Spenderin Ausschau halten. Selbstverständlich werden wir eine Spenderin wählen, die Ihnen ähnlich sieht, die also die gleiche Haar- und Augenfarbe und eine ähnliche Größe wie Sie hat. Auch Ihre Blutgruppen werden übereinstimmen. Haben Sie dazu Fragen?«

»Nein, aber ihre Augen können ruhig braun sein, mein Mann hat braune Augen«, sage ich, während ich in blauen versinke. Ein dunkelgrauer Ring umgrenzt das Blau, vermutlich wirkt es durch ihn so strahlend hell. Ob man sich einen solchen Ring tätowieren lassen kann? Ich sollte ein bisschen zuhören.

»… einfach für uns, Spenderinnen mit dunklen Haaren und Augen stehen uns hier in Spanien natürlich viele zur Verfügung. Wir, also die Mitarbeiter der Klinik, werden eine geeignete auswählen, und dann beginnen wir mit den hormonellen Vorbereitungen. Heute haben Sie den 26. Zyklustag, also fangen wir bei Ihnen in drei Wochen mit der Hormonbehandlung an. In dieser Mappe finden Sie das Behandlungsprotokoll und die Rezepte, Sie kennen das ja alles. Da liegen auch die Aufklärungsbögen drin, die bringen Sie bitte beim nächsten Mal von Ihnen und Ihrem Partner unterschrieben wieder mit.«

Er schiebt mir eine Mappe mit Unterlagen zu. Schöne Hände hat er auch, feingliedrig und gepflegt.

»Ihre Hormone werden wir in der zweiten Zyklushälfte des Vorzyklus downregulieren, damit wir den Behandlungszyklus genau timen können. Das machen wir hier mit Nasenspray, hatten Sie das schon mal?«

Hat er gerade nach Nasenspray gefragt?

»Ja, in der ersten ICSI haben wir das so gemacht, hab ich gut vertragen.«

»Sehr gut. Ab dem ersten Zyklustag des Spendezyklus kleben Sie dann Östrogenpflaster zum Aufbau der Gebärmutterschleimhaut. Am Tag der Eizellentnahme kommt Ihr Partner zur Spermaabgabe, und Sie fangen mit dem Progesteron an, damit Ihr Körper denkt, der Eisprung habe gerade stattgefunden ...«

Ich weiß das alles und folge ihm kaum mehr.

»... Sie möchten, machen wir den Transfer mit Embryonenkleber.«

Von diesem Embryonenkleber habe ich bereits gelesen, er besteht aus Molekülen, die dem Embryo die Einnistung erleichtern sollen. Ich nicke, dann träume ich von unserem Mädchen.

Ich höre grundsätzlich nicht lange zu, mag ich doch nur echte Gespräche. In denen entwickeln die Gesprächspartner gemeinsam ein Bauwerk, um es zu betrachten. Diese Konstruktion ist so einzigartig, weil sich genau diese Menschen gerade miteinander unterhalten haben. Monologe ziehen durch mich hindurch und hinterlassen nichts als nervöse Gereiztheit. Lehrer übergießen ihre Mitmenschen gern mit Kübeln von Wörtern, meine Pausen im Lehrerzimmer sind

Spießrutenläufe aus Fluchten vor Kübeln, die nach leerem Magen und altem Kaffee riechen.

»... alles gut geht, bekommen Sie zwei schöne Blastozysten transferiert.«

Das aber habe ich gehört. In den meisten deutschen Kliniken werden die Embryonen nach drei Tagen in die Gebärmutter gesetzt. Mit einem drei Tage alten Embryo beträgt die Schwangerschaftsrate ungefähr 15 Prozent, wenn ein zweiter dazugesetzt wird, verdoppelt sich die Wahrscheinlichkeit nahezu. Das Verfahren der künstlichen Befruchtung ist für uns Frauen kein Picknick und teuer sowieso. Um die Chance auf eine Schwangerschaft zu maximieren, lassen sich die meisten zwei Embryonen einsetzen, mehr als drei sind in Deutschland verboten. In den USA werden bis zu sechs eingesetzt. Wie der sogenannten Octomom, die, arbeitslos und alleinerziehend, schon vorher sechs Kinder durch künstliche Befruchtungen hatte. Sie ließ sich noch einmal sechs Embryonen einsetzen, von denen sich zwei erneut teilten. So bekam sie Achtlinge und ihre eigene Realityshow. Amerika, das Land des unbegrenzten Unsinns. Und wenn eine Frau keine Sechslinge will, lässt sie die überflüssigen Embryonen einfach reduzieren, überzählige Katzen- oder Hundebabys werden ja auch ersäuft. »Heute ist mein eigentlicher Geburtstag«, freut sich Molly, »heute vor 20 Jahren wurden Colly, Polly, Dolly, Holly und Lolly totgespritzt, eben alle außer mir.«

Schon wenn ich nach dem Transfer von zwei Embryonen schwanger werden würde, bekäme ich mit 15-prozentiger Wahrscheinlichkeit Mehrlinge. Zwillinge, wie süß, am liebsten ein Pärchen, habe auch ich früher entzückt ausgerufen. Fehl- und Frühgeburten mit Atemnotsyndromen und Hirnblutungen bis zum Tod, derlei Komplikationen sind bei Mehrlingsschwangerschaften viel wahrscheinlicher, erfuhr ich später im Kinderwunschforum. Dort berichten Frauen in Livetickern von ihren Zwillings- und Drillingsschwangerschaften, die häufig so früh enden, dass ihre Kinder kurz nach der Geburt versterben.

Eine Möglichkeit, die Mehrlingsrate der künstlichen Befruchtung zu senken, ist der Blastozystentransfer. Bei ihm verbleibt der Embryo fünf statt der üblichen drei Tage im Brutkasten. Zwischen dem vierten und fünften Tag liegt eine kritische Entwicklungsschwelle. An Tag vier hat sich der Embryo so oft geteilt, dass er Morula genannt wird, weil er einer Maulbeere gleicht. Zur Blastozyste wird er normalerweise am fünften Tag, wenn sich die äußeren Zellen zum späteren Mutterkuchen und die inneren zum späteren Embryo formieren. Ungefähr zwei Drittel der Embryonen erreichen das Blastozystenstadium nicht, weil sie wahrscheinlich zu schwere genetische Defekte aufweisen. In Deutschland ist die Präimplantationsdiagnostik, bei der die Embryonen vor dem Transfer in die Gebärmutter untersucht werden, nur erlaubt, wenn aufgrund der elterlichen Gene eine schwerwiegende Erbkrankheit beim Kind wahrscheinlich ist. Mein lächerliches Triplo-X-Syndrom würde da nicht reichen. Aber auch die Kultivierung befruchteter Eizellen bis zum Stadium der Blastozysten ermöglicht eine gewisse Auslese der fitteren Embryonen. So wird mit dem Transfer einer Blastozyste ungefähr die gleiche Schwangerschaftsrate erreicht wie mit einem Doppelpack dreitägiger Embryonen, aber ohne das Risiko, dass sich beide Eizellen einnisten und es so zu einer risikoreichen Mehrlingsschwangerschaft kommt. Obwohl der

Blastozystentransfer in Deutschland nicht verboten ist, bieten ihn hierzulande nur wenige Kliniken an, die meisten produzieren ganze Zwillingsarmadas, Hirnblutungen hin oder her. Bei meinen wenigen Eizellen lohnte sich die Blastozystenkultur bisher nie. Wenn in der Embryonenkultur mit den Spendeeizellen mehr als eine Blastozyste entsteht, können wir nun sogar mehrere Blastozystentransfers machen, falls der erste danebengeht. Das steigert unsere Chancen auf ein Kind immens. Ich spüre ein lustiges Kitzeln in meinem Bauch. Es soll jetzt weitergehen. Ohne zu wissen, worüber der Professor gerade spricht, strahle ich ihn an und kürze das Ganze ab.

»Ja, und wie verbleiben wir?«

Irritiert räuspert er sich.

»Genau, ich werde Sie jetzt untersuchen, und dann melden wir uns bei Ihnen, sobald wir uns für eine Spenderin entschieden haben. Und Sie fangen nächsten Monat mit den Hormonen an, genauso wie es im Protokoll steht. Das heißt, im übernächsten Monat sehen wir uns hoffentlich wieder hier zum Embryonentransfer.«

Im übernächsten Monat holen wir unser Mädchen.

Die anschließende gynäkologische Untersuchung finde ich seltsam. Nie hat ein so schöner Mann seine Finger in mich gesteckt, ohne mich erregen zu wollen. Wir geben uns routiniert, und ich habe keine sexuellen Gefühle, aber Angst davor, welche zu bekommen. Sollte ich feucht werden, würde er das sehen. Ein ähnliches Gefühl bekomme ich, wenn mich beim Einkaufen ein Verkäufer beobachtet wie eine Diebin. Obwohl ich nichts mitgehen lassen will, fühle ich mich durch den kritischen Blick des anderen ein bisschen so und werde unsicher. Noch eh ich eine inhaltliche Parallele zwischen den beiden

Situationen entdeckt habe, ist die Untersuchung ohne Befund abgeschlossen. Am Abend im Hotelzimmer bedauere ich es, seine Finger in mir nicht genossen zu haben, und fantasiere mich in verbotene Gefilde.

Mein rechter, rechter Platz ist frei, und ich wünsche mir Flugzeug-Anne herbei. Ich habe so gehofft, sie auf meinem Rückflug wiederzutreffen, um besonders nett zu ihr zu sein. Zugegeben, ein kleines bisschen interessiere ich mich auch für ihr Drama, aber das ist natürlich zweitrangig.

»Sehn Sie, wir gemeinen Leut, das hat keine Tugend, es kommt einem nur so die Natur«, kommentiert mein Antiheld aus einer im Übrigen grottenschlechten Vorabiklausur.

13

DIE AUSPUTZER

Als ich am Sonntagabend nach Hause komme, ist Tom schon aus dem Krankenhaus zurück und wartet in der Küche auf mich.

»Marta, als du nicht hier warst, bin ich ein bisschen runtergekommen und habe nachgedacht. Weißt du, du bist nun mal etwas labil, und ich kann nicht immer alles auffangen. Wir wissen beide nicht, wie das sein wird für dich, wenn unser Kind meine Gene hätte, aber deine nicht, sondern die einer Unbekannten. Wirst du nicht doch neidisch sein, dich ausgegrenzt fühlen? Und für das Kind wird es auch nicht einfach, dass es seine biologische Mutter nie kennenlernen kann. Dann sind da noch die erhöhten Risiken für Fehlgeburten und Gestosen. Eine Fehlgeburt würde gerade dich richtig mitnehmen, und so eine Gestose mit Bluthochdruck und Organversagen ist auch kein Zuckerschlecken.«

»Tom, du bist Arzt, du weißt selbst, dass jede Schwangerschaft zu einer Fehlgeburt oder Gestose führen kann. Das Leben ist kein Picknick, und am Ende sind wir eh alle tot.«

»Da machst du es dir ein bisschen einfach, finde ich. Es geht dabei ja nicht nur um dich, sondern auch um mich und ein unschuldiges Kind, das wir da mit reinziehen würden. Ich habe ein bisschen recherchiert. Nur weil man kein eigenes Kind hat, heißt das nicht, dass wir ohne Kinder leben müssten. Es gibt viele tolle Projekte. Wir könnten eine Patenschaft zu einem Kind aus schwierigen Verhältnissen übernehmen und häufig etwas mit ihm unternehmen. Und es gibt die Mög-

lichkeit, ein bestimmtes Kind immer dann aufzunehmen, wenn seine Mutter gerade in der Psychiatrie ist. Solche Kinder liegen dir doch besonders am Herzen. Was meinst du?«
Ich kriege keine Luft. Was?
»Marta?«
»Was?« Wir sind kurz vor unserem Ziel, und nun wird Tom verrückt. Ich muss ihn schnell normalisieren, lange halte ich das so nicht aus.
»Was du dazu meinst?«
Vorsicht, Marta, er darf jetzt nicht blockieren.
»Was ich dazu meine? Dass das Torschlusspanik ist. Das ist ganz normal. Jeder bekommt Ängste bei so was. Rate mal, warum sich Männer gleich besaufen gehen, wenn sie erfahren, dass sie Vater werden. Aber das gibt sich wieder. Von solchen Ängsten darf man sich seine Träume nicht kaputt machen lassen. Tom, wir sind so kurz vorm Ziel. Wir schaffen das. Ich kann dich auch auffangen, weißt du?«
»Das ist nicht nur Torschlusspanik. Mir geht das zu schnell, und mir ist das zu heikel. Lass uns doch erst mal bei so einem Projekt mitmachen. Meinetwegen suchen wir auch Kontakt zu einer Familie, die eine Eizellspende gemacht hat, und sprechen mit denen. Dann können wir das immer noch machen. Aber so ein Sprung ins kalte Wasser, das kann ich nicht. Es tut mir leid.«
Zwar ist es nicht fair, aber ein Notfall, deshalb greife ich zum Schwert.
»Tom, ich liebe dich und will nicht mit durchgeknallten Gettokindern Hausaufgaben machen oder so, sondern ich möchte ein Kind mit dir. Aber notfalls zieh ich das alleine durch. Dann mach ich eine Embryonenadoption, das geht

in Spanien auch. Im Flugzeug habe ich Anne kennengelernt, die ist supernett, und die macht das so. Sie sucht sogar noch eine Mitbewohnerin, die den gleichen Weg geht. Dann tu ich mich eben mit der zusammen. Versteh mich nicht falsch, am liebsten möchte ich das mit dir, aber ich werde nicht auf ein Kind verzichten, und ich will jetzt eins bekommen.«

»Na toll, die Beziehungskeule. Das ist nicht fair, Marta.« Ich will dieses Kind. Alles andere ist nicht wichtig. Und ein bisschen sehe ich mich gerade wirklich mit Anne und unseren Kindern eine WG gründen. Dabei habe ich nicht einmal ihre Nummer.

»Ich bin nur ehrlich.«

»Lass mir bitte wenigstens ein bisschen Zeit. Ich muss klarkommen mit all dem.«

Ich weiß zwar nicht, was er mit »all dem« meint, muss er doch nur akzeptieren, dass sich unser Traum erfüllt, aber ein bisschen Zeit darf ich ihm nicht verwehren.

»Okay, du hast eine Woche.«

»Marta, du bist eine gottverdammte Erpresserin.«

»Und du bist ein goddamn Schisser.«

Ich schlafe schlecht in dieser Woche, und ich arbeite viel. Tom und ich reden kaum, und ich denke nicht nach. Am Sonntagmorgen ist Tom bei einer Fortbildung, und ich mache mich auf den Weg zum Sport. Dort will ich eine Strategie entwickeln, wie ich zu meinem Kind komme, falls Tom auf sein Nein besteht. Ich könnte ihn weiter erpressen, überlege ich, als ich auf dem verhassten Stepper stehe. Bei so einem großen Projekt wie einer Eizellspende scheint mir ein emotional unter Druck gesetzter Vater allerdings nicht die ideale Ausgangsposition zu sein. Ich muss ihn bei seinen Argumenten packen, grübele ich und stelle den Stepper höher ein. Um das gesundheitliche Risiko geht es Tom nicht, er hat selbst gesagt, dass er mir eine Eizellspende emotional nicht zutraut. Mir wird ein bisschen schwindelig, und ich stelle den Stepper wieder niedriger ein. Vielleicht hat er sogar ein bisschen recht, ach was, natürlich hat er recht damit. Schon ein eigenes Kind würde mich an meine Grenzen bringen. Es ist einfachste Mathematik, dass ich nur geben kann, was ich selbst bekam, und das war nicht viel. Wenn Tom und ich gemeinsam ein Kind bekommen könnten, würde es mich sicher an die kleine Marta erinnern, und ich würde es mindestens aus Mitleid lieben können. Aber ein Kind von irgendeiner Frau, wieso und wie sollte ich das lieben? Ich würde mich nicht in ihm spiegeln, und ein bisschen fremd bliebe es mir immer. Vielleicht wäre es noch dazu ein dummes und hässliches Kind, das ich richtig schrecklich fände. Und wie Tom recht hat, die Sache kann schiefgehen, und ein unschuldiges Kind, sein Kind, wäre das Opfer. Genau wie Mutter würde ich die Geschichte meiner Kindheit mit meinem Kind wiederholen, fällt mir mit Schrecken auf. Mein Wunsch hatte meine Zweifel stumm gemacht, aber nun sind sie mir bewusst, und ich darf sie nicht verleugnen. Ich stehe auf dem Stepper und weine und gebe alles auf. Wie ich weiterleben soll, weiß ich nicht, aber noch weniger könnte ich ertragen, ebenso wie Mutter mein Kind nicht zu lieben. Ich nehme mein Handtuch, vergesse die Trinkflasche und gehe in Sportsachen nach Hause, weil mir das egal ist. Tom wird erst zu unserem Gespräch heute Abend wieder da sein. Da werde ich den Wahnsinn mit der Eizellspende abblasen, und er wird mir dankbar sein. Ich lege mich vor den Fernseher und weine und gucke ein tschechisches Märchen und weine noch viel mehr.

So wie wir es letzte Woche verabredet haben, treffen wir uns um acht Uhr abends in der Küche. Tom stellt einen kleinen Koffer auf den Tisch.

»Hier, du gottverdammte Erpresserin.« Er lächelt nicht.

Will er, dass ich gehe? Ich habe eine Ahnung und öffne den Koffer. Darin liegt eine Babypuppe mit Windel, Fläschchen und allem Pipapo.

Ich springe auf und umarme ihn.

»Tom, du bist der Größte. Wir packen das.«

Ich muss irre sein, aber als ich diese süßen Sachen sehe, will ich wieder um jeden Preis ein Kind. Mein Wunsch ist unbändig wie ein wildes Pferd, Angst macht ihn nicht gefügig, Angst stachelt ihn an. Mit wenig Hirn pfeift der Wunsch auf meine Zweifel.

»Weißt du, Marta, ich will ja auch, aber ich habe so eine Angst, dass wir ein Kind zeugen, dem wir nicht gerecht werden, weil wir mit der Eizellspende nicht klarkommen. Und wir wollten doch die Ausputzer sein.«

»Wir werden die Ausputzer sein, Tom. Ich verspreche dir, das werden wir. Und deine Angst ist ein Schatz, der uns davor bewahrt, wie unsere Eltern zu werden.«

Ich nehme Tom wieder in den Arm und fühle mich leicht. Ich suche meine Zweifel und finde sie nicht mehr.

In der kommenden Woche arbeite ich wenig und träume viel. Ständig wickle ich meine Babypuppe, gebe ihr das Fläschchen und setze sie auf ihren Pisspott. Ich habe ihr sogar Kleidung gekauft, Mädchenkleidung versteht sich. Tom erklärt mich für verrückt, und das bin ich auch, verrückt vor Vorfreude.

Am Freitag ruft die Klinik an. Sie haben eine Spenderin für uns gefunden. Wenn alles nach Plan läuft, kann im nächsten

Monat transferiert werden. Dann habe ich Sommerferien und Tom seinen Urlaub. Wir buchen drei Wochen Mallorca all-inclusive, und ich beginne mit dem Nasenspray. Mehr als ein bisschen Schwindel macht es nicht. Alles ist perfekt. Ich bekomme schulischen Auftrieb, den ich dringend brauche, um die unendlich vielen Arbeiten von Frau Pisskorbs und meinen eigenen Schülern zu korrigieren und Zeugnisnoten zu verteilen. Und ich schaffe, was keiner geglaubt hat: Ich bringe sagenhafte 13 Lerngruppen sicher in den Hafen der Sommerferien.

In der ersten Ferienwoche habe ich viel Zeit. Toms Urlaub beginnt erst nächste Woche, dann werden wir gleich losfliegen. Ich hatte mir vorgenommen, Besorgungen zu machen, aber was soll ich kaufen außer Sonnencreme und Büchern? Die Hormonpräparate haben wir über das Internet günstig im Ausland bestellt, und ich klebe fleißig jeden zweiten Tag ein Östrogenpflaster. Das macht mich hungrig und gereizt, deshalb würde ich zur Ablenkung so gerne Babysachen kaufen, aber die sind einer magischen Regel zufolge erst ab der 13. Schwangerschaftswoche dran. Dann gilt die Schwangerschaft als relativ sicher, aber ich bin ja nicht einmal schwanger.

Auf keinen Fall wollen wir Zwillinge bekommen. Neben unserer Angst vor den medizinischen Risiken einer Zwillingsschwangerschaft traue ich es mir nicht zu, Zwillinge großzuziehen. Mutter konnte mich nicht lieben, und ich soll das bei zweien schaffen? Also werde ich mir im kommenden Zyklus nur eine Blastozyste einsetzen lassen. Das schont unsere Nerven, aber die Schwangerschaftswahrscheinlichkeit reduziert es von über 60 auf knappe 40 Prozent. Ich werde beim ersten Versuch also eher nicht schwanger, als dass es klappt. Sollten sich mehrere befruchtete Eizellen zu Blastozysten entwickeln, werden wir die übrigen für Folgeversuche einfrieren lassen.

Beim sogenannten Social Freezing gehen alle davon aus, dass die Frau dadurch später auf jeden Fall ihr Kind bekommt. Facebook und Apple zahlen ihren Mitarbeiterinnen das Einfrieren von Eizellen, wenn diese sich zunächst für ihre Karriere entscheiden und das Kinderkriegen auf die Zukunft verschieben. Die Medien übertrumpften sich in vernichtenden Urteilen über das unmoralische Angebot, aber wie die Realität der Frauen aussähe, malte sich niemand aus. Für ein Kind müssen 20 Eizellen eingefroren werden, um sicherzugehen 40, raten Experten. Möchte eine Frau später zwei Kinder bekommen, braucht sie sagenhafte 80 Eizellen. Sie muss sich etwa acht Zyklen mit jeweils einem Monat Pause ungefähr 15 Tage lang Hormone spritzen, insgesamt also 120-mal. Dazu kommen acht Vollnarkosen und ein ungeklärtes Krebsrisiko. Sie ist anderthalb Jahre gefangen in der hormonellen Hölle des Social Freezing. Eine Garantie auf ein Kind hat sie dadurch nicht, sondern nur die theoretische Wahrscheinlichkeit dafür. Abgesehen davon, dass sie ihre menschliche Natur an Konzerne verhökert, die für kurzfristigen Gewinn wahrscheinlich sogar einen Atomkrieg anzetteln würden, kommt es mir einfacher vor, einfach ein verdammtes Kind zu bekommen, denn nach der ganzen Prozedur ist das Kind noch nicht einmal gezeugt. Gesunde Frauen, die sich ohne Not wie einer bevorstehenden Chemotherapie oder Partnerlosigkeit darauf einlassen, erscheinen mir wie Kinder, die ein Gipsbein haben wollen, um das Laufen auf Krücken auszuprobieren und die anderen auf ihren coolen Gipsen unterschreiben zu lassen. Jene Kinder, die das wirklich durchmachen, fassen sich an den Kopf über so viel Dummheit auf zwei gesunden Beinen.

Die Sonne knallt, und ich beschließe, mit dem Fahrrad nach Winterhude zu fahren, um Papi zu besuchen. Wie lange haben wir uns nicht gesehen? Seit ich Leahs Brief gefunden habe? Triplo-X-Marta hat er überhaupt noch nicht in live bestaunt. Über die Ankündigung meines Besuches am Telefon freut er sich riesig, und als ich schweißnass in seiner Wohnung stehe, umarmt er mich ganz fest. Wir setzen uns auf den Balkon und beobachten die Paddler im Kanal, die sich noch genauso blöd anstellen wie vor 20 Jahren. Papi macht einen Sekt auf, und wir trinken darauf, dass ich hoffentlich bald nicht mehr trinken darf. Auf alles anzustoßen hat in unserer Familie Tradition.

Mutter versüßt sich ihre Tage mit kleinen Piccolöchen und Cognacs aus Silberbechern. Anlässe findet sie immer, Zahnschmerzen, ein stressiger Einkauf oder Martas erste Periode. Als sie auf die mit Marta anstößt, will Marta einfach weg sein. Sie ist gerade 14 geworden und muss Mutter schon seit Jahren aufzählen, welche Mädchen aus ihrer Klasse bereits ihre Regel haben. Zum Schluss sind es alle außer Marta, der unterentwickelten Spätzünderin, wie Mutter zu sagen pflegt. Triplo-X-Mädchen kommen eigentlich ungewöhnlich früh in die Pubertät, habe ich gelesen, aber wahrscheinlich war Marta bis 14 schlicht und einfach zu dünn, um ihre Tage zu kriegen. Schließlich ist sie mit zwölf Vegetarierin geworden, und dieser Ausdruck eigenen Willens greift Mutter an. Die weigert sich, für Marta extra zu kochen, mehr noch, Mutter kontaminiert Gemüsesuppen nach dem Kochen mit winzigen Fleischstücken. Marta hungert lieber, als sich zu ergeben.

Papi und ich sprechen ein bisschen über mein Syndrom und darüber, dass ich ganz die Alte bleibe. Dabei wird die Flasche Sekt schnell leer. Obwohl die Sonne bereits hinter den Häusern verschwindet, setze ich meine Sonnenbrille wieder auf. Ich würde jetzt gerne eine rauchen. Wir wissen beide nichts zu reden, und ich will wieder weg. Seit der Sache mit Leahs Brief ist nichts wie vorher zwischen uns. Ich traue ihm nicht, aber darüber will ich nicht nachdenken, schon gar nicht sprechen. Er spürt das und weiß mich nicht zu nehmen seitdem. Fahrig stehe ich auf und umarme ihn zum Abschied. Ich habe keine Ahnung warum, aber ich flüstere »Ich hab dich lieb«.

Zu Hause angekommen, setze ich mich vor den Ausweg und bestelle Bier. Sie feiern gerade Karneval mit einer Polonaise. Das mag ich an dem Laden, zu den seltsamsten Zeiten feiern seine Besucher ihre Feste. Letzten Donnerstag haben sie um 14 Uhr eine Schlagerparty zelebriert und auf den Tischen getanzt, am Freitagabend war der Laden dann ganz leer. Ich finde das antibürgerlich und anarchisch. Klar, die Menschen sind kaputt, und das Ganze ist ein Selbstbetrug auf dem Rücken des Alkohols. Bier ist ihr warmer Brei, den sie als Kinder nicht bekamen. Lieber löffeln sie ihn, als sich ihre Leere einzugestehen. Und weil sie das Löffeln so beschäftigt, geben sie ihren Kindern zu wenig, sodass die später auch zum Löffeln in den Ausweg kommen. Der Kreislauf des Breis, die Gastronomie lebt von ihm. Aber wenn diese Menschen zusammen tanzen und lachen, während ich einsam durch den Alltag dränge, kommen sie mir manchmal sehr frei vor, die schrägen Vögel. Ich schnorre mir eine Zigarette von der alten Oma, die hier jeden Abend ein Bier süffelt und dann mit ihrem Gehwagen davonschlurft. Die Zigarette schmeckt nicht, und ich hoffe, es wird meine letzte sein. Nachdem ich mit 16 anfing zu rauchen und mit 20 versuchte, aufzuhören, war mein Rauchstatus lange ungeklärt: Jeden Montag hörte ich auf, um am Donnerstag wieder anzufangen. Allein deshalb muss ich schwanger werden, ich will nicht wieder ständig rauchen müssen.

14

FINN-GÖPPEL

»Was soll denn das, Marta, du rauchst doch schon lange nicht mehr.« Tom hat mich beim Rauchen vor dem Flughafengebäude erwischt. Ich hatte ihm gesagt, ich wolle zur Toilette. »Ich muss rauchen, damit ich schwanger werde und nicht mehr rauchen muss. Aber das verstehst du nicht.«
»'ne blödere Ausrede für einen Rückfall habe ich noch nie gehört. Also lass den Quatsch und komm, wir müssen einchecken.«
Er zieht mich ins Flughafengebäude. Dann muss ich eben später rauchen. Tom hat leider recht, ich bin rückfällig geworden, nach Jahren der Abstinenz rauche ich nun wieder regelmäßig. Aber heimlich, ein Arzt soll mir nicht erklären, wie ungesund das Rauchen ist. Für den Urlaub muss ich mir etwas einfallen lassen. Bis zum Transfer, weiter denke ich nicht. Unser Leben endet beim Transfer. Danach beginnt hoffentlich etwas, was ich mir nicht vorstellen kann, deshalb versuche ich es gar nicht erst.

Übermorgen ist die Eizellentnahme und Toms Wichstermin, jener Vorgang, den die Schriftstellerin Lewitscharoff »absolut widerwärtig« findet. Tom graust es auch ein bisschen davor. Bei der letzten ICSI konnte er fast nicht, auf dem abgewichsten Sofa im Klinikkeller, in dem es ihm zufolge nach Karnickelstall stank. »Es ist keine Kassette im Video-Player«, ging er sich leise beschweren. »Frau Römer, es hat wieder jemand die Porno-Kassette geklaut«, rief die Sprechstundenhilfe durch den Klinikflur. Tom lächelte den am Empfangstresen Wartenden schüchtern zu. Die durften schließlich auch bestaunen, wie Frau Römer Tom stolz die *Scheibenspritzanlage St. Tropez* überreichte. Auf dem Weg zurück in den Wichskeller rief Tom meinem behandelnden Arzt noch »Geben Sie Ihr Bestes!« zu, um ihn für meine bevorstehende Eizellentnahme zu motivieren. »Sie sind derjenige, der jetzt sein Bestes geben muss«, antwortete Doktor Korn mit süffisantem Grinsen. Entsprechend animiert quetschte sich Tom, angeblich unter Ausbleiben eines Orgasmus, ein Quäntchen Sperma heraus, während mich die Vollnarkose umarmte. Für ein weiteres Negativ reichte es allemal.

Kommenden Montag wird ein neuer kleinster gemeinsamer Teiler transferiert, bis dahin haben wir frei, mit Ausnahme von Toms Wichstermin. Zu dem werde ich mitgehen, um den Professor zu bitten, mir doch zwei Eizellen einzusetzen, damit ich in diesem Zyklus eine Wahrscheinlichkeit von über 60 Prozent habe. Ich fühle mich unwohl dabei, aber ich kann nicht anders. Tom hat zwar dagegengeredet, aber letztlich entscheide ich, was in meinen Körper kommt. Das sieht er ein und lässt mich abheben zu meinem Kamikazeflug.

Als wir auf mallorquinischem Boden landen, klatschen die Passagiere, als wollten sie dem Piloten danken, nicht den Sturzflug eingeleitet zu haben. Ich bin fassungslos, hatten die alle diese Angst? Tom erklärt mir, dass bei Charterflügen häufig geklatscht wird, um dem Piloten für die sichere Landung zu danken. Schade, dass der das in seinem Cockpit gar nicht hören kann. Unseren Urlaubsbunker mit Lachnummerpool erreichen wir am späten Nachmittag. Die anderen Touristen scheinen bereits vertraut mit der Materie des All-inclusive-Urlaubs, sie hängen an der Bar und saufen. Weil wir das Meer aus unserem Zimmer mit Meerblick nicht sehen können, gehen wir auch zum Freibiertrinken. Sofort setzt sich ein Mann zu uns, ein Sternekoch aus Düsseldorf. Er hält uns langatmige Monologe über seine größten kulinarischen Erlebnisse, und weil er seine Lippen vor jedem Satz nach außen stülpt, taufen wir ihn in seiner Abwesenheit den Frosch. Als er wiederkommt, imitieren wir abwechselnd seine Lippenbewegungen. Nach dem zweiten Bier rauche ich in Toms Anwesenheit. So sieht es eben aus, soll er doch klarkommen damit. Er blitzt mich böse an und trinkt schneller. Dann steht er auf und hüpft über die Terrasse davon. Der Frosch unterbricht sein Gebrabbel und fragt mich, was das sollte.

»Er ist ein Frosch, gerade du müsstest das doch erkennen.«

Der Frosch sieht mich erschrocken an und verschwindet ebenfalls.

Ich suche Tom und finde ihn auf unserem Zimmer. Da sitzt der Blödmann und guckt Fußball. Ich berichte, dass der Frosch eine Kakerlake gefuttert und dann seine Sterne ausgelaicht hat, doch Tom winkt genervt ab. Ich heule ein bisschen, aber das macht ihn nicht freundlicher, und deshalb streiten wir. In den nächsten Tagen spielen wir Urlaub und liegen beklemmt am Strand. So lässt es sich leben, beteuern wir uns gegenseitig und zählen heimlich die verklumpten Stunden.

Als ich im Foyer auf Professor Bäumer warte, klopft mein Herz bis zur Kopfhaut. Er wird mich für verantwortungslos halten und es nicht machen. Aber es sind unsere Eizellen, verdammt, wir haben sie bezahlt. Er hat da überhaupt nichts zu bestimmen. Ich bin erwachsen und weiß doch, was ich tue. Da legt der einfach fest, dass wir keine zweieiigen Zwillinge bekommen können. Vielleicht wäre aber genau das auf natürlichem Wege passiert? Vielleicht ist das unser größter Traum? Aber nein, der versaut ihn uns und spielt hier Gott.

»Klar doch, wenn wir zwei haben, bekommen Sie zwei. Aber beschweren Sie sich hinterher nicht, dass Zwillingskarren so teuer sind.« Seine blauen Augen zwinkern mich an. Wie unkompliziert hier auf Mallorca alles ist.

»Ich denke, Sie haben nichts dagegen, wenn ich jetzt ans Werk schreite.« Er bringt mich zurück ins Foyer und begibt sich in den OP, um unserer Spenderin die Eizellen zu entnehmen. Ich warte darauf, dass Tom seine Spermien »medizingerecht abliefert«. Wie die Lewitscharoff das wohl meint? Kleine, viereckige Orgasmen, damit sich das Sperma besser stapeln lässt? Ich weiß nicht, ob Tom das kann. Zum Glück ist das egal, weil sein Sperma nicht erst gestapelt, sondern sofort in die Eizellen der fremden Frau gespritzt werden soll.

Neben den spanischen Modemagazinen steckt ein alter *SPIEGEL* im Zeitschriftenständer. Ich versuche mich an der Titelgeschichte »Tausendmal probiert und nie ist was passiert«, die sieben Jahre nach ihrem Erscheinen bereits historischen Charakter hat. Die Reproduktionsmedizin entwickelt sich schneller als andere Medizinzweige, weil sein letztes Hemd gibt, wer sich vergeblich ein Kind wünscht. Nach drei Seiten merke ich, dass meine Augen den Artikel lesen, mein Geist aber kein einziges Wort aufnimmt. Stattdessen denke ich an einen *SPIEGEL*-Artikel aus dem Jahr 1958, auf den ich neulich im Netz gestoßen bin. Damals wurde die öffentliche Debatte in England von der Frage dominiert, ob künstliche Befruchtung dem Ehebruch gleichzusetzen und deshalb zu verbieten sei. Ein Arzt hatte Frauen, die in ihrer Ehe vergeblich auf ein Kind gewartet hatten, Spendersperma in die Gebärmutter gespritzt. Der Klage eines Ehemanns wegen Ehebruchs gegen seine Frau wurde stattgegeben, denn sie hatte ihn vorher nicht über ihre künstliche Befruchtung unterrichtet. Betröge mich Tom, wenn ich nichts von seinem Sperma in den Eizellen der fremden Frau wüsste? Sind verheiratete Samenspender Ehebrecher? Ebenfalls in Großbritannien kam 20 Jahre später die kleine Louise zur Welt, ein gesundes Mädchen und das erste Kind aus dem Reagenzglas. Inzwischen hat die Methode der künstlichen Befruchtung weltweit fünf Millionen Menschen hervorgebracht, in Deutschland kommen dadurch mehr als 12.000 Babys pro Jahr zur Welt, ungefähr jedes 80. Kind wird hierzulande im Reagenzglas gezeugt.

40 Jahre nach Louises Geburt brüstet sich zwar noch niemand damit, künstlich befruchten zu lassen, aber der Trend ist absehbar. Bestimmt gilt diese Methode der Fortpflanzung schon bald als chic. Modern, sauber und berechenbar. Unsere Stars in Hollywood bekommen schon jetzt nur noch Zwillinge: Julia Roberts, Jennifer Lopez, Mariah Carey und wie sie alle heißen. Wenn da kein Reagenzglas im Spiel war. Brat Pitt und Angelina Jolie ließen öffentlich verlauten, ihre Terminpläne taugten nicht für eine natürliche Zeugung; ein Jahr später kamen ihre Zwillinge. Und dass der sexuell mysteriös ausgerichtete Michael Jackson zur Zeugung seiner drei Kinder mit der übergewichtigen Krankenschwester körperlich geworden ist, glaubte schon damals kein Mensch. Dann erst die berühmten späten Mütter: Halle Berry, Uma Thurman und Madonna. Bello e impossibile – schön und unmöglich ist die Mutterschaft selbst mit 56 nicht, Gianna Nannini hat es vorgemacht. Bestimmt war das eine Eizellspende, freue ich

mich und fühle mich nicht mehr allein auf vermintem Gelände. Bello e possibile.

»Na, hat es geklappt?«, frage ich Tom, noch ehe er sich zu mir setzen kann.

»Ja, du glaubst gar nicht, wie gut die hier ausgestattet sind, die haben ...«

»Tom, will ich gerade gar nicht wissen.«

»Doch, echt, die Qualität der Pornos ist hier ...«

Zu meiner Erleichterung kommt da Professor Bäumer auf uns zu.

»Ich habe fantastische Neuigkeiten für Sie, wir haben zwölf reife Eizellen punktiert. Und was für pralle Früchte, eine wirklich schöne Ernte.«

Seine Ausdrucksweise befremdet mich, aber die Freude ist größer. Zwölf Eizellen sind mehr als erhofft.

»Geht es ihr gut? Und wir dürfen sie wirklich nicht sehen?«

Jetzt, da alles real ist, kommt mir das Kontaktverbot zwischen uns und der Spenderin künstlich und falsch vor. Sie wird hoffentlich die biologische Mutter unseres Kindes werden, sie ist unsere Retterin. Ich möchte ihr aus ganzem Herzen Danke sagen, ich will mich vergewissern, dass sie alles gut überstanden hat, und ich muss meine Kontaktdaten mit ihren tauschen, falls unser Kind sie später kennenlernen will. Doch Professor Bäumer lässt sich nicht erweichen, die Spenderin bleibt anonym.

Wir fahren mit dem Bus zum Hotel zurück und verbringen den Tag auf der Terrasse. Morgen wird das Labor anrufen, um uns mitzuteilen, wie viele Eizellen unserer Retterin mit Toms Spermien befruchtet wurden.

Beim Frühstücksbuffet am nächsten Morgen greife ich zum Sekt.

»Was ist, wenn sich gar keine Eizelle befruchtet hat? Da kann es doch auch Inkompatibilitäten geben. Dann war alles umsonst, und noch eine Spenderin können wir echt nicht mehr bezahlen, oder wer soll uns noch Geld leihen?«

»Ach Quatsch, eine Nullbefruchtung wird das nicht. Mein Sperma ist mit den Eizellen aller Frauen kompatibel.«

»Das ist nicht witzig, du eingebildeter Gockel. Ich mach mir wirklich Sorgen.«

»Ich nicht«, behauptet Tom und holt sich ebenfalls ein Glas Sekt.

Nach dem Frühstück hängen wir am Pool herum, wir warten auf den Anruf des Labors. Dabei trinken wir spanisches Bier, und Tom bettelt mich an, ihm eine Zigarette zu geben.

»Schwöre, dass du nie wieder ein Wort sagen wirst, wenn ich eine Zigarette rauche.«

»Ich schwöre, dass ich nie wieder ein Wort sage, wenn du eine Zigarette rauchst, weil du in ein paar Tagen sowieso wieder aufhörst zu rauchen, schließlich bist du dann schwanger.«

Ich reiche ihm eine Zigarette, und er steckt sie sich an, seine erste seit über zehn Jahren.

»Ahhh! Weißt du, gestern in der Wichskabine habe ich Großes geleistet, und die Kippe danach ist immer noch die beste.«

»Du Blödi«, kreische ich und schubse ihn in den Pool. Ich springe hinterher, und wir machen lauten Blödsinn. Die anderen Touristen gucken uns böse an, einige flüchten von der Terrasse. Ich glaube, wir sind betrunken. Durch unser

Kindergejauchze schrillt das Klingeln meines Handys. Ich bin nüchtern wie lange nicht und hechte aus dem Pool.

»Marta Reinhardt? Ja. Ja? Okay, vielen Dank. Ja, Ihnen auch.«

»Nicht eine«, rufe ich Tom zu und sehe die Farbe aus seinem Gesicht weichen. Dann schreie ich: »Sondern neun!« und mache eine Arschbombe. Zur Strafe drückt Tom meinen Kopf unter Wasser, aber dann tanzen wir gemeinsam im Pool umher und singen »neun« in allen möglichen Tonlagen und Geschwindigkeiten. Inzwischen staunen die Touristen. Neun von zwölf Eizellen wurden befruchtet, das ist eine unfassbar gute Rate. Bei den ICSIs mit meinen eigenen Eizellen sind wir nie über die Hälfte hinausgekommen. In Kinderwunschkreisen kursiert die Annahme, die Qualität der befruchteten Eizellen steige mit ihrer Befruchtungsrate, das befeuert unseren Neunertanz.

Die nächsten vier Tage verbringen wir in Babyeuphorie und Liebe. Wir liegen am Strand und träumen vom Leben zu dritt.

»Also, wenn es ein Mädchen wird, soll sie Mathilda heißen, aber mit h. Im Gegensatz zu Mutter will ich da nicht geizig sein.«

»Marta, wenn du in Altona Mathilda rufst, kommt dir der halbe Spielplatz entgegen.«

»Mir egal. So soll sie eben heißen. Dafür kannst du den Jungennamen bestimmen, wenn du willst.«

»Okay, ich habe da nämlich wirklich einen Namen, den ich ganz toll finde.«

»Dann sag doch, Tom!«

»Wenn es ein Junge wird, nennen wir ihn Göppel.«

»Was?«
»Göppel. Ist doch ein schöner Name. Zugegeben, etwas ausgefallen, aber gerade deshalb.«
Ich bin stumm.
»Okay, Kompromiss: Du magst doch den Namen Finn, dann nehmen wir eben Finn-Göppel. Meinetwegen bekommt er auch deinen Nachnamen, also Finn-Göppel Reinhardt.«
»Finn-Göppel?« Ich versuche, den Namen in mir aufzunehmen. Finn-Göppel. Göppel. Göp-pel. *Göppel?*
»Spinnst du? Göppel geht doch gar nicht. Göppel?«
Er sieht mich flehend an.
»Nee, Tom. Ich meine, Göppel, ist das nicht ein altes Fahrrad? Du kannst unseren Sohn doch nicht ›altes Fahrrad‹ nennen. Wobei, ›altes Fahrrad‹ klingt ja noch schön im Vergleich zu Göppel. Ist der denn überhaupt als Name zugelassen? Das ist doch gar kein Name.«
»Doch, doch. Ich hab den schon gegoogelt, ist ein alter friesischer Name, deshalb passt der auch so gut zu Finn.«
»Finn-Göppel, hörst du denn nicht, wie bescheuert das klingt? Da rettet der Finn dann auch nichts mehr. Göppel ...«
Ich höre ein Quietschen. Tom beißt sich auf die Faust, er versucht, nicht loszulachen.
»Du Bösling!« Ich bewerfe ihn mit Sand, und er zieht mich ins Meer. Wir spritzen uns gegenseitig nass und springen in die Wellen. Tiefer im Meer befummeln wir uns, und Tom zieht mir den Bikinislip aus. Wir versuchen zu bumsen, stellen aber fest, dass es ohne Boden unter den Füßen nicht funktioniert. Deshalb schwimmen wir zurück zum Strand und wollen ins Hotel verschwinden. Tom ist mir weit voraus, als ich aus dem Wasser wate. Plötzlich fällt mir ein, dass ich zwar

mein Bikinioberteil, aber keinen Slip anhabe. Da weiß doch jeder gleich, was Sache ist. Einige Touristen gucken schon in meine Richtung. Ich schmeiße mich zurück ins Meer. Tom dreht sich lachend um, meinen Slip hat er sich über seine Shorts gezogen. Schimpfend dümple ich im Wasser herum, aber schließlich muss ich auch lachen. Da bringt Tom mir meinen Slip, und wir marschieren Hand in Hand auf unser Zimmer. Dass ich nun täglich klebrige Hormoncreme in meine Vagina quetsche, ist uns gerade so was von egal.

Als wir am Montag schlotternd das Foyer betreten, eilt Professor Bäumer uns entgegen. »Es ist ein Wunder, ein Wunder! Sie werden es nicht glauben. Raten Sie mal, wie viele Eizellen sich zu Blastozysten entwickelt haben!«

»Drei?«, frage ich und hoffe. Wenn drei von neun Eizellen den Sprung ins Blastozystenstadium geschafft hätten, wäre das der Durchschnitt. Den erträumen wir uns, der Durchschnitt wäre für uns Spitzenklasse, verliefen unsere bisherigen ICSIs doch unterirdisch schlecht.

»Nein, fünf! Ist das nicht der Wahnsinn? So ein tolles Ergebnis, damit haben Sie jetzt wirklich jede Chance.«

Tom und ich liegen uns in den Armen. Normal ist ein Drittel, und wir haben mehr als die Hälfte. Ich atme tief durch. Bisher läuft alles wie im Bilderbuch, wenn es denn eines über die Eizellspende bei Heteros gäbe.

Professor Bäumer schickt uns in einen Behandlungsraum und kommt mit einem Schlauch und einer Spritze hinterher. Wie gewohnt ziehe ich mich aus und setze mich breitbeinig vor den beiden Männern auf den gynäkologischen Stuhl. Professor Bäumer steckt erst den Ultraschallkopf in meine Vagina und danach einen Schlauch.

»So, dann werden wir die zwei mal nach Hause bringen.«

»Halt, wir müssen ihnen noch Namen geben.« Das haben wir vergessen, aber ich kann nicht zwei Nichtse mit mir herumtragen.

»Hast du denn welche?«, fragt Tom, und ich denke nach. Unser Projekttitel ist weiterhin kleinster gemeinsamer Teiler, aber Teiler will ich sie nicht nennen, denn Teiler ist tot. Außerdem braucht jeder der beiden Embryonen einen eigenen Namen.

»Finn und Göppel«, antworte ich trocken.

»Göpél?« Professor Bäumer sieht zunächst mich und dann Tom fragend an.

»Nee, Mathilda und Göppel«, verbessert Tom und lächelt mir zu. Professor Bäumer schüttelt kaum sichtbar den Kopf und blickt noch einmal zu mir. Er wartet auf mein Urteil. Ich nicke, und er leert die Spritze in den Schlauch.

»So, Mathilde und Göpél, dann sucht euch jetzt ein gemütliches Plätzchen und bleibt dort die nächsten neun Monate!« Zu mir gewandt ergänzt er: »Der Embryonenkleber lässt ihnen keine Wahl, die müssen einfach anwachsen.«

Hoffentlich nicht beide, denke ich und schiebe schnell hinterher: Aber bitte, bitte einer. Als sei das hier ein Wunschkonzert. Auch diesmal spüre ich den Transfer nicht, aber Professor Bäumer zeigt uns auf dem Ultraschall eine Luftblase in meiner Gebärmutter, in der unsere Blastozysten sein sollen. Er macht sogar einen Ausdruck davon, den ich vorsichtig in das Fotofach meines Portemonnaies schiebe, als sei die Luftblase an sich mein Kind. So feierlich wie heute wurde der Transfer vorher nie begangen. War das eine Taufe oder schon die Beerdigungszeremonie?

15

OCTOMOMSCHE ANZEICHEN

Meine Brüste sind angeschwollen. Sie sehen toll aus, wie Pornobrüste, aber sie fühlen sich nicht toll an, sie tun weh. Außerdem würge ich seit Tagen nur Bananen hinunter, weil mir so übel ist. Der Vorteil daran ist, dass es mir leichtfällt, nicht zu rauchen. Tatsächlich bin ich erleichtert, nicht mehr rauchen zu müssen. Und wie müde ich bin, ich könnte 30 Betten vollschlafen. Kurz gesagt, ich fühle mich mindestens so schwanger wie Octomom mit ihren Achtlingen im Bauch. Deshalb weiß ich, dass sich beide Blastozysten eingenistet haben, wenn sich eine davon nicht sogar noch geteilt hat. Ich will keine Drillinge bekommen. Ich will auch keine Zwillinge, ein Baby soll es sein, mehr nicht. Ich muss sehr tief einatmen. Wie schrecklich dumm von mir, dass ich mir zwei Blastozysten habe einsetzen lassen. Die statistischen 60 Prozent Schwangerschaftswahrscheinlichkeit zusammengenommen mit meinen octomomschen Anzeichen machen eine Schwangerschaft mehr als sicher. In diesem Fall ergibt sich mit den beiden Blastozysten eine Mehrlingswahrscheinlichkeit von 40 Prozent, habe ich ausgerechnet. Ich rechne permanent, egal ob ich im Meer, im Sand oder im Hotelbett liege, ich rechne. So betrachte ich das Ganze rational und lasse mich nicht von meinen Emotionen fortreißen. Jedenfalls ist 40 Prozent fast die Hälfte, also ist es nahezu gleich wahrscheinlich wie unwahrscheinlich, dass ich Mehrlinge in mir trage. Dieser statistische Wert wiederum zuzüglich meiner octomomschen Anzeichen ergibt mit an Sicherheit grenzender Wahrscheinlichkeit mindestens Zwillinge. Ich will das nicht. Ich weine. Zwillinge überfordern mich. Für mehr als ein Kind habe ich keine Liebe im Leib, und mehr als zwei Kinder sprengen meine Vorstellungskraft. Und dann erst die Risiken. Mehrlinge kommen meist zu früh. Wenn es die Eltern verlangen, können Frühchen ab der 22. von regulär 40 Schwangerschaftswochen intensivmedizinisch betreut werden, davor Geborene haben keine reelle Überlebenschance. Aber auch wenn sie behandelt werden, können sehr frühe Frühchen versterben oder schwere Schäden davontragen.

Wegen meines schmalen Beckens kommen unsere Babys garantiert zu früh, und bei meinem Pech sind sie dann blind und taub. Das halte ich nicht aus, bin ich doch so labil. Unsere Beziehung wird daran zerbrechen, und dann müssen wir die blinden und tauben Drillinge von Woche zu Woche zwischen meiner und Toms Wohnung hin und her schleppen, bis wir sterben. Ich schluchze laut und google nach der Möglichkeit einer Reduktion meiner Mehrlinge zu Einlingen, wie es sie in den USA gibt. In Deutschland wird meist nur bis zu Drillingen reduziert, lese ich. Dann muss ich eben abtreiben. Mit meinem Kinderwunsch ist das mehr als irre, aber lieber gar kein Kind als Drillinge, befinde ich in meiner Heidenangst.

Zur Feststellung einer Schwangerschaft wurde mir bei unseren bisherigen ICSIs Blut abgenommen und im Labor der Klinik untersucht, um uns mein Versagen immer wieder vorzuführen. Inzwischen sind wir so pleite, dass wir uns den Bluttest sparen und auf einen Urintest ausweichen müssen. Morgen ist der erstmögliche Tag, an dem ein solcher Test positiv anzeigen könnte. Ungefähr zwei Tage nach dem Blastozystenstadium schlüpft der Embryo aus seiner Hülle und vergräbt sich in der Gebärmutterschleimhaut. Von diesem Zeitpunkt an wird das Schwangerschaftshormon hCG produziert. Tom hat ein Zehnerpack billiger Teststreifen bei eBay bestellt. Die schlagen bereits bei zehn internationalen Einheiten hCG pro Liter an und nicht erst, wie die teuren Apothekentests, bei 50. Ab dem siebten Tag nach der Einnistung kann der hCG-Wert die Zehner-Grenze knacken, und das ist morgen. Für mich werde ich den Test nicht machen, ich spüre meine Schwangerschaft. Ich mache ihn für Tom, der sagt, er glaube mir ein schwangeres Gefühl, mehr nicht. Er teilt nicht meine Ängste, und er freut sich nicht auf unsere Drillinge. Er wartet einfach, wie nur Männer warten können.

Bevor ich zu Tom ins Bett schlüpfe, verstecke ich die Tests im Schränkchen des Hotelbades. Er weiß nicht, dass ich morgen testen werde. Er denkt, ich teste wie abgesprochen in drei Tagen. Dann müsste der Zehner-Test eine Schwangerschaft ziemlich sicher anzeigen. Wenn Tom mich kennt, weiß er, dass ich morgen teste. Ich denke, er weiß es. Trotzdem werde ich den Test morgen früh allein machen. Falls er dann schon positiv ausfällt, werde ich ihn Tom zeigen, ansonsten werde ich mir nicht anmerken lassen, was ich gesehen habe. Und Tom wird sich nicht anmerken lassen, wie genau er mich beobachtet.

Um zwei Uhr in der Früh wache ich auf. In ein paar Stunden werde ich testen, doch worauf soll ich hoffen? Wenn der Test heute schon positiv ausfällt, spricht das mindestens für Zwillinge, denn mehrere Embryonen produzieren mehr hCG. Andererseits würde Tom mir endlich glauben, was ich sicher weiß. Als offiziell Schwangere bekäme ich Frühstück mit Blumen ans Bett und dürfte mich unerträglich benehmen. In wie vielen Stunden beginnt eigentlich der Morgen?

Prinzipiell fängt jeder neue Tag um 24:00 Uhr an und beginnt mit dem Morgen, dem frühen Morgen. Also ist jetzt morgens. Ich schleiche ins Bad und pinkle in den Zahnputzbecher. Fünf Minuten nachdem sich das Teststäbchen mit Urin vollgesogen hat, soll das Ergebnis abgelesen werden. Ein Strich erscheint sofort fett und rot auf dem Stäbchen, das ist die Kontrolllinie. Der zweite entsteht nur, wenn sich hCG im Urin befindet. Ich starre auf das Stäbchen, was blödsinnig ist, denn beim Starren vergehen fünf Minuten nicht besonders schnell. Ich starre trotzdem weiter. Nach fünf Minuten klingelt mein Handywecker, und ich kneife die Augen zusammen. Vielleicht ist es bei so einem Strich wie mit meinen Schülern. Wenn ich sie die ganze Zeit vor Augen habe, bemerke ich ihr Wachsen nicht, aber nach einem Auslandsjahr begrüße ich verdattert Riesen. Also blicke ich vom Stäbchen weg und wieder hin. Im Bad gibt es nur eine Funzellampe, deshalb richte ich meine Handylampe auf das Stäbchen. Ach, in Wirklichkeit ist noch gar nicht morgens. Um sechs Uhr mache ich den nächsten Test. Dann um neun, ich halte das Stäbchen in die Sonne. Auf dem dreckigen Klo der kleinen Taverna um zwei. Umso besser, vielleicht keine Zwillinge. Tom sieht ein perfektes Pokerface.

Um drei Uhr in der Früh, um halb acht und um drei Uhr am Nachmittag. Puh, keine Zwillinge. Um vier Uhr in der Früh.

Heute Morgen werden Tom und ich gemeinsam testen, ob wir ein Kind bekommen. Wie romantisch. Um sieben zerrt er mich ins Bad.

»Aber du fühlst dich doch so schwanger. Vielleicht war die Einnistung etwas später?« Trotz Sommerbräune wirkt Tom jetzt eher blass.

»Ich verstehe das auch nicht. Ich war mir so sicher. Aber heute müsste er echt anzeigen.« Dann breche ich zusammen.

Tom liegt an dem blöden Pool, in dem man nicht einmal richtig schwimmen kann. Ich verkrieche mich auf unserem Zimmer und weiche die Hotelkissen ein. Um zwei allein im Hotelbad. Zur Überbrückung der Wartezeit lese ich die Testbeilage.«... zeigt ab 25 hCG an.« Was?

»Ich hatte gesagt, dass du Zehner-Tests kaufen sollst, und was machst du? Kaufst 25er. Weißt du, was ich in den letzten Tagen durchgemacht habe deinetwegen? Aber egal, ist ja nur Marta.« Zur sichtlichen Freude der anderen Touristen schreie ich Tom am Pool zusammen.

Ein 25er-Test könnte heute anschlagen, er muss es aber erst übermorgen. Vor lauter Erleichterung verzeihe ich Tom rasch. Und natürlich bin ich schwanger. Ich will Tom erklären, warum alle zehn Tests aufgebraucht sind, aber er winkt ab: »Marta, ich kenne dich doch. Und so habe ich dich gekauft.«

»Warum hast du denn nichts gesagt? Ich leide still vor mich hin, und du weißt es die ganze Zeit.«

»Du hast dir jedes Mal so niedlich Mühe gegeben, wenn du von der Toilette kamst. Da wollte ich dich nicht beschämen. Aber lass uns das jetzt zusammen durchstehen.«

Lachend schlendern wir zur Dorfapotheke. Dort kaufen wir einen sündhaft teuren 50er-Test, Frühtests haben sie hier nicht. Der ist erst übermorgen sicher, und dann werden wir ihn gemeinsam machen. Tom nimmt mir den Test weg und versteckt ihn an einem geheimen Ort. Nun realisiere ich, dass wir hier gerade unseren Sommerurlaub verbringen. Ich spiele mit den Wellen und beobachte kleine, bunte Fische durch buchstäblich glasklares Wasser. Ich lese einen Schundroman und sammle kleine Muscheln. Tom und ich lieben uns und essen Pizza mit dünnem Boden. Ich bin außen statt innen und fühle mich befreit.

Zwei Tage später starren wir wieder auf ein Stäbchen. Nach zehn Minuten nimmt Tom mich in den Arm.

»Ich verstehe das nicht, ich war mir so sicher«, wiederhole ich bestimmt zum zehnten Mal. Ich bin nicht traurig, ich bin fassungslos. Wo sind Mathilda und Göppel? All die octomomschen Anzeichen. Wie konnte mein Unbewusstes meinen Körper dazu bewegen, mich so anzulügen?

Kinderwunschdamen spielen bei der ersten ICSI meist verrückt, so felsenfest sicher sind sie schwanger. Das ist der künstliche Hormoncocktail, dessen Wirkung sie vorher nicht kannten, und es ist ihr Absturz ins Nichts, dessen Wirkung nur ICSI Nummer zwei abschwächen kann. Bis auch diese Hoffnung zerstäubt. Einige Frauen werden zwar bei der ersten oder zweiten ICSI schwanger, aber die ignorieren wir Unglückseligen lieber, denn ihr wachsender Bauch führt uns am schmerzhaftesten vor Augen, was wir nicht bekommen. Nach ICSI Nummer drei zahlen die Krankenkassen keinen Cent Zuschuss mehr, und neben der Trauer und Wut wachsen die Kredite in den Himmel. Nun könnte man aufhören und versuchen, sich mit einem Leben ohne Kind abzufinden. Aber der Schmerz, nie eine Mama sein zu dürfen, scheint so unaushaltbar, dass er mit einem weiteren Versuch weggeschoben werden soll. Außerdem müsste es doch klappen, nach 14 ICSIs liegt die Wahrscheinlichkeit auf ein Kind sogar bei knapp 92 Prozent, ab dem vierten oder fünften Behandlungszyklus sinken die Chancen trotzdem immer weiter ab.

Und so steht man nach jedem gescheiterten Versuch vor der Wahl: weitermachen oder aufhören? Je mehr Versuche hinter einem liegen, desto unerträglicher wird das Aufgeben, denn der Verlust wird immer größer. Wie beim Pokern um Geld hofft man auf den Gewinn beim nächsten Spiel, weil schon so viel ausgegeben wurde.

Allerdings tut uns ungewollt kinderlosen Frauen das verlorene Geld viel weniger weh als unsere ruinierten Lebensentwürfe. Mit hormonzerstörten Psychen und geplatzten Träumen stehen wir da und fragen uns, was wir mit unseren Leben machen sollen, überschuldet und isoliert, denn die Kinderwunschkliniken sind in den letzten Jahren unsere Wohnzimmer geworden, und die Mädels aus den Foren haben unsere Freundinnen ersetzt. Und die Männer stehen daneben und wissen nicht, wie sie uns helfen sollen. Ihr Trösten hat sich über die Jahre abgenutzt, und schließlich ist auch ihr Traum von einem Kind kaputt. So sieht eine erfolglose Kinderwunschkarriere aus, und auch ich habe sie durchlitten. Mehr noch, mit sechs gescheiterten ICSIs bin ich eine alte Häsin auf der Kinderwunschwiese, gehöre quasi zu ihrem Ältestenrat. Genau deshalb verstehe ich nicht, wie ich wieder hineinfallen konnte auf diese Hoffnung aus der Hölle, die, einmal zugelassen, das Kommando über den Körper übernimmt und einen in den Abgrund reißt.

Wir rufen in der Klinik an und machen einen Termin für morgen, um das weitere Vorgehen zu besprechen. In Trance schwebe ich durch den Tag, mein Mantra immer bei mir. »Ich verstehe das nicht. Ich verstehe das nicht. Ich verstehe das nicht ...« Meine Füße fühlen sich taub an, sie spüren keinen Boden unter sich.

Am nächsten Tag kommen die Tränen. Ich heule beim Aufwachen, beim Anziehen und beim Frühstück. Die anderen Touristen gaffen. Plötzlich steht jemand an unserem Tisch – es ist der Frosch. Seine Augen glupschen uns neugierig an. »Was hat sie denn?«, fragt er Tom. Offensichtlich hält er weinende Frauen für kommunikationsunfähig.

Um ihm das Gegenteil zu beweisen, antworte ich: »Eine Fehlgeburt.« Stimmt ja, irgendwie.

Der Frosch sieht mich erschrocken an und verschwindet. Das angeborene Reaktionsmuster eines Frosches, wie es mir scheint.

In der Kinderwunschklinik bringt Professor Bäumer uns sofort in sein Büro. Er sieht betroffen aus und murmelt: »Es waren zwei Blastozysten bester Qualität. Ich verstehe das nicht.« Damit sind wir schon zu dritt.

»Aber nicht so schlimm, wir haben ja noch drei Blastozysten. Machen wir also weiter, oder? Wäre doch gelacht, wenn wir Ihnen nicht zu ein, zwei Kindchen verhelfen könnten, oder?« Offensichtlich hat er schnell zu seiner alten Form zurückgefunden.

»Im Prinzip können wir im nächsten Zyklus weitermachen. Viele gönnen sich aber erst mal eine kleine Pause, um die Niederlage zu verarbeiten.«

»Nein, nein, wir wollen gleich weitermachen.« Ich will nichts verarbeiten, ich will mein Kind bekommen.

»Also gut, dann setzen Sie jetzt die Hormone ab, und wenn Sie dann Ihre Periode bekommen, rufen Sie uns an. Wir sind jetzt in der fantastischen Situation, alles genau timen zu können. Schließlich können uns die gefrorenen Blastozysten ja nicht wegschwimmen.«

Er guckt uns erwartungsvoll an, aber wir lachen nicht. So reinblau sind seine Augen gar nicht, bemerke ich dabei, es ist ein bisschen Beige mit drin.

»Na ja, Sie nehmen die Hormone dann wieder nach Protokoll. Haben Sie einen guten Frauenarzt?«

»Ja, wieso?« Mein Doktor Fischer ist ein lieber Herr älterer Generation.

»Dann lassen Sie ungefähr am 14. Tag die Schleimhaut schallen. Wenn sie über sechs Millimeter ist, können Sie sich auf den Weg machen. Ob Sie ein paar Tage früher oder später kommen, ist egal, die Schleimhaut hält sich, solange Sie weiter pflastern. Das heißt, Sie kommen, wenn es beruflich passt. Den Flieger buchen Sie dann kurzfristig. So machen das all unsere Eizellempfängerinnen. Alles klar?«

»Alles klar.«

Tom wird nicht gefragt, der hat seine Spermien medizingerecht abgeliefert und ist damit heraus aus der Sache. Nein, so natürlich nicht. Ich blicke ihn an, und er nickt stumm.

Wir gehen hinaus und rauchen. Tags darauf reisen wir ab.

16

DIE LETZTE PARTYSCHAUMMASCHINE

Tom muss wieder arbeiten, aber ich habe noch zwei lange Wochen Ferien, an deren ungefährem Ende ich wieder nach Mallorca fliege. Die Aussicht auf den nächsten Transfer gibt mir Halt. Bis dahin will ich mich durchhangeln, ohne Mathilda und Göppel zu betrauern. Neben dem Tod der beiden wurde auch mein Traumname Mathilda beschädigt, leichtfertig haben wir ihn einem nutzlosen Embryo gegeben, der keine Woche durchgehalten hat. Aber der Name Mathilda wird sich schon erholen, er muss einfach, immerhin haben wir noch mehr als die Hälfte der Blastozysten. Also wird es wahrscheinlicher klappen, als dass es nicht klappt, sage ich mir, obwohl ich nicht weiß, ob meine statistischen Annahmen überhaupt noch eine wissenschaftliche Grundlage haben. Letztes Mal habe ich mich offenkundig verrechnet – Drillinge? So stark mein Kinderwunsch auch ist, niemals wieder werde ich mir mehr als eine Blastozyste einsetzen lassen, schwöre ich beim Leben meines ungeborenen Kindes. Und weil das nicht Florian heißen soll und sowieso ein Mädchen wird, werde ich die nächste Blastozyste Floh nennen. Wenn der Floh stirbt, ist es um den Namen Florian nicht schade.

    Endlich rufe ich Papi an und erzähle ihm von unserem Reinfall. Er bedauert uns und fragt ein bisschen, dann wissen wir nichts mehr zu sagen und legen auf. Ich sehe mich in unserer abgehalfterten Wohnung um. Neues Leben in grauen Wänden, das geht doch nicht. Die Dinge sollen mit unserem

Kind altern und nicht schon vorher schrottreif sein. Deshalb will ich die Wohnung renovieren.

»Oha«, sagt Tom, aber ich lasse mich nicht beirren. Ich fahre zum Baumarkt und kaufe Farbe, Pinsel und unterschiedliche Farbrollen. Zuerst will ich mein Arbeitszimmer streichen, denn es soll das Kinderzimmer werden. Als Mutter werde ich keine Zeit zum Vorbereiten des Unterrichts haben. Stattdessen gibt es Schwellenpädagogik, die besten Ideen kommen sowieso beim Eintritt in das Klassenzimmer. So machen das die anderen Mütter auch, habe ich herausgekriegt.

Ich bin fertig mit dem Auslegen der Zeitungen und beginne, die Farbrolle über die Wand zu ziehen. Wie ich das liebe: eben noch fleckig und grau und jetzt schon rein und weiß. Genauso wird sich unser Leben aufhellen, wenn die Kleine bei uns ist. Ich fasse mir an die Brust. Seit wir von Mallorca zurück sind, fühle ich mein Herz so seltsam pochen. Das kenne ich aus der Zeit mit dem elektrischen Bären, aber der Einfachheit halber führe ich es auf das Absetzen der Hormone zurück. Wenn ich innehalte, um dem Pochen nachzufühlen, krampft sich mein Magen zusammen. Ich halte nicht mehr inne.

Die erste Wand ist fertig, schön. Da sehe ich weiße Flecken auf den Holzdielen, dort soll Zeitungspapier liegen, aber es ist verrutscht. Das habe ich bemerkt, bevor die weißen Flecken kamen, aber weil ich schnell mit dem Streichen beginnen wollte, habe ich es ignoriert. So bin ich. Und nun muss ich mich ausbaden. Ich hole Verdünner, kippe ihn auf die Farbe und verschmiere sie mit einem gebrauchten Taschentuch auf den Latten. Wie immer wäre es weniger Aufwand gewesen, vorher aufzupassen, statt die Folgen zu beseitigen. Genau wie mit meinem Zuspätkommen. Ich rede mir ein, dass ich zu lässig bin, um pünktlich loszugehen, aber der entstehende Stress entlarvt dieses Verhalten als parasuizidal. Das Wort habe ich von Tom gelernt, der behauptete gestern, meine Raucherei sei inzwischen mehr als parasuizidal. Weil ich nicht wusste, was er meint, hielt Doktor Schlaumeier einen Kurzvortrag über suizidales Verhalten in Abgrenzung zu parasuizidalem, das ebenso selbstschädigend sei, aber nicht bewusst den eigenen Tod herbeiführen solle. Er hat recht, ich rauche nicht, um tot zu sein, sondern um mein Leben auszuhalten. Ich brauche Toilettenpapier und gehe ins Bad. Als ich zurückkomme, sehe ich die weißen Flecken überall. Ich bin eine geborene Detektivin, weil ich richtig kombiniere, dass unter meinen Schuhen Farbe klebt. Jetzt muss ich strategisch vorgehen. Erst ziehe ich die Schuhe aus und bringe sie vor die Haustür. Dann …

Etwas Warmes läuft aus meiner Vagina heraus. Mitten in dieses Chaos platzt meine Periode. Ich lasse alles stehen, suche einen Tampon und klebe mir zwei Pflaster auf den Bauch. Erst rufe ich die Klinik an, dann melde ich die frohe Botschaft Tom. Er wirkt nicht so aufgeregt, wie ich mich fühle. Ich errechne das Wochenende, an dem ich wahrscheinlich fliegen werde, und vergleiche Flüge, obwohl ich eigentlich noch nicht buchen soll. Nach endlosem Hin und Her entscheide ich mich für einen Flug. Als ich ihn wieder aufrufe, ist er 60 Euro teurer geworden. Ist das ein Fehler? Ich rufe ihn erneut auf. Und wieder 60 Euro mehr. Dann nehme ich lieber den anderen. Auch der kostet nun mehr. Ich ergoogle, dass ein Flug umso mehr kostet, je häufiger er aufgerufen wird. Kapitalismus eben. Und ein fieser Trick, oder wer bucht beim ersten Gucken? Ich höre Toms Schlüssel in der Tür.

»Och nee! Genau das habe ich befürchtet, wenn Marta die Wohnung renovieren will.«

»Eigentlich will ich sie gar nicht mehr renovieren.«

»Eine weiße Wand und die anderen vergilbt, das sieht doch jetzt richtig scheiße aus, Marta. Und der Boden ist auch im Arsch.« Tom ist ehrlich wütend.

»Ich bin eben eher so der Feingeist. Wir können das Zimmer doch schnell zusammen fertig machen.«

»Gute Idee, ich habe ja heute nur zwölf Stunden gearbeitet.«

Wir streichen das Zimmer ganz schnell zusammen bis spät in die Nacht, kratzen am frühen Morgen rasch die Flecken von den Dielen, und Tom verflucht mich tausendfach.

Knapp zwei Wochen muss ich noch überbrücken. Auf Facebook hat eine ehemalige Affäre mich auf seine Party eingeladen, oder eher alle, die er kennt. Obwohl Tom arbeiten muss, will ich hingehen, um mir die Zeit zu vertreiben. Vielleicht amüsiere ich mich sogar und lerne neue Menschen kennen. Auf jeden Fall werde ich einen ordentlichen Kater nach Hause bringen, damit auch der Folgetag verbraucht ist.

Als ich hereinkomme, läuft *Sky Blue Sky* von Wilco. Ich liebe dieses Lied und weine fast. Weil mich niemand an der Tür begrüßt, suche ich durch nebelige Luft nach bekannten Gesichtern. Im Menschenmatsch entdecke ich Lydia und winke. Tänzelnd kommt sie auf mich zu.

»Mensch Marta, ewig nicht gesehen. Aber schön wie immer. Lass dich drücken, süßes Ding. Alles gut bei dir?«

Ein letztes Lächeln, und sie dampft davon, für meine Antwort hat sie keine Zeit. Lydia ist die letzte Partyschaummaschine dieser Welt, ein bis drei Hamburger Events hält sie pro Nacht am Laufen. Sie trägt die verrücktesten Klamotten der Stadt, und jemand hat mir erzählt, dass sie schwere Depressionen hat. Weil ich mir das nicht vorstellen kann, ist es wahrscheinlich wahr. Rampensäue haben die größten Komplexe; mit der Bewunderung durch andere kompensieren sie das fehlende Gefühl für ihren Wert. Tatsächlich habe ich Lydia nie mit jemandem wirklich sprechen sehen, sie rauscht immer nur hindurch. Traurig blicke ich der lila Feder hinterher, die mir auf Lydias Hut zum Abschied winkt. Dann schlage ich mich zur Küche durch und finde Felix. Wir haben uns beim Feiern kennengelernt und einige Zeit miteinander verbracht, uns sogar ein bisschen angefreundet. Während ich vor Jahren abgesprungen bin, hat Felix die Feierei bis heute durchgezogen. Trotzdem steckt hinter seinem aufgedunsenen Gesicht noch die Schönheit vergangener Tage. Felix war einer derjenigen, die sich damals nicht in mich verliebten, deshalb übt er noch einen gewissen Zauber auf mich aus. Er nimmt mich in den Arm.

»Na Marta, meine Hübsche, wie steht's?«

»Ganz gut, und bei dir?«

»Alles super. Siehst ja, alle noch da und alle noch fröhlich, das ist die Hauptsache. Nur die ARGE pisst mir in den Sack. Die haben mir die Leistungen gestrichen, jetzt soll ich Müll von Schulhöfen fischen, damit ich wieder Kohle krieg.«

Ich erschrecke; ich, die Studienrätin, gehe über den Schulhof und treffe ihn, den Müllsammler.

»Und du, biste schon fertig mit der Studiererei?«

Seit vier Jahren.

»Ja, gerade fertig geworden.«

»Gratuliere. Und, was biste nun?«

»Ach, nichts Besonderes. Mach so Praktika.«
»Praktikums heißt das, Marta. Ja, ja, die Generation Praktikum. Da lob ich mir doch das Hartzen auf hohem Niveau. Schau mal.«

Er hält mir einen Sack weißen Pulvers unter die Nase.
»Fünf Gramm feinstes Geradeaus, eine hübsche Praktikantin darf da gerne assistieren.«

Gelbe Zähne blecken mich an, und ich nehme Reißaus. Im Wohnzimmer stecke ich mir eine Zigarette an und besorge Bier. Jetzt läuft Ben Harpers *She's Only Happy in the Sun*. Am Laptop steht Milan, Felix' bester Freund, bei der Musik hätte ich mir das auch denken können.

»Na, machst du die Menschen immer noch fertig mit deiner traurigen Musik?«, erschrecke ich ihn von hinten, als er gerade *Perfect Darkness* von Fink anklickt.

»Marta, cool. Du weißt doch, mein Auftrag auf diesem merkwürdigen Planeten ist die Fahndung nach dem traurigsten Lied der Welt.«

»Dann frag doch einfach mich. Das ist *The Drugs Don't Work* von The Verve, hat so ein amerikanischer Wissenschaftler rausgefunden.«

»Was? Ich kenn 1000 traurigere Lieder. *It's All Over Now* von The God Machine ist doch zum Beispiel viel trauriger. Der soll mal mich fragen, dein komischer Wissenschaftler. Aber was machst du überhaupt hier, bist du nicht längst unter die Soliden gegangen?«

»Doch, eigentlich schon, aber ich habe gerade frei. Und du?«

»Ich, ach, eigentlich nichts Neues. Musste gerade umziehen, die haben meine Wohnung in der Schanze in 'ne Eigentumswohnung umgewandelt, Gentrifizierung, weißt ja. Weil ich nicht ausgezogen bin, haben die mich dann umgesetzt in 'ne Wohnung in Hammerbrook, voll Getto, aber soll ja alles werden. Haste noch 'ne Zigarette?«

»Klar. Und fährst du noch Pizzen aus?« Ich reiche ihm eine.

»Nee, der Lieferservice hat letztes Jahr dichtgemacht. Die ARGE wollte mich erst zum Zugbegleiter weiterbilden, aber dafür war ich denen dann doch nicht freundlich genug. Mal sehen, was die als Nächstes aushecken.«

»Haste denn inzwischen eine Freundin?«

»Nee, wie denn auch? Die erste Frage von Frauen Anfang 30 ist nun mal, was du beruflich machst. Die wollen alle Kinder und suchen 'nen Ernährer, da hab ich schlechte Karten. Du hast doch bestimmt auch längst Kinder.«

»Nee, hab noch keine.« Bitte nicht!

»Wieso das denn nicht? Du wolltest doch immer welche. Ich dachte, deswegen hast du dir diesen passiven Langweiler-Arzt geschnappt und einen auf normal gemacht.«

»Perfect darkness is all I can see«, singt Fink mir hinterher, als ich die Party verlasse, mein erstes Bier ungetrunken in der Hand. Ich stelle es ins Treppenhaus und lege meine Zigaretten daneben. Vielleicht findet Milan sie, dann hat er eigene. Zumindest früher kaufte der sich nie etwas, eigenständig wie er ist.

S-Bahnhof Reeperbahn. Volltreffer, die nächste Bahn kommt in 19 Minuten. Ich halte alkoholvergiftete Kinder aus Hamburgs Umland und ältere Herren mit Ständer in der Hose gerade nicht gut aus. Zu meiner großen Zeit war es hier anders. Klar, die Ständermänner waren immer da, und alkoholvergiftet waren wir auch, aber nicht so ausschließlich. Wir kamen auf den Hamburger Berg, um beieinander breit zu sein und uns zu geben, wie wir wirklich waren. Heute gleicht die Kiezer Seitenstraße dem Hamburger Dom, auf dem die Kids nach dem Shoppen kreischen, als müssten sie sterben. Dann bauen sie sich eine halbe Flasche Wodka ein und tauschen Dom gegen Kiez. Viel erlebt, den immer gleichen Schädel in Ethanol getaucht, aber niemanden getroffen.

Die arrogante Kulturpessimistin muss nach Hause laufen, Taxen sind für Kinderwunschmädchen nicht zu bezahlen. Mit jedem Schritt, den ich in die Stadtnacht setze, wird es stiller um mich herum. Ich meide große Straßen und versuche, mich durch die Häuserblocks zu bohren wie ein Traceur, den es glücklich macht, auf gerader Linie durch die Stadt zu turnen. Ich werde immer trauriger. Das mit dem Durchhangeln wird nichts, fürchte ich. Je länger ich gehe, desto mehr gehe ich in mich hinein. Auch in mir ist es still. Ödnis, Dunkelheit und tiefer Schmerz. Eine brennende Sehnsucht, die stärker wird, je länger ich hinfühle. Tatsächlich ist es so laut und voll in mir, dass es mir schon wieder leer erscheint. Lange ist niemand hier gewesen, um nach dem Rechten zu sehen. In mir stapeln sich Jahrzehnte des Hoffens; auf eine Mutter, die diese Bezeichnung verdient, auf ein Kind, mit dem ich mich liebe, auf das bisschen besser, für das es sich lohnt.

Zu Hause angekommen, dürfte ich endlich weinen, aber die Tränen kommen nicht. Ich krame meine alte Festplatte hervor, tonnenweise gerippte Songs. Damals gab es keine Gesetze gegen das Tauschen von Musik im Netz, weil die Welt noch nicht begriff, welche Werte die Jugend an ihr vorbeischmuggelte. Außer der jährlich wechselnden fünf Hits im Radio, die nichts auslösen in mir und also keine Musik sind, habe ich seit Jahren keine Lieder gehört. Zu sehr fürchtete ich, was alles herauskommen würde aus mir. Aber nun will ich sie wiederhaben, meine Musik, und mit ihr meine Trauer teilen. Ich klicke *Sky Blue Sky* von Wilco an.

> *With the sky blue sky*
> *This rotten time*
> *Wouldn't seem so bad to me now*
> *Oh, I didn't die*
> *I should be satisfied*
> *I survived*
> *That's good enough for now.*

Mehr braucht es nicht.

In dieser Nacht höre ich ein Schwein oder einen Hund, was für eine schreckliche Mischung aus Grunzen und Jaulen. Jetzt erkenne ich ihn, den Schweinehund. So hässlich sieht er gar nicht aus. Ich wandere durch eine Steppe, die sich in eine Wüste verwandelt. Plötzlich regnet es. Sind das meine Tränen? Ich sehe, dass der Schweinehund mir folgt, und nehme ihn an meine Seite. Hier wird er ruhiger. Es hört auf zu regnen, und wir betreten einen Dschungel, in dem Vögel und Affen ohrenbetäubend kreischen. Davon wache ich auf und habe einen schlimmen Schreck in mir. An diesem Tag rast mein Herz noch lange Zeit.

17

HERR GRÄULICH

Zwei Wochen später sitze ich wieder im Flieger. Ich beobachte Wolken, die am Fenster vorbeiziehen. Wenn Gott auf einer säße, würde er den Daumen in die Höhe recken. Ich würde mich wundern, warum er nicht hinunterfällt, aber er säße im Schneidersitz da und wüsste, alles wird gut. Leider kann ich genauso wenig an Gott glauben, wie ich es schaffe, mich für Fußball zu interessieren, egal wie sehr ich es versuche. Aber es geht auch ohne Gott; mein Frauenarzt hat bei mir vorgestern eine Gebärmutterschleimhaut von neun Millimetern gemessen. Eine richtig gute Matratze, nicht zu hart und nicht zu weich. Flöhchen wird sich hineinkuscheln, und alles wird gut, weil es gut werden muss. In Palma wartet der Kleine brav auf mich. Was bleibt ihm auch übrig, tiefgefroren und 0,1 Millimeter winzig. Ich bin flatterig wie zehn Becher Kaffee und möchte mit jemandem über Flohi reden, auch wenn Worte alles so schwer fassen können. Zu meiner Rechten knistert ein Mann aus Butterbrotpapier eine Stulle hervor. Graubrot mit gräulichem Aufstrich. Wer Graues isst, der ist auch grau, graue Haare über grauem Gesicht, wahrscheinlich hat er graue Augen. Und überhaupt, wer nimmt butterbrotpapierumwickelte Stullen mit ins Flugzeug? Als wenn ich keinen Hunger hätte oder mir die widerlichen Flugzeugsandwiches leisten könnte. In Anlehnung an Herrn Grünlich aus den *Buddenbrooks* taufe ich meinen Nachbarn Herrn Gräulich. Darüber lachen nur Deutschlehrer, denke ich, als mich die alte Frau zu meiner Linken anspricht.

»Na, junge Dame, was schmunzeln Sie denn so?«
»Ich bin einfach glücklich. Nein, ich bin glücklich, weil ich schwanger bin.« Marta, warum sagst du solche Sachen? »Seit ich schwanger bin, habe ich immer gute Laune«, setze ich unbegreiflicherweise hinzu.
»Oh wie schön, gratuliere. Da haben Sie aber Glück, ich war viermal schwanger, und von Mal zu Mal ging es mir schlechter.« Sie blickt an mir herunter. »Man sieht ja noch gar nichts, wie weit sind Sie denn?«
»Ach, erst sechste Woche.«
»Dann ist es also noch ganz frisch.«
»Ja, es ist so aufregend. Und wissen Sie, wie ich schwanger geworden bin?« Einmal gesagt, klingt die Frage sexuell verfänglich, deswegen warte ich die Antwort gar nicht ab.
»Durch eine künstliche Befruchtung.«
»Ach. War das nicht schrecklich für Sie? Ich meine, ich kenne mich da nicht aus, aber was man so hört.«
Routiniert kläre ich sie auf. Dabei schwäche ich den medizinischen Wahnsinn ab und vollbringe es sogar, dem Ganzen einen romantischen Hauch zu verpassen.
»Stimmt, letztlich ist es egal, wie der Samen zum Ei kommt. Hauptsache, Sie und Ihr Gatte sind glücklich vereint in diesem Kind.«
Die Eizellspende erwähne ich jetzt lieber nicht. Stattdessen fabuliere ich gigantische Schwangerschaftsgefühle herbei und werde immer euphorischer. Dann erzählt die alte Frau. Von ihren beschwerlichen Schwangerschaften. Von ihrem Lebenstraum, in einem Krankenhaus zu arbeiten. Und von ihrem Mann, der ihr das Arbeiten verbot und sie schließlich verließ, für seine Kollegin.

»Und, was machen Ihre Kinder heute?«
»Mein Sohn ist Arzt geworden«, strahlt sie mich an.
Er lebt ihren Traum, finde ich das schlimm?
»Und die anderen?«
»Ach, wissen Sie, ich wollte Ihnen das eigentlich nicht erzählen, aber Sie sind nicht dumm. Sicher wissen Sie, dass nicht jede Schwangerschaft gut ausgeht, ungefähr die Hälfte nämlich nicht. Da sind dann aber auch die ganz frühen dabei, die von den meisten Frauen gar nicht bemerkt werden.«
»Die ganz frühen was?« Wovon spricht sie?
»Fehlgeburten natürlich. Bei mir waren es sogar drei Viertel, zwei davon Spätaborte, die waren besonders traurig. Aber dann hat es geklappt, und Jan kam auf die Welt.«

Ich atme sehr schnell, und mir ist ein bisschen übel. Die Hälfte? Und wie dumm ich bin. Hoffe ich doch nur darauf, schwanger zu werden, weil ich mir einbilde, dann sei alles gut. Dass ich eine Fehlgeburt erleiden könnte, habe ich ausgeblendet, obwohl die Frauen im Kinderwunschforum ständig welche haben, viele sogar mehrere. Sie verschwinden im Unterforum Fehlgeburten und kehren nach einiger Zeit zurück, um die nächste ICSI zu verkünden, in ihrer Signatur prangt ein Sternchen mehr. Einmal im Jahr stellen sie Kerzen in die Fenster, eine Botschaft für alle Sternchen im Himmel: Ihr werdet vermisst. Und ich will noch dazu mit einer Eizellspende schwanger bleiben! Eigentlich weiß ich um das erhöhte Risiko einer Fehlgeburt dabei, aber ich habe es geschafft, das von mit fernzuhalten, und auch jetzt darf es mich nicht belasten. Floh muss glauben, er käme zu einer glücklichen Frau. Zu einer, die auf seine Stärke vertraut. Wenn er wüsste, wie ich wirklich bin, würde er seine Entwicklung augenblicklich einstellen. Er wäre sicher lieber tot als traurig mit einer Mutter wie mir. Immer denke ich so schlecht von mir.

Ich rede mit der alten Dame bis zu unserer Landung. Inzwischen bin ich ganz verliebt in sie als meine Mutter. Ich wünschte, sie käme mit mir in mein Leben. Zwar scheint sie nicht besonders helle, aber sie wäre für mich da, und das ist alles, was ich immer wollte.

Ich habe das billige Hotel gebucht, in dem ich schon meinen ersten Aufenthalt auf Mallorca verbrachte. Als ich es betrete, steht wieder die katholische Frau hinter dem Tresen. Ich gehe auf sie zu, und da beginnt sie ein seltsames Tänzchen. Sie schüttelt ihren Körper und fuchtelt mit der rechten Faust vor ihrem Unterleib herum. Dabei sieht sie mich fragend an. Ich schüttle lachend den Kopf, Toms Sperma braucht keine Abkühlung. Längst ist es mit den Eizellen der fremden Frau verschmolzen, und das Ergebnis werde ich mir morgen holen.

Professor Bäumer lächelt mich an.

»Na, Frau Reinhardt, bereit für den nächsten Streich?«

Obwohl der komische Vogel mich letztes Mal nervte, freue ich mich, ihn wiederzusehen. Diese alberne Leichtigkeit in seinen göttlichen Augen tut mir gerade gut. Überhaupt wirkt hier alles weniger ernst als in Deutschland. Das Leben auf Mallorca ist ein Spiel, und natürlich setzt jeder auf Gewinn. Wenn man dann verliert, olé und vamos a la playa. So will auch ich jetzt alles nehmen.

Vielleicht zum ersten Mal in meinem Leben bleibe ich mir treu – ich lasse mir nur eine Blastozyste einsetzen. Die Babylotterie ist spannend genug, Zwillingsroulette will ich Tom und mir ab jetzt ersparen.

»Haben Sie sich wieder so einen außergewöhnlichen Namen ausgedacht? Marliese und Pöpél, oder wie war das noch?«

»So ähnlich. Nee, dies ist nur ein Floh. Ich will den Embryo nicht gleich überfrachten mit einem starken Namen. Er soll sich frei entwickeln, ohne von irgendwelchen Erwartungen erdrückt zu werden.«

»Das ist sicher nicht verkehrt. Dann machen Sie mal die Beine breit!« Er zieht eine Augenbraue hoch und fängt wieder an, mir auf den Geist zu gehen, aber meine überreizten Nerven dürfen uns jetzt nicht stören. Rasch ziehe ich Hose und Slip aus, hüpfe auf den Stuhl und spreize meine Beine. Professor Bäumer sagt noch »viel Spaß, Fossi«, dann steckt er die Spritze in den Schlauch, und zack ist es vorbei.

An diesem lauen Abend sitzen Flöhchen und ich allein auf der Hotelterrasse. Kurz vor der Abreise habe ich ein Buch bestellt, und das werde ich nun lesen. Es soll künstlich befruchteten Frauen beibringen, wie sie ihren Embryo zum Bleiben bewegen. Ich muss das sofort lernen, sonst ist der Floh schon wieder weg. Um mit meinem Embryo zu kommunizieren, soll ich in meine Gebärmutter horchen, steht da geschrieben. Ich mache die Augen zu und spüre meinem Körper nach. Wie immer finde ich aufeinandergebissene Zähne und hochgezogene Schultern. Ein krampfiges Gefühl in der Brust. Und tiefer? Dort spüre ich etwas – meine Blase, sie ist voll. Ich mache die Augen wieder auf und werfe das Buch auf den Nachbartisch. Sollen Männer doch in ihre Säcke horchen, ich spreche in meiner eigenen Sprache zum Floh. Wer mein Kind werden soll, muss lernen, sie zu verstehen. Zwar fühle ich mich albern, aber ich darf nichts unversucht lassen, deshalb flüstere ich:

»Lieber Floh, mag sein, dass du dich fragst, warum du bei mir bleiben solltest. Weißt du, das frage ich mich auch. Bestimmt gibt es vernünftigere, fröhlichere und insgesamt bessere Mütter als mich. Aber so wie ich es verstanden habe, bin ich deine einzige Chance, geboren zu werden. Und weil du eine meiner letzten Gelegenheiten bist, an ein Kind zu kommen, dachte ich mir, wir könnten das Ding zusammen drehen. So unbekannt, wie das Leben für dich sein wird, ist für mich die Mutterschaft. Ich werde mehr falsch machen als richtig, und du wirst mich wahrscheinlich noch weniger verstehen als ich dich. Aber etwas verspreche ich dir: Ich werde dich lieb haben, und das wirst du fühlen. Wer immer du sein wirst und was immer du tust, es wird da eine zugegeben etwas Verrückte geben, die nicht aufhört, dich lieb zu haben. Und wenn ich dich nicht mehr lieb habe, sei dir sicher, bin ich nicht mehr da. Stattdessen wohnt dann eine Kraft in dir, die sich daraus speist, dass du jemandem das Wertvollste auf Erden warst.«

Hach, das habe ich schön gesagt. Ich fühle mich glücklich, aber auch traurig und weine ein wenig. Diese Gewissheit, liebenswert zu sein, wird mir für immer fehlen. Ich bin wertvoll, wenn ich Gutes tue oder meine Haare frisch gewaschen sind, aber nicht, weil ich glaube, dass ich es bin. Genug vom immer gleichen Thema, Flohfloh. Lass uns schlafen gehen!

Am nächsten Tag geht es wieder gen Heimat, und ich déjà-vue so vor mich hin. Der Flughafen, das Warten, die Hoffnung, ich habe alles schon erlebt. Weil ich nicht wieder scheinschwanger werden will, versuche ich, mich durchschnittlich zu fühlen. Leicht fällt mir das nicht; mein ganzes Leben ist ein Hoch-und-Runter, mehr Runter als Hoch und nie normal. Nach langen dunklen Phasen bin ich oft eupho-

risch, aber das halte ich geheim. Dieses Glücksrauschen habe ich mir in schwarzen Nächten hart verdient, ich will nicht, dass es wer für krankhaft hält. Obwohl es das natürlich ist.
Nach über zwei Stunden Verspätung betrete ich das Flugzeug. Ich versuche, niemanden anzusehen, damit keiner mit mir spricht. Der Floh in mir ist illegal. Als das Flugzeug in den deutschen Luftraum fliegt, atme ich auf. Um die Eizellspende nachzuweisen, müssten nun die Kontrolleure am Hamburger Flughafen den Floh operativ aus meiner Gebärmutter entfernen und seinen Gencode mit meinem vergleichen. Ich bin mir nicht sicher, ob sie dafür ausgebildet wurden. Ärzte, die eine Eizellspende durchführen oder unterstützen, könnten dafür theoretisch bis zu drei Jahre Haft kassieren, aber ich habe noch nie gehört, dass jemanden diese Härte des Gesetzes traf. Mir können die Kontrolleure sowieso nichts anhaben, Spenderinnen und Empfängerinnen von Eizellen drohen keine Strafen. Mit dem Floh im Bauch fühle ich mich trotzdem wie ein sogenanntes Mula, ein menschliches Maultier, das in seinem Körper Drogen transportiert. »Unfruchtbare Frau schmuggelt fremden Embryo in Gebärmutter über die Grenze«, sehe ich die Schlagzeile vor mir. Das Verbot der Eizellspende verwandelt bereits meinen Wunsch, als Triplo-X-Frau ein Kind zu wollen, in etwas Ungeheuerliches. Diesen Wunsch wider die Natur durchzusetzen ist in Deutschland ein Verbrechen. Wenn es verboten ist, muss es unmoralisch sein. Da weder die Spenderinnen noch die Empfängerinnen von schweren psychischen Belastungen berichten, soll das Verbot wohl die Kinder schützen.

Erlegen wir dem Floh ein zu schweres Schicksal auf? Du stammst von deinem Vater ab und von einer Frau, die uns ein Dutzend Eizellen spendete. Diese Frau kannst du nicht kennenlernen, aber ich bin deine soziale Mutter und immer für dich da. Besonders schlimm kann ich das nicht finden. »Deine Mutter ist eine Verbrecherin« klingt da schon dramatischer. Gespendete Kinder lernen, dass Liebe und genetische Abstammung nicht zusammenhängen müssen. Das stellt die traditionelle Familie als Kern unserer Gesellschaft infrage und scheint vielen Menschen zu viel Angst zu machen. Um ein Kind großzuziehen, braucht es ein ganzes Dorf, besagt eine afrikanische Weisheit. Wenn ein lesbisches Paar in Deutschland ein Kind bekommt, erhält neben der Mutter entweder nur der Vater oder die nicht gebärende Partnerin das Sorgerecht, selbst wenn sich alle drei darüber einig sind, dass der Vater das Kind mit großziehen soll. Mehr als zwei Eltern für ein Kind überfordert das deutsche Recht, dabei gibt es sie zuhauf. Noch schwieriger sieht die Situation für schwule Paare aus. Weil sie kein Kind gebären können und homosexuelle Paare in Deutschland nicht gemeinsam ein Kind adoptieren dürfen, bleibt ihnen meist nur die Auslandsadoption. Da habe ich es mit meinem Triplo-X-Syndrome noch gut getroffen, denke ich, als ich unsere Wohnungstür aufschließe.

Morgen beginnt das neue Schuljahr, und ich habe noch nicht beschlossen, den Unterricht erst zu planen, nachdem ich die Lerngruppen kennengelernt habe. Das beschließe ich jetzt wie jedes Jahr und lege den Floh und mich in die Wanne. Hier warte ich auf Tom, der noch in der Klinik ist. Endlich höre ich seinen Schlüssel in der Tür.

»Na, du Fliegerin und Badenixe, hast du oder eher habt ihr alles gut überstanden?«

»Nenn mich nicht wie das, was ich tue! Du weißt, ich mag das nicht.«

»Entschuldige, also von vorn.« Tom geht aus dem Badezimmer, dann kommt er wieder herein. Ich habe keine Lust auf seinen Quatsch.

»Hallo, geliebte Marta, habt ihr zwei alles gut überstanden?«

»Ich habe keine Lust auf deinen Quatsch.«

»Ach Marta, was ist denn mit dir los?« Er sieht mich durchdringend an.

»Gar nichts ist los. Ich lieg hier friedlich in der Wanne, und dann kommst du mit deinem Quatsch.«

»Okay, du hattest einen anstrengenden Tag und willst alleine sein, das kann ich verstehen. Aber nächstes Mal sag das einfach. Und jetzt erhol dich gut.«

Er küsst mich auf die Stirn und verschwindet. Ich will nicht alleine sein, die ganze Zeit warte ich auf ihn. Was ich alles auf mich genommen habe für unser Kind. Und er? Lässt mich einfach allein. Schon fließen Tränen in die Wanne. So ein fieser Wichser! Ich schlage und trete auf das Wasser ein, dabei schluchze ich laut. Verrückt bin ich nicht, noch nehme ich die Tatsachen wahr. Aber meine Wut ist rot, und ein altbekannter Sog zieht mich in seinen Bann. Ich trockne mich ab und eile zu Tom.

»Du bist so fies. Echt, du verhältst dich unmöglich. Da jette ich für unser Kind zum 1000. Mal um die Welt, und was macht der feine Herr? Begnügt sich mit einer Stippvisite, bei der er nur Müll von sich gibt. Weißt du eigentlich, wie alleine ich mich fühle?«

»Marta, ich wollte doch zu dir, aber du hast gesagt, du willst alleine sein.«

»Spinnst du? Das habe ich überhaupt nicht gesagt. Du lügst ja!« Jetzt schreie ich.
»Hey, ich weiß, du hast es schwer, und dann die Hormone, aber hör auf zu schreien!«
»Du schreist. Erst bist du fies, und jetzt schreist du mich an.« Gleich reicht es ihm.
»Du spinnst ja, Marta«, sagt er leise und geht in die Küche. Ich renne ins Schlafzimmer, knalle die Tür zu und schmeiße mich auf unser Bett. Hier weine ich laut. Schon bald klopft es an der Tür. Ich sage nur widerwillig »ja«, obwohl ich mich freue, dass Tom trotz allem zu mir kommt. Er setzt sich neben mich und streichelt mir den Kopf. Dass ich mir meiner Schuld für Szenen wie der eben gelieferten bewusst bin und doch nicht anders kann, weiß Tom. Wir kennen einander mitsamt unserem Wahnsinn. Da fällt mir der Floh ein. Falls er noch gelebt hat, ist er jetzt tot. Oder wer überlebt in einer Irren?
»Tom, ich habe den Floh getötet.«
Ich weine weiter, und Tom wiegt mich in seinen Armen. Alaska tröstete mich nie, und auch Papi war darin kein Meister, deshalb spielt Tom bisweilen eine gute Mutter.

18

PEPSI-CAROLA

Schule frisst Zeit, und darüber bin ich froh. Der Floh ist nun zehn Tage alt, und ich habe neue Tests besorgt, Zehner versteht sich. Tom will, dass wir erst testen, wenn der Floh 14 ist und ein Frühtest als sicher gilt. Ich teste morgen. Leicht wird es nicht, denn Tom ist wachsam in diesen Tagen. Sobald ich länger als zwei Minuten im Bad verschwinde, folgt er mir. Er will mir Kummer ersparen, aber wenn ich erst am 14. Tag teste, donnere ich mit vollem Karacho gegen die Wand des Negativs. Deshalb will ich eine Testreihe erstellen, wie das vorzeitige und tägliche Testen im Kinderwunschjargon genannt wird. Durch diese Bezeichnung verklären wir unsere Ungeduld zu einem wissenschaftlichen Interesse, aber mir hilft eine Testreihe. Mit jedem negativen Test drossele ich meine Hoffnung ein bisschen mehr und rolle schließlich im Schneckentempo zu der Wand. Männer verstehen den Sinn dieser Testreihen nicht, aber die ahnen auch nicht, dass jeder negative Versuch die Frau der Klapsmühle näherbringt. Wüssten sie es, würden sie aussteigen. Deshalb verstellen wir uns.

Dieses Mal könnte ich auf eine Testreihe verzichten, so sicher bin ich mir über das Negativ. Mein Körper sendet keinerlei Schwangerschaftsanzeichen, weil er anscheinend nicht schwanger werden kann. Mit seinen drei X ist er zu nichts zu gebrauchen. Diesmal jedenfalls hat es nicht geklappt, und bald finde ich mich zu alt für ein Kind. Nicht dass ich ende wie die Berlinerin Annegret. Als Alleinerziehende brachte sie mit 65 Jahren in der 26. Schwangerschaftswoche Vierlinge zur

Welt und ist nun Mutter von 17 Kindern. Die Vierlinge entstanden durch eine Embryonenspende in der Ukraine, dem wilden Osten der Reproduktionsmedizin. In Deutschland können sich Frauen bis ungefähr 45 Jahre künstlich befruchten lassen, weil in diesem Alter auch die natürliche Obergrenze für Schwangerschaften liegt. In der Ukraine regulieren weder Gesetze noch Skrupel die Reproduktionsmaschinerie. Wenn der Rubel rollt, werden 100-Jährigen zehn Embryonen eingesetzt. Annegret hingegen wird erst 82 sein, wenn sie ihre vier 17-jährigen Teenies von Party zu Party kutschiert. Das ist nichts im Vergleich zur ältesten Mutter der Welt, der 76-jährigen Inderin Rajo, die sich mit ihrem sechsjährigen Sohn so überfordert fühlte, dass sie die Behörden um Hilfe bat. In Italien hingegen kann es passieren, dass sich die Behörden bei Eltern fortgeschrittenen Alters von selbst einschalten. 2011 gaben Jugendrichter in Turin ein durch künstliche Befruchtung entstandenes 16 Monate altes Mädchen zur Adoption frei, weil die Richter eine 57-jährige Mutter und einen 70-jährigen Vater für zu alt befanden.

Bin ich allein in mir oder doch zu zweit? Endlich muss Tom ins Krankenhaus. Gleich wird mir der 100. Test bestätigen, dass niemand bei mir bleiben will. Mit geschlossenen Augen atme ich fünf Minuten nicht oder zumindest selten. Dann mache ich die Augen auf. Unendlich allein bist du, verkündet der einsame Strich auf dem vollgepinkelten Teststreifen. Es macht genauso wenig schwanger, nicht daran zu glauben, wie davon überzeugt zu sein, resümiere ich abgeklärt. Zehn weitere Minuten starre ich auf den Test. Aber wozu hoffen, wenn das Leben immer noch einen draufsetzt in Sachen Scheiße?

Ich spüle den Test die Toilette hinunter und spucke hinterher. Ich verachte dich, du Test, du Hoffnung, du Leben.
   Um nur einige Minuten zu spät in den Unterricht zu kommen, muss ich das Auto nehmen. Zum Glück habe ich die Großen; im Gegensatz zu den Kleinen beschweren sie sich nicht im Sekretariat, wenn ein Lehrer nach dem Klingeln nicht unverzüglich ihre Nähe sucht. Wie soll ich leben ohne Kind? Ich setze mich in unser Auto und merke, dass der Schlüssel noch in der Autotür steckt. Ich schalte das Licht ein und wieder aus, weil es taghell ist. Ich starte den Motor und würge ihn ab. Autofahren geht nicht. Ich fühle mich so restlos schlimm, dass gar nichts geht. Völlig unzurechnungsfähig starte ich den Wagen erneut und betrete die Klasse, ohne das Dazwischen mitbekommen zu haben. Unter immensen Wortfindungsstörungen erkläre ich meinen Schülern den Dadaismus, und sie versuchen, intelligent zu wirken oder nichts vom Unterricht aufzunehmen, jedenfalls scheint ihnen mein desolater Zustand nicht aufzufallen. In der Pause erzählen mir Kollegen weiß der Teufel was. Fast wünschte ich, jemand würde meine Not erkennen. Ohnmächtig könnte ich in dessen Arme sinken und würde endlich aus dem Verkehr gezogen werden. Nichts dergleichen geschieht. Am Abend täusche ich Tom Schulerschöpfung vor, lege mich schon um acht in die Embryostellung und döse davon.
   Am nächsten Morgen erwache ich zitternd. Mein Nachthemd, das Kissen, die Decke, alles ist nass geschwitzt. Mir ist so kalt, wie noch nie jemandem kalt war. Ich bin krank, vor Trauer und vor Wut. Tom musste zur Frühschicht, also kann ich mein Hoffnungstempo ohne häusliche Sicherheitsmaßnahmen weiter drosseln. Wieder starre ich auf einen

Teststreifen. Ein rosa Stich erscheint, die Kontrolllinie. Und wieder passiert danach nichts mehr. Außer dass sich ein Schatten abzeichnet, ein Hauch von Zartrosa. Der verdichtet sich zu einer blasseren Version der Kontrolllinie. Ist der Test kaputt? Ich google Bilder von Schwangerschaftstests. Die positiven verkünden ihre frohe Botschaft unter Überschriften wie »Hurra« und »endlich«. Und sie gleichen meinem Test. Er ist positiv, angeblich bin ich schwanger. Wieder und wieder sehe ich mir den Test an und bin perplex. Neben der üblichen Linie prangt die zweite, viel schwächer zwar, aber eindeutig vorhanden. Jahrelang habe ich auf sie gewartet, und nun wirkt sie so selbstverständlich, als sei sie immer da gewesen. Mehr als alles andere auf der Welt habe ich diesen Moment ersehnt. Ein Feuerwerk der Freude bricht aus mir hervor, habe ich gedacht. Wie man sich das so vorstellt, alles neu und alles gut.

Die Realität sieht es anders. Ich fühle mich wie vor der zweiten Linie oder eher schlimmer, denn die Frage der Schwangerschaft steht nicht mehr zwischen mir und meinen Gefühlen. Ich weine, und das nicht vor Freude, sondern weil ich wirklich nicht mehr kann. Mit Handcreme in der Nase rufe ich in der Schule an und melde mich als schwer erkältet krank. Dann lege ich mich zurück ins Bett und heule und friere und weiß nichts zu fühlen, außer dass ich nicht mehr kann. Ich wickle mich in all unsere Decken und vegetiere vor mich hin. Ich bin schwanger, sage ich mir immer wieder, aber entweder realisiere ich es nicht, oder es ist mir inzwischen egal. Warum auch immer, ich fühle kein Glück.

»Hast du Fieber?«

Tom sitzt auf der Bettkante, seine Hand liegt auf meiner Stirn. Habe ich bis zum Nachmittag geschlafen? Ich ziehe etwas unter meinem Kopfkissen hervor und halte es vor seine Augen.

»Ist das deiner?«

»Nee, den habe ich einer Fünftklässlerin geklaut.«

»Du bist schwanger? Wir sind schwanger?«

Ich nicke. Tom umarmt mich, springt auf und legt ein Freudentänzchen aufs Parkett. Dabei reißt er seine Arme hoch, schmeißt abwechselnd seine Beine hinterher und dreht sich im Kreis. Dann wirft er meine Decke beiseite und zieht mir das T-Shirt hoch. In einer fragwürdigen Melodie singt er: »Kleiner Scheißer, kleiner Scheißer, sag hallo, kleiner Scheißer, kleiner Scheißer, machst mich froh.«

Ich bekomme ein Kind von einem Verrückten. Wenn ich nicht wüsste, dass dieser Mann Tom ist, würde ich ihn aus Sicherheitsgründen von mir und dem Floh entfernen lassen.

»Kleines Flöhchen, kleines Flöhchen, hier ist Mama. Kleines Flöhchen, kleines Flöhchen, bist der Hammer«, singe ich in der gleichen bescheuerten Melodie. Zwei Verrückte kriegen ein Kind. Toms Überschwänglichkeit öffnet etwas in mir, ich fühle mich leicht und blubbrig. Wir umarmen und kitzeln uns. Wir erzählen dem Floh allerhand Blödsinn und kichern. Wir streicheln uns und sind still. Vielleicht bin ich glücklich.

Am Abend bereitet Tom eine Spinatlasagne zu, denn ab sofort wird er mir Schwangerer jeden noch so abwegigen Wunsch erfüllen, hat er mir eben geschworen. Spinatlasagne ist erst der Anfang, habe ich ihm prophezeit. Eingewickelt in mehrere Decken sitze ich am Küchentisch und friere. Seit ich weiß, dass vielen Frauen in der Frühschwangerschaft kalt ist, genieße ich mein Schlottern. Wir haben es so behaglich wie in einer glücklichen Familie. Obwohl ich sowieso eine Mathilda bekomme, google ich aus Spaß nach Namen für den kleinen Floh an Bord.

»Wir könnten unser Kind Fanta, Sprite oder Pepsi-Carola nennen, die Namen sind in Deutschland erlaubt. Oder wie wäre es mit Apple, Wasa oder Ikea?«

»Coole Marketingidee, die Kundschaft nennt ihre Nachkommen wie ihre Konsumtempel. Hallo, ich bin Ikea, und meine Eltern leben schon. Dafür stehe ich mit meinem Namen. Werbung, wo immer die Kinder gehen und stehen.«

»Ob die Eltern Geld dafür bekommen?«

»Bestimmt. Dann doch lieber Göppel, oder? Für ein altes Fahrrad kann unser Kind meinetwegen werben.« Tom hat recht, dann schon lieber Göppel.

»Woodstock, Pfefferminze oder Januar können wir uns jedenfalls abschminken, diese Namen sind verboten. Wie ein Wintermonat darf unser Kind nicht heißen, dafür aber nach einem Möbelhaus oder wie ein Drecksgebräu aus Zucker und Kohlensäure?«

Ich schlage meinen Laptop zu. Willkommen, dein Name ist Wasa, dein Leben ein Witz. Oder wer respektiert ein Knäckebrot? Aber richtig so, das eigene Kind, was ist das schon? Dem darf man ruhig einen erniedrigenden Namen geben oder ein paar gegen die Birne klatschen, wenn es nervt. Was es eigentlich immer tut. Als Lehrerin einer Stadtteil-, also Resteschule kann ich ganze Liederbücher von diesem Trauerspiel singen. Und als Mutters Tochter sowieso.

Ich melde mich weiterhin krank. Tom und ich haben beschlossen, dass außer unserem Kind nichts mehr zählt. Mit jeder schwangeren Woche sinkt die Wahrscheinlichkeit einer

Fehlgeburt, deshalb schone ich mich. Ab morgen benötige ich eine Krankschreibung, außerdem müssen meine Blutwerte kontrolliert werden, und ich will unseren Floh im Ultraschall sehen. Obwohl ich erst seit ein paar Tagen von meiner Schwangerschaft weiß, befinde ich mich schon in der fünften Woche, denn es wird vom ersten Zyklustag an gezählt.

»Ultraschall gibt's ab der siebten Woche, Krankschreibung kriegen Sie vom Hausarzt, und Blutuntersuchungen bei künstlicher Befruchtung machen wir nicht, gehen Sie doch in Ihre Kinderwunschklinik! Auf Wiederhören.« Nun hat sich auch mein Gynäkologe einen Drachen angeschafft.

»Guten Tag, hier spricht Frau Hinzel. Ich bin in der achten Woche schwanger und möchte gern heute oder morgen zum Ultraschall vorbeikommen.«

»Sind Sie Patientin bei uns?«

»Äh, nein. Aber privat.«

»Interessiert mich nicht. In zwei Monaten hätte ich einen Termin frei.«

Dann ist das Kind fast auf der Welt.

»Hallo, hier ist Marta Reinhardt. Ich habe eben schon angerufen, ich bin in der fünften Woche schwanger und habe jetzt Blutungen bekommen.« Das habe ich natürlich nicht. »Deshalb möchte ich schnell vorbeikommen, damit geguckt werden kann, ob alles in Ordnung ist.«

»Wir schließen gleich. Gegen eine frühe Fehlgeburt kann man aber eh nichts machen. Wenn Sie zu viel Blut verlieren, fahren Sie ins Krankenhaus. Auf Wiederhören.«

19

KEIN KIND IM KIND

Zwei ewige Wochen später dürfen wir den Floh sehen. Als ich Anfang der letzten Woche wieder bei meinem Frauenarzt anrief, teilte mir sein Anrufbeantworter mit, dass er noch zwei Wochen lang im Urlaub sei. Unter Fluchen und Tränen konnte ich bei einem anderen Frauenarzt einen Termin für heute ausmachen. Tom hat sich frei genommen, und mein Hausarzt hat mich weiter krankgeschrieben, aber ich habe keine Symptome oder was Schwangere so haben. Am Morgen dieses großen Tages wollen wir gemütlich frühstücken. Tom hat Brötchen geholt und Eier gekocht. Ich habe Orangensaft ausgepresst, an dem wir nun nippen. Brötchen und Eier bleiben unberührt.

»Bestimmt liegt der Floh ganz lässig auf dem Rücken, seine Beine gegen die Gebärmutterwand gestemmt.« Toms Beine liegen auf dem Tisch.

»Nee, ich glaube, die Beine sind vornehm übereinandergeschlagen, weil er nämlich eine Sie ist.« Er muss einfach.

»Möchtest du denn unbedingt ein Mädchen?«

»So wie du offensichtlich einen Jungen willst.«

»Nein, mir ist das ganz egal. Hauptsache gesund.«

Wie mich dieser Ausspruch nervt. Als wäre es unverschämt, sich über die Gesundheit des Kindes hinaus etwas zu wünschen. Ich darf mir alles wünschen, und überhaupt, die Gedanken sind frei.

»Mir auch egal, Hauptsache gesund.« Ich lächle Tom an, und er lächelt verschwörerisch zurück, weil er natürlich wieder alles weiß.

Hand in Hand gehen wir zum fremden Arzt.

»Meinst du, der Floh bewegt sich schon?«, fragt mich Tom.

»Ein bisschen vielleicht? Sein Herz wird jedenfalls schon schlagen.« Das habe ich im Kinderwunschforum gelesen.

»Und hoffentlich die nächsten 90 Jahre nicht aufhören damit.« Tom bleibt stehen und gibt mir einen Kuss. Wir knutschen, und ich glaube, ich bin glücklich.

»Wir müssen vaginal gucken, über den Bauch können wir noch nichts sehen.« Und wieder habe ich einen Ultraschallkopf in meiner Vagina.

Der fremde Arzt blickt auf seinen Bildschirm, den ich liegend nicht einsehen kann. Tom stellt sich hinter ihn, aber er scheint den Floh noch nicht entdeckt zu haben.

»Siebte Woche, sagen Sie? ICSI? Ja, ja, alles in Ordnung.«

»Ich möchte bitte auch mal sehen.«

Er schwenkt den Bildschirm zu mir und zeigt auf ein schwarzes Loch.

»Das ist die Gebärmutterhöhle, und hier sehen Sie embryonale Strukturen.«

Die sehe ich nicht. Er dreht den Bildschirm wieder weg und druckt ein Bild aus.

Wir sitzen zu dritt an seinem Schreibtisch. Vor dem Arzt liegt das Bild, und ich greife danach, um meinen Floh zu sehen. Sofort entreißt er es mir.

»Sie sind Lehrerin, sagten Sie?«

»Äh, ja?«

»Wie fänden Sie es denn, wenn Ihnen die Schüler ihre Arbeiten aus den Händen reißen würden, ehe Sie eine Note daruntergeschrieben haben?«

»Nicht so gut.« Tom und ich blicken uns an.

»Sehen Sie, so was macht man nicht. Stellen Sie sich in zwei Wochen bei Ihrem Frauenarzt wieder vor.«

»Also ist alles okay?«, will Tom wissen.

»Ja ja, die Schwangerschaft ist normal entwickelt.«

»Aber man müsste doch auch schon den Herzschlag sehen.« Ich bin nicht zufrieden. Ich bin ganz und gar nicht zufrieden.

»Woher wollen Sie das denn wissen?« Seine grauen Augen fixieren mich hart. Ich muss wegsehen, als ich antworte: »Aus dem Internet.«

»Wenn sowieso alles im Internet steht, warum kommen Sie dann her?« Er schlägt seine Unterlagen zu und steht auf. Wir tun es ihm nach, und weil er uns aggressiv anstarrt, wenden wir uns zur Tür. Was sonst bleibt uns übrig?

Draußen beginne ich zu weinen.

»Marta, die Schwangerschaft ist normal entwickelt, alles andere ist egal.«

»Normal entwickelt? Hast du das gesehen? Also ich nicht. Ich versteh das alles nicht. Hätte ich ihm bloß nicht das Bild weggerissen, dann hätte er uns darauf vielleicht den Floh gezeigt. Und Blut wurde mir auch nicht abgenommen.« Ich bin völlig durcheinander. Wenn jemand eskaliert, weiß ich nicht, ob ich verrückt bin oder der andere. Die Schuld gebe ich letztlich immer mir.

»Ich hätte ihn auch gern gesehen, Marta, aber das Wichtigste ist doch, dass es ihm gut geht.«

»Es geht ihm nicht gut. Oder wie nennst du das, wenn dein Herz nicht schlägt?«

»Das muss es auch noch nicht. Er hat doch gesagt ...«

»Aber im Netz steht ...«

»Der war Arzt, dem vertrau ich mehr als dem Internet.«
»Nur weil du auch einer bist. Ich war doch nicht auf irgendeiner Seite, sondern auf einer wissenschaftlich fundierten. Und dem Psychopathen glaube ich kein Wort. Jetzt verstehe ich auch, warum der freie Termine hatte, zu dem geht doch niemand zweimal.« Ich weine weiter, und Tom führt mich nach Hause. Dort macht er mir einen Tee.

»Weißt du, Marta, weil so viel schiefgegangen ist in deinem Leben und du schwer schwanger geworden bist, glaubst du jetzt gleich an die Katastrophe. Du kannst dir gar nicht vorstellen, dass dir auch mal etwas Gutes passiert. Aber diesmal ist es so. Glaub mir, es wird alles gut.«

Tom streichelt mir behutsam über den Rücken, und ich will ihm glauben. Unser Floh lebt, weil mir auch einmal etwas Gutes passiert.

Ich liege auf dem Bett und versuche, Kontakt zum Floh aufzunehmen. Ich spüre ihn nicht. Nicht nur, dass ich ihn körperlich nicht fühle, auch seelisch spüre ich ihn nicht. Aber der Frauenarzt hat embryonale Strukturen gesichtet, also ist unser Floh noch da. Daran glaube ich inzwischen fest. Und bald wird der Floh in mir zum Menschen. Ein Kind im Kind. Wenn ich eine Mutter hätte, könnte ich sie fragen, wie das ist und werden wird. Etwas in mir zieht sich so stark zusammen, als hätte ich einen Spanngurt verschluckt. Wie sehr ich mich nach Mutter sehne. Doch würde sie leben, hätte ich keinen Kontakt zu ihr, so hoffe ich. Unsere Beziehung könnte nie gelingen, und ich ersehne auch nicht wirklich Mutter, sondern jene Liebe, die mir ihre Existenz verheißen hat. Da gab es eine Mutter und all das, was Mütter so zu geben haben, und immer war ich kurz davor, es zu bekommen. Wusste ich doch nicht, dass es bei Mutter nichts zu geben gab, sondern nur, dass ich nichts bekam. Statt des Flohs spüre ich in mir immer noch das Loch von damals. Dabei brauche ich mein fehlendes Stück mehr denn je, schließlich muss ich eine gute Mutter sein. Aber der Hunger von damals lässt sich nicht mehr stillen, und mit ungestillter Sehnsucht ein Kind zu stillen hieße, etwas aus dem Nichts zu zaubern, und ich glaube nicht, dass ich das kann. Warum mir diese Einsicht jetzt erst kommt, ist mir unbegreiflich. Plötzlich erinnere ich mich an die Zweifel, die ich vor der Eizellspende hatte, und wundere mich, wo ich die bis jetzt vor mir versteckt habe. Und nun ist es zu spät. Ich weiß nicht, wie das werden soll, wenn auch ich nicht lieben kann.

Papi hat Mutter nicht ersetzen können, aber weil er mich vor dem Schlimmsten bewahrte und das Schlimmste immer der Tod ist, rufe ich ihn an. Würde er sterben, ohne von meiner Schwangerschaft zu wissen, könnte ich mir das nie verzeihen. Widerwillig wähle ich seine Nummer und hoffe auf die Mailbox.

»Marta, wie schön, dass du endlich anrufst. Wie geht es dir?«

»Du kannst ja auch mal anrufen.«

»Du weißt doch, wie ich bin.«

»Ja, ich weiß, wie du bist. Und ich bin schwanger.«

»Oh, wie schön. Das freut mich sehr. Endlich hat es geklappt.«

»Ja.«

»Habt ihr wieder so einen niedlichen Namen wie Flöckchen?«

»Floh.«
»Floh, lustig. Und wie geht es dir? Willst du mich mal wieder besuchen kommen?«
»Bald, im Moment ist in der Schule so viel los, ich komme zu nichts.«
Ich will nicht über Leah sprechen, aber ich kann Papi gegenüber auch nicht so tun, als wäre alles gut. Sicher weiß er das, sonst würde er fragen, warum ich mich von ihm fernhalte. Aber auch er will nicht über Leah reden, und das ist ein schlechtes Zeichen. Er weiß etwas, was ich nicht weiß, und davor habe ich Angst.
»Tschüss.«
»Tschüss, mein Kind. Meld dich bald wieder! Grüß Tom von mir, und Floh!«
Zeit ist des Zweifels bester Freund, und neun Monate zu Hause können unvergänglich sein. Deshalb beschließe ich, wieder zu arbeiten. In der Schule ist alles stehen und liegen geblieben, wie immer, wenn ein Lehrer fehlt. Die Schüler hatten frei oder haben mit ambitionierten Referendaren pädagogisch wertvolle Spielchen gespielt, und so sind alle meine Klassen weit zurück im Stoff. Nach einer Woche harter Arbeit mache ich mich ohne Schwangerschaftsanzeichen, aber sehr erschöpft auf den Weg zu meinem Gynäkologen, seine Praxis öffnet heute wieder. Meine Hysterie um den Frauenarztbesuch in der letzten Woche ist mir so unangenehm, dass ich Doktor Fischer nichts davon erzählen möchte. Ich will den Floh kennenlernen, alles andere ist egal.
»Ende siebte Woche, sagen Sie? Hm.«
»Ja.«
»Die Fruchthöhle ist gut entwickelt, aber ...«

»Aber?«, frage ich, obwohl ich weiß, was er sagen wird. Unbewusst ahne ich es seit der letzten Woche, aber ich habe es verdrängt, weil Tom glaubt, mir stünde etwas Gutes zu.
»Ich sehe keinen Embryo.«
Nein, nein, nein! Der Floh ist tot, es ist alles hin. Ich spüre, dass ich bis eben doch nur mit dem Schlimmsten gerechnet habe, um mich zu schützen. Meine Überlebenstaktik darf unmöglich Wirklichkeit werden.
»Auch keine embryonalen Strukturen?« Die wurden mir zugesichert.
»Nein, auch keine embryonalen Strukturen. Noch kann ich nichts mit Sicherheit sagen, aber ich bin leider nicht sehr optimistisch, Frau Reinhardt.«
»Aber die Strukturen waren da.« Die verdammten Strukturen waren da, hatte der andere Arzt gesagt. Aus meinen Augen laufen Tränen, obwohl ich gar nichts fühle.
»Und ich blute nicht, dann kann ich doch gar keine Fehlgeburt haben.« Ein kleiner Funke Hoffnung macht sich riesengroß.
»Möglicherweise handelt es sich um eine Missed Abortion. Da stirbt die Fruchtanlage ab, aber sie wird nicht aus der Gebärmutter gestoßen. Falls es wirklich eine Missed Abortion ist und Ihr Körper das nicht bald von selber regelt, würde man eine Ausschabung vornehmen.«
»Eine Ausschabung?« Ich muss an eine Avocado denken.
»Das klingt schlimmer, als es ist. Die abgestorbene Fruchtanlage wird zusammen mit der Gebärmutterschleimhaut mithilfe eines scharfen Löffels abgetragen.«
Das ist schlimmer, als es klingt.

»Oder aber es ist ein Windei, da entwickelt sich die Fruchthöhle ohne Fruchtanlage, also ohne Embryo.«

Unser Floh – nur ein Ei im Wind.

»Das Schönste wäre natürlich, wenn Ihr Embryo ein Eckenhocker wäre.«

»Ein Eckenhocker?« Wer hockt, der lebt. Da ist er wieder, der kleine Funke Riesengroß.

»Die befinden sich in einem so ungünstigen Winkel für den Ultraschall, dass die Fruchthöhle leer aussieht. Am Anfang kosten sie Nerven, aber es sind gesunde Embryonen. Allerdings sind Sie jetzt fast in der achten Woche, so wahrscheinlich ist das ehrlich gesagt nicht mehr. Gehen Sie also bitte vom Schlimmsten aus, falls sich da doch noch jemand versteckt, müssen wir es nächste Woche sehen.«

»Wie wahrscheinlich ist das denn?«

»Hm, ungefähr zehn Prozent.«

»Zehn Prozent? Das ist ja nichts.« Ich kann nicht mehr.

»Nichts stimmt nicht, aber wie gesagt …«

»Zehn Prozent sind nichts, Tom.« Noch aus der Praxis habe ich ihn angerufen.

»Es würde dir also nichts ausmachen, mit zehnprozentiger Wahrscheinlichkeit an einer tödlichen Krankheit zu leiden, oder wie?«

»Komm mir jetzt nicht mit deinem unterschwelligen Optimismus! Doktor Fischer hat gesagt, wir sollen vom Schlimmsten ausgehen.«

»Und nun?«

»Nun werde ich ausgeschabt wie eine Avocado. Vorher soll ich noch einmal zu ihm, nächste Woche.«

»Und dann wird noch mal geguckt?«
»Ja, aber am liebsten würde ich gar nicht mehr hingehen. Es ist alles hin.«
Zu Hause angekommen, setze ich ein Sternchen hinter meinen Forumsnamen. Ich habe nun ein Sternenkind. Wie wunderschön und melancholisch das klingt. Völlig verkehrt klingt es, Schmerzens- oder Höllenkind wäre viel passender. Alles fühlt sich unfassbar an, viel zu falsch, um wahr zu sein. Falsches Kind müsste es heißen, wie ein falscher Hase, der letztendlich auch nur ein Stück Hackbraten ist. Ich habe nun ein falsches Kind, und dieser Albtraum frisst alles auf, was ich jemals Gutes in mir hatte. Es ist ein Uhr mittags, und ich bin am Ende.
Um die innerliche Vernichtung zu stoppen, google ich herum. Ich suche einen Ausweg, wenn ich auch nicht weiß, wo der noch hinführen sollte. Die Fehlgeburtenrate nach einer künstlichen Befruchtung ist im Vergleich zu einer spontanen Schwangerschaft erhöht, und bei einer Eizellspende verstärkt sich das Risiko weiter, das weiß ich schon. Auch dass Frühgeburten und Fehlbildungen bei künstlich gezeugten Kindern häufiger vorkommen, ist mir bekannt. Sogar eine erhöhte Anfälligkeit für Bluthochdruck, Diabetes und psychische Erkrankungen bei den Kindern wird diskutiert, lese ich nun. Unser toter Floh wird von all dem verschont bleiben, wenigstens das. Lange dachte man, die Komplikationsrate bei künstlich befruchteten Kindern steige, weil ihre Eltern nicht ganz gesund seien, schließlich brauchen sie die künstliche Befruchtung, um sich fortzupflanzen. Unterschiedliche Studien belegen nun aber, dass auch die Manipulationen im Rahmen der künstlichen Befruchtung die Gesundheit der

Kinder beeinträchtigen können. Unter anderem störe es die Entwicklung der Embryonen, wenn sie zu häufig aus dem Brutschrank genommen werden. Ich erschrecke. Wie oft habe ich in unserer Kinderwunschklinik angerufen, um zu fragen, wie es meinen Kleinen geht? Die Laborantinnen versprachen stets, in zehn Minuten zurückzurufen, und gaben nach gefühlten Stunden tatsächlich immer einen Kurzbericht über das Teilungsstadium unserer Embryonen ab. Erst jetzt wird mir bewusst, dass sie die Kleinen dafür jedes Mal aus dem Brutschrank genommen haben. Sie wurden aus ihrer Gebärmutterprothese gezerrt, beurteilt und wieder hineingestopft, weil ihre Mutter so ungeduldig war. Die hätten das nicht machen dürfen, verdammt, was weiß ich als Laie denn von dem Prozedere? Und sonst tut doch auch niemand, was ich will. Mir fällt ein, dass ich bei der Eizellspende nicht nach den Embryonen gefragt habe. Sie waren unserer Spenderin gerade erst entnommen worden und deshalb noch nicht meine Kleinen gewesen, für die ich mich verantwortlich gefühlt hätte. Ich atme, und zwei Elefanten treten von meiner Brust herunter. Floh ist nicht an meiner Ungeduld gestorben. Die Entwicklung der Embryonen wird auch von dem Medium geprägt, in dem sie außerhalb der Gebärmutter kultiviert werden, lese ich weiter. Die Elefanten stellen sich sofort zurück. Der Embryonenkleber, in dem Floh vor dem Transfer ein Bad nahm, hat ihn getötet, wird mir nun klar. Und die dumme Marta, die wegen angeblicher Recherchen ihr halbes Leben im Internet verschwendet, hat das ungeprüft zugelassen. Welche richtige Mutter ist so nachlässig, ihr Baby in irgendwelchem Uhu-Zeug baden zu lassen? Mein Gesicht fühlt sich heiß an.

Als Tom nach Hause kommt, bin ich das Nervenbündel, nach dem er sich in seiner Tagesschicht direkt nach der Nachschicht bestimmt gesehnt hat. Er nimmt mich in den Arm, doch Flohs Abschied wütet zu stark in mir, und ich winde mich heraus. Sofort vermisse ich Toms körperliche Nähe. Er soll mich festhalten, aber berühren darf er mich dabei nicht.

20

VERWAISTE EMBRYONEN

Heute gehen wir zum Schafott. Tom hat sich freigenommen, was ich nicht verstehe. Ich würde lieber sterben, ohne selbst dabei zu sein. Wir haben den ersten Nachmittagstermin bei Doktor Fischer, aber vor uns ist ein schwangerer Notfall an der Reihe. Ob wir Verständnis dafür hätten, hat uns die Sprechstundenhilfe gefragt, und wir haben stumm genickt. Wie gern wäre ich der schwangere Notfall.
Ich habe den ganzen Tag nichts gegessen, ich kann einfach nicht. Nun knurrt mein Magen in die gesellige Runde der Schwangeren im Wartezimmer, die uns zulächeln, weil sie glauben, wir säßen in ihrem Boot.
»Frau Reinhardt?«
Meine Beine sind zu lang zum Laufen. Ich schwanke und stoße gegen eine Kommode. Tom umfasst meine Hüfte, als wolle er mich führen. Diese letzten Schritte zum Galgen, als Björk sie im Film *Dancer in the Dark* ging, habe ich die Augen zugemacht, und nun muss ich sie selber tun.
Ich sehe ihn sofort. Ein Blinken in einem Kuller, umschlossen von anderen Kullern, die zusammen unseren Floh ergeben. Ganz selbstverständlich schwebt er in der Gebärmutterhöhle, die noch vor Tagen leer erschien. Eine Schnur führt von ihm zu einem kleinen Ballon, dem Dottersack, der den Floh ernähren wird, bis sich die Plazenta ausgebildet hat. Und wie sein Herz schlägt, ich beobachte das rhythmische Pumpen im Embryo und halte die Luft an. Leben in seiner Urform – es wirkt erhaben, und ich möchte es nicht stören. Einen so an-

dächtigen Moment habe ich bisher nur ein einziges Mal erlebt. Der Guide hatte uns stundenlang herausgefahren, bis wir um uns herum nur noch Meer erblickten. Als wir sie entdeckten, stellte er den Motor aus und ruderte ganz nah heran. Die riesigen Wale lagen im Wasser und atmeten röchelnd vor sich hin, wie es ihre Art schon seit Urzeiten tut. Sonst herrschte völlige Stille. Diese ursprünglichen Wesen strahlten so viel Ruhe aus und Frieden. Damals konnte ich nicht fassen, dass sie existieren, während wir parallel dazu unsere wirren Leben führen. Die Magie des Moments hat auch die beiden anderen erstarren lassen. Ehrfürchtig schauen wir dem Blinken zu. Tom ist es, der das Schweigen schließlich bricht: »Wir kommen fast um vor Sorge, und du warst nur auf dem Rummel, um dir einen Ballon zu holen, oder was?«

»Da können Sie sich ja auf einiges gefasst machen«, kommt von Doktor Fischer, und wir lachen alle drei.

Ich lache und weine, und Tom umarmt mich und küsst meine Tränen und weint auch, und mich durchströmen so viel Dankbarkeit und Glück wie vielleicht noch nie in meinem Leben.

Nachdem sich die erste Euphorie gelegt hat, wird unser Floh vermessen. Per Mausklick legt Doktor Fischer ein virtuelles Lineal an und misst seine Länge. 2,3 Zentimeter. Auf dem Bildschirm erscheint 8+3.

»In Wirklichkeit sind Sie ja erst seit einem Tag in der neunten Woche, aber der Bildschirm zeigt schon acht plus drei. Solche Abweichungen sind ganz normal, ganz genau lässt sich das schwer messen. Wir haben hier also einen zeitgerechten Embryo mit Herzschlag. Damit ist es sehr wahrscheinlich, dass Sie Ihr Kind lebendig in den Armen halten werden.«

Tom und ich strahlen uns an.

Doktor Fischer fügt hinzu: »Der hat es aber wirklich spannend gemacht. Ich bin ja schon lange im Geschäft und ein optimistischer Mensch sowieso, aber ehrlich gesagt habe ich dieser Schwangerschaft keine reellen Chancen eingeräumt, weil man letzte Woche noch gar nichts sah. Und nun das. Ach ja, Ihr Embryo wiegt jetzt knapp zwei Gramm.«

Wie immer, wenn ich versuche, mir das Gewicht von Grammzahlen vorzustellen, denke ich an Hasch. Zwei Gramm Haschisch sind sehr leicht. Vor meinem inneren Auge erscheinen dampfende Joints, und ich verspüre plötzlich eine Übelkeit, die mir den Atem nimmt. Da realisiere ich, dass mir schon seit Tagen so schlecht ist. Ich habe diese Übelkeit für Traurigkeit gehalten. Wir gehen in die Apotheke und feiern eine spontane Party mit viel Jubel und Helau vonseiten der pharmazeutischen Assistentinnen und mehreren Kotzvisionen meinerseits. Augenblicklich muss ich mich übergeben, denke ich ständig, und dann geht es wieder. Nun schweben wir nach Hause, mit uns eine Dose homöopathischer Kügelchen und zwei Akupressurbänder gegen Seekrankheit, »weil Schwangere alles vermeiden sollten, was wirklich wirkt«, sagt Tom. Zu Hause angekommen, behauptet er, der Floh habe während des Ultraschalls einen Hüpfer gemacht. Ich glaube ihm nicht, weil ich meinen Floh keine Sekunde aus den Augen gelassen habe, aber Tom bleibt dabei. Er soll ihn vormachen, den Hüpfer. Tom geht auf alle viere und schmeißt seine Beine in die Luft.

»So ein Quatsch«, sage ich lachend und schreibe ihm einen Einkaufszettel mit Lebensmitteln, von denen ich mir entfernt vorstellen kann, sie in mich hineinzuwürgen.

Als Tom mit dem ganzen Obst zurückkehrt, bemerke ich meine Fehleinschätzung. Allerhöchstens ein feuchter Kuchen würde gehen, vermute ich. Tom muss wieder los. Er besorgt mir einen Zitronenkuchen, den ich binnen Minuten verschlinge. Der süße Schleim dichtet mich kurz gegen die Übelkeit ab, aber dann beginnt sie erneut. Ich lege mich auf unser Sofa und verstehe jetzt die Sache mit den Armbändern gegen Seekrankheit. Auf diese Mischung aus Schwindel und Würgereiz habe ich mich jahrelang gefreut, denke ich und freue mich unbändig.

Ich erwache und blicke in Toms Augen über mir.
»Wolltest du uns gerade ermorden?«
»Im Gegenteil, ich beschütze euch.«
Allen Gender-Seminaren und feministischen Befindlichkeiten zum Trotz fühlt sich das wunderschön an. Zwei Liebende erwarten ein Kind. Wie erhofft spielt es bisher keine Rolle, dass ich nicht die genetische Mutter bin, denn mein Floh ist bei mir, in mir. Ich bekomme Lust, mit Tom zu schlafen, aber klischeehafterweise hat er Angst, dem Floh zu schaden. Deshalb küssen und streicheln wir uns nur. Als ich aufstehe, schlägt mir eine gewaltige Welle Übelkeit entgegen, in der ich unterzugehen drohe. Mein perfekter Freund kippt mir ein paar Kügelchen in den Mund und bindet die Akuirgendwasbänder um meine Handgelenke. Schlagartig fühle ich mich besser und nehme jeden Spaß zurück, den ich mir über esoterische Medizin jemals erlaubt habe. Masern sind eben doch keine Treuepunkte der Homöopathie.

Mithilfe meiner transzendenten Helferchen arbeite ich weiter und empfinde diebische Freude dabei, eine längst überfällige Klassenfahrt auf die Zeit zu legen, in der ich unseren frisch geschlüpften Floh zu Hause hüten werde. Zwischen zwei Sätzen gehe ich kurz kotzen und schreibe dann die großartigsten Aktivitäten an die Tafel. Heidepark, Schlittschuhdisco und Erlebnisschwimmbad wird weiß der Himmel wer mit diesen durchgeknallten Siebtklässlern erleben dürfen. Sie feiern mich wie einen Star und bilden Sprechchöre mit meinem Namen. Nach mir die Sintflut.

In der elften Woche haben wir unseren nächsten Ultraschalltermin, auf ihn esse und atme ich hin. Dass Flohs Herz von selber immer weiter schlägt, kann ich mir nicht vorstellen. Ständig denke ich, jetzt hat es aufgehört. Tom bietet mir an, aus der Klinik ein mobiles Ultraschallgerät zu klauen, mit dem ich Flohs Herztöne überprüfen kann, sobald die Zweifel kommen, aber ich will die Unsicherheit aushalten. Ich muss lernen, auf das kleine Leben zu vertrauen. Wie sonst soll ich eine gute Mutter werden?

Tom ist seinen Frühdienst nicht losgeworden, deshalb muss ich das nächste Mal allein zu Doktor Fischer gehen. Am Morgen des Termins erwache ich ohne Übelkeit. Daran merke ich, dass der Floh gestorben ist. Ich rufe in der Schule an und melde mich krank. Dann rolle ich mich in die Embryonenstellung und stelle mich tot. In mir wüten 28 Irre durch Heidepark, Schlittschuhdisco und Erlebnisschwimmbad, denn diese aberwitzige Klassenfahrt werde ich nun antreten müssen. Es fällt alles auf einen zurück.

Mit seinen vier Zentimetern sieht der Floh aus wie das winzige Menschlein, das er wohl wirklich ist. Von den Organen über die Zahnwurzeln bis zu den Fingernägeln ist alles da, und ich bin komplett bezaubert. Noch Tage danach werde ich Tom damit in den Ohren liegen, wie perfekt unser Floh geraten ist. Tom findet das selbstverständlich, schließlich ist es unser Kind. In einer Woche werden wir die Schallmauer der 13. Woche durchbrechen, und dann dürfen alle wissen, was ich sekündlich denke: Tom und ich werden ein Baby bekommen. Zwischen uns zweien wird ein kleiner Zwerg am Tisch sitzen, der Tom ein bisschen ähnlich sieht. Neben unseren Klamotten werden winzige Söckchen baumeln, und in uns wird hoffentlich eine Liebe wachsen, die über unsere eigenen Bedürfnisse erhaben ist. Ständig horche ich in mich hinein, um zu prüfen, ob ich das kleine Seelchen jetzt schon liebe. Der Floh ist in mir, doch ich spüre ihn nicht. Um ihm zu begegnen, brauche ich den Ultraschall, der mein Inneres nach außen projiziert. Dort sehe ich den Floh, aber einen direkten Zugriff habe ich nicht auf ihn. In einem halben Jahr, wenn ich ihn fühlen und kennenlernen kann, werde ich mich hoffentlich unsterblich in ihn verlieben. Noch kann ich nichts lieben außer einer Idee.

Wieder zu Hause, denke ich über unseren dunklen Fleck nach. Der liegt eingefroren auf Mallorca, zwei Blastozysten, die wir nicht mehr brauchen. Nach allem, was wir durchgemacht haben, werden wir über den lebendigen Floh an der Luft hochdankbar sein. Ein Geschwisterchen wird es nicht geben, noch einmal stehe ich all das nicht durch. Wenn der Floh auf der Welt ist, können wir das Thema Kinderwunschbehandlung endlich beerdigen. Sollen wir unsere Blastozysten dann mit ins Grab werfen und eine Schaufel Muttererde hinterher? Bei dem Gedanken, Flohs potenzielle Geschwister wegzuschmeißen, fühle ich mich schrecklich.

In Deutschland dürfen nur so viele befruchtete Eizellen weiterkultiviert werden, wie der Frau im selben Zyklus aller Wahrscheinlichkeit nach eingesetzt werden. Embryonen sollen hierzulande nicht auf Vorrat produziert werden, trotzdem passiert das immer wieder. Rein statistisch betrachtet erreichen 30 Prozent der befruchteten Eizellen das Blastozystenstadium. Weil die meisten Frauen sich zwei Embryonen gleichzeitig transferieren lassen möchten, kultivieren jene deutschen Zentren, die den Blastozystentransfer anbieten, ungefähr sechs Eizellen weiter. Da den Einzelfällen die Statistik egal ist, kommt es vor, dass sich mehr als zwei oder sogar alle sechs Eizellen zu Blastozysten entwickeln. In solchen Fällen werden die überzähligen Embryonen eingefroren. Sie können in Folgezyklen eingesetzt werden, falls die Frau beim aktuellen Versuch nicht schwanger wird. So entstand auch unser Floh. Im Falle einer erfolgreichen Schwangerschaft lassen sich die eingefrorenen Blastozysten für Geschwisterversuche aufbewahren. Wenn die Familienplanung wie bei uns aber abgeschlossen ist, verwaisen die Embryonen.

In deutschen Kinderwunschkliniken lagern neben diesen verlassenen Flöckchen Abertausende befruchtete Eizellen im Vorkernstadium auf Eis. Die Befruchtung einer Eizelle ist gelungen, wenn aus dem Genmaterial des Eizellkernes und des Spermiumkopfes je ein Vorkern entstanden ist. Werden die befruchteten Eizellen nun eingefroren, bevor diese Vorkerne kurze Zeit später miteinander verschmelzen, gelten sie noch nicht als Embryonen und dürfen auch in Deutschland auf Vorrat produziert werden. Während einer ICSI wird versucht, möglichst viele Eizellen zu befruchten und die überzähligen einzufrieren, damit der Frau so wenig Hormone wie möglich verabreicht werden müssen. Falls die potenziellen Eltern nach dem geglückten Versuch keine Kinder mehr bekommen möchten, werden die Eizellen in der Regel ebenso verworfen wie verwaiste Blastozysten. Dieser Massenvernichtung möglichen Lebens stehen unzählige Unglückliche gegenüber, die sich vergebens ein Kind wünschen. Ausgerechnet im konservativen Bayern haben sich mehrere Kinderwunschkliniken zum Netzwerk Embryonenspende zusammengeschlossen, um frühe Embryonen und verwaiste Eizellen im Vorkernstadium mit dem Einverständnis ihrer genetischen Eltern an Paare zu vermitteln, die keine leiblichen Kinder bekommen können. Sieben Babys sollen mithilfe des Netzwerkes bisher geboren worden sein. Während die Embryonenspender in den USA die Empfängereltern sogar auswählen können, verläuft die Spende über das Netzwerk anonym. Allerdings können jene Kinder, die über ihre Herkunft aufgeklärt wurden, die Identität ihrer leiblichen Eltern später beim Netzwerk erfragen.

Auch in Spanien wird diese Form der Embryonenadoption praktiziert. Darüber hinaus gibt es dort wie in vielen anderen Ländern auch die kostspieligere Möglichkeit, Embryonen extra für die Empfängereltern herstellen zu lassen. Dafür werden ausgesuchte Spendereizellen mit gespendeten Spermien nach Wahl befruchtet, wobei die beiden Spender sich nicht kennen. Diese Variante bietet den Adoptiveltern neben Spenderkombinationen nach Wunsch den Vorteil, dass sie später genetische Geschwisterembryonen bestellen können. Mich befremdet die Vorstellung, sich die genetischen Eltern des eigenen Kindes selbst zusammenzustellen, aber ich will es nicht verurteilen. Wie könnte ich auch, ich Eierdiebin ich.

Falls wir unsere Blastozysten spenden und die Empfängerin schwanger werden sollte, wüchse in einer Unbekannten Flohs Geschwisterchen und Toms leibliches Kind heran. Hoffentlich würden seine Adoptiveltern ihm die Wahrheit sagen, solche Familiengeheimnisse vergiften jede Kindheit. Ich wurde gezeugt, weil mein leiblicher Vater mit seiner Freundin ein Kind bekommen wollte, wird das Kind dann wissen. Dafür wurde die Eizelle einer Unbekannten mit dem Sperma meines leiblichen Vaters befruchtet. Weil seine Freundin mit einem meiner Geschwister schwanger wurde, wollten sie mich nicht mehr, und ich wurde meiner jetzigen Mutter eingesetzt. Selbstwertgefühl geschenkt, Identitätsfindung leicht gemacht.

Anders als in Deutschland kann ein in Spanien gezeugtes Spenderkind die Daten seiner genetischen Eltern in der Regel nicht einfordern, sodass Toms leibliches Kind nie vor unserer Tür stehen und fragen wird:»Warum habt ihr mich erst aus zwei einander unbekannten Menschen herstellen lassen und dann weggegeben? Zeigt mir mein Geschwisterteil, das bei euch leben darf. Ist es schöner, besser, klüger als ich?« Wir erführen nie, ob der Floh noch einen Bruder oder eine Schwester hat. Vielleicht würden es sogar Zwillinge werden. Was, wenn ich das Gefühl hätte, meinen Kindern geht es schlecht? Was, wenn ich Angst hätte, sie werden nicht geliebt? Wo müsste ich hin, um sie zu retten? Und wie könnten wir dem Floh erklären, dass er vielleicht Geschwister hat, die wir als Embryonen nicht haben wollten? Meine Eltern kämen mir wie Verräter vor. Aber ohne eine Eizellspende wäre ich nicht schwanger, und mit unserer Embryonenspende könnten wir vielleicht das Leiden eines ungewollt kinderlosen Paares beenden. Ein Leiden, dessen Dimensionen nur Betroffene wie wir begreifen. Adoptierte Embryonen sind absolute Wunschkinder und werden sicher sehr geliebt. Vielleicht unterstelle ich ihnen bloß, dass sie sich minderwertig fühlen, weil ich mir nicht vorstellen kann, wie es ist, sich durch und durch geliebt zu fühlen. Wenn ich, wo ich bin, angenommen werde, wie ich bin, ist es dann wichtig, wo ich herkam? Ich meine, was habe ich von meiner mir bekannten Herkunft, die mich glauben ließ, nichts wert zu sein? Und haben die Embryonen, einmal geschaffen, nicht ein Recht auf ihre Chance? Eine Blastozyste ist nur 0,1 Millimeter klein, bloß aus 200 Zellen besteht sie, aber in ihr steckt die Möglichkeit für einen Zweimetermann wie Tom. Letztlich weiß ich nicht, wie mit fünftägigen Embryonen umzugehen ist, weil ich keine Grenze zwischen Noch-nicht-Leben und Jetzt-aber-Leben ausmachen kann. Alles, was ich sehe, ist ein Übergang. Wie bekommen wir unseren dunklen Fleck nur weg?

21

EINMAL MÄDCHEN, BITTE!

13. Schwangerschaftswoche, und weiter ist mir ständig schlecht. Tom muss zum Dienst, deshalb mache ich mich allein auf den Weg zur dritten Ultraschalluntersuchung. Unfassbarerweise diagnostiziert Doktor Fischer wieder einen zeitgerechten Embryo. Auch bei der Nackenfaltenmessung, die ein erhöhtes Risiko für Fehlbildungen prüfen soll, zeigt sich keine Auffälligkeit. Es scheint tatsächlich alles gut zu sein. Ich darf sogar die Hormonpflaster weglassen, mit denen die Schwangerschaft bis heute unterstützt wurde. Ich kann jetzt ganz alleine schwanger sein.

Nun will ich den Floh umbenennen in die Mathilda, die er hoffentlich ist. Ein klitzekleines Detail wäre also noch zu klären.

»Kann man denn schon sehen …«

»… ob es ein Mädchen oder Junge wird? Das darf ich Ihnen erst ab der 14. Schwangerschaftswoche sagen«, antwortet Doktor Fischer ungewohnt schroff. Zu einer Schwangeren darf aber niemand schroff sein. Für uns gelten Sonderregeln der ausgenommenen Freundlichkeit und speziellen Ausnahmen. Sonst flippen wir aus – die Hormone. Weil ich aber unbedingt herausfinden muss, ob unser Floh ein Mädchen ist, versuche ich, freundlich zu bleiben.

»Sie wissen es also. Das können Sie mir nicht antun, bitte, bitte machen Sie eine Ausnahme! Sie würden es doch nur eine Woche früher sagen. Nach all dem, was ich durchgemacht habe. Und überhaupt erzähle ich echt niemandem, dass Sie mir das heute schon gesagt haben. Auch Tom nicht, wenn Sie das nicht wollen.«

»Wirklich nicht, Frau Reinhardt. Es geht ja nicht darum, dass Sie das niemandem erzählen sollen, sondern Sie als Eltern dürfen das noch nicht wissen.« Mit dem Rücken zu mir fummelt Doktor Fischer an seinem Ultraschallgerät herum.

»Was?« Ich koche.

»Frau Reinhardt, nicht aufregen. Es ist traurig, aber wahr, einige unserer Mitbürger betreiben geschlechtsbezogenen Abtreibungstourismus. Deswegen ist es uns gesetzlich untersagt, Eltern das Geschlecht vor der 14. Woche zu verraten. In Deutschland dürfen gesunde Kinder ja nur bis zur 12. Schwangerschaftswoche abgetrieben werden, bis dahin kann man das Geschlecht im Ultraschall sowieso noch nicht erkennen. Aber wenn manche Eltern in der 13. Woche erfahren, dass Mama keinen Stammhalter unter ihrem Herzen trägt, fahren sie ins Ausland. In den Niederlanden kann sogar bis zur 22. Woche abgetrieben werden, da greift das Gesetz noch nicht mal.«

Ich weiß, worum es geht, aber ich bin schwanger und deshalb so weich, dass ich frage: »Warum kann man denn ein Mädchen nicht wollen?« Ein Mädchen, wie ich eines war. In meinem Herzen steckt ein Dolch.

»Die Frau will in der Regel auch ein Mädchen austragen. Wenn, dann ist es meist der Mann, der das Mädchen nicht haben will, vor allem, wenn schon eine oder mehrere Töchter da sind. Und dann wird es eben weggemacht. Die sind sich überhaupt nicht im Klaren darüber, dass sie damit die Familienpsyche zerstören.«

»Das ist so traurig.« Ich habe einen salzigen Geschmack im Mund.

»Ach, in Deutschland sind es ja nur Einzelfälle. Richtig schlimm ist es in Asien und auf dem Balkan. Da kommen auf 100 geborene Mädchen ungefähr 115 Jungen, die fehlenden Mädchen wurden alle abgetrieben. Jungen sind dort wichtiger, in Indien bleiben sie in den eigenen Familien und sorgen später für die Eltern, während Mädchen mit teuren Mitgiften in andere Familie gehen. Und auch die Chinesen wollen unter der repressiven Familienpolitik unbedingt Söhne. Deshalb müssen die Frauen so lange abtreiben, bis endlich ein Junge rauskommt.«

Der Dolch wird um 180 Grad gedreht, von all den Männern, die sagen, dass sie Frauen lieben, uns aber ausnutzen, misshandeln, vergewaltigen. Von all den Männern, die uns töten, vor oder nach unserer Geburt. Was für eine dreckige Art von Liebe ist das?

»Wir sind dann ja auch fertig, oder?« Meine Wut schwappt auf Doktor Fischer, den liebenswertesten Mann nach Tom und vielleicht sogar vor Papi.

»Ja. Dann sehen wir uns ... Ist alles in Ordnung, Frau Reinhardt?«

Er hat sich zu mir umgedreht und sieht jetzt, dass ich weine.

»Ja, ja, alles in Ordnung. Die Hormone.«

»Hm. Hat Sie das jetzt so mitgenommen? Das tut mir leid, aber es ist ja auch schlimm. Oder wenn Sie noch über etwas anders sprechen wollen ...?«

»Nein. Auf Wiedersehen!« Jetzt klinge ich schroff.

»Dann sehen wir uns in vier Wochen, oder wenn was ist, vorher, ja?«

Ich bin schon aus der Tür. Zu Hause recherchiere ich. Das tut mir nicht gut und damit auch unserem Baby nicht, aber als Mensch fühle ich mich verantwortlich für die von Menschenhand getöteten Mädchenembryonen. Tom sieht solche Dinge anders. Wenn ich ihm mit Somalia oder so komme, pflegt er zu sagen: »Verändern oder verdrängen, bloß nicht vergegenwärtigen.«

Ich antworte dann gern mit »Entweder du bist ein Teil des Problems oder du bist ein Teil der Lösung«, dem Spruch von diesem RAF-Typen Holger Meins, der ihn in Wirklichkeit von einem liberalen Amerikaner hat, weshalb ich keinesfalls die Gewalt der RAF gutheiße, falls ich das ab und zu sage. Ich sage es ständig. Vor allem zu meinen Schülern, wenn sie ihre Er-hat-aber-angefangen-Arie anstimmen. Jedenfalls empfinde ich die von Tom propagierte Ignoranz als Teil des Problems und mein Wissen-Wollen als Teil der Lösung, wenn auch zugegeben als einen minikleinen.

In China werden pro Jahr eine Million weiblicher Föten abgetrieben, erfahre ich. Das ist dort bis zur Geburt legal. Für mich erfüllt es die Mordmerkmale »heimtückisch« und »aus niederen Beweggründen«. In Indien sind die Zahlen des systematischen Femizids noch höher.

»Wir töten heute mehr ungeborene Mädchen, als Hitler oder Stalin an Opfern verursachten«, stellt jene Inderin fest, die als erste den eigenen Mann anzeigte, weil er durch Folter die Abtreibung ihrer Zwillingsmädchen erzwingen wollte. Verurteilt wurde er nie. Weltweit fehlen bereits 160 Millionen Mädchen und Frauen. Homosexuelle ausgenommen, findet die gleiche Zahl an Jungen und Männern keine Frau, was schon jetzt die Verhältnisse destabilisiert. So nimmt die Gewalt, vor allem gegen Frauen, in bereits stark entweiblichten Gegenden immer weiter zu. Welch klägliche Dummheit, die

Männer verwehren ihren Geschlechtsgenossen nicht nur die Frauen, sondern versauen gleich die ganze Welt. Der herrlich personalisierten Werbung sei Dank, ploppt die deutsche Anzeige einer amerikanischen Klinik auf, die Frauen mittels Präimplantationsdiagnostik Embryonen des gewünschten Geschlechts einsetzt. Diese Geschlechtsselektion durch künstliche Befruchtung ist unter anderem in Thailand, Ägypten und England legal. Ich lese, dass die Wahl des Geschlechts nach Präimplantationsdiagnostik in westlichen Ländern wie England und den USA ausgeglichen ist. Hier geht es um eine Balanced Family, also um ausgeglichene Geschlechterverhältnisse unter den Geschwistern. Scheiß auf Balanced Family, ich will nur ein Mädchen. Wenn sie mir auf Mallorca die Geschlechtsselektion per Präimplantationsdiagnostik angeboten hätten – ich hätte vielleicht zugegriffen. Und Tom wäre ausgerastet: Wie kann das Geschlecht eines ersehnten Kindes das falsche sein? Recht hat er. Dennoch, ein Mädchen. Weil sie nicht geliebt werden, ich nicht geliebt wurde. Einmal Mädchen bitte. Und sei leise, Über-Ich!

Die kleine Marta hockt in ihrem eigenen Einschulungsgottesdienst. Sie hält ihre Schultüte mit der unseligen Federmappe im Arm, die schon am ersten Schultag alles versaut hat. Bereits als die Lehrerin heute Morgen verkündete, die Kinder sollen jetzt vier Jahre in diese Schule kommen, musste Marta mächtig schlucken. Sie hatte gedacht, sie gehe da jetzt eine Woche hin, und danach sei wieder Kindergarten. Nachdem die Lehrerin den Kindern aufgezählt hatte, was in der Schule alles verboten sei, hielt sie eine Federtasche hoch und fragte, wem die gehöre. Weil keines der Kinder antwortete, wandte sich die Lehrerin an die Eltern hinter ihrem Rücken. Da meldete sich doch tatsächlich Mutter. Marta blieb nichts übrig, als unter dem tosenden Gelächter ihrer Mitschüler nach vorne zu gehen und weinend die blöde Federtasche entgegenzunehmen. Wie hätte sie wissen sollen, dass dieses hässliche Ding aus ihrer Schultüte gefallen war, wenn die Kinder ihre Schultüten erst nach dem anschließenden Einschulungsgottesdienst öffnen dürfen? In dem jedenfalls hockt sie nun und verfolgt die Predigt.

»Und ich, liebe Brüder, da ich zu euch kam, kam ich nicht mit hohen Worten oder hoher Weisheit, euch zu verkündigen die göttliche Predigt.«

Marta versteht zwar, dass der Pfarrer damit meint, Jesus sei genau wie die Einzuschulenden nicht besonders schlau gewesen, aber ...

»... was ist mit den Schwestern?« Sie ruft ihre Frage laut in die Kirche, damit der Pfarrer sie hört. Nach einer kurzen Stille bricht Gelächter los, das sie wie schon jenes heute früh nicht versteht. Marta meint es ernst, was ist mit den Schwestern?

Genau wie ich akzeptierte die kleine Marta nicht, dass Mädchen weniger wert sein sollen als Jungen. Damit kommt mir die Kleine näher, und ich bin fast ein bisschen stolz auf sie. Lange habe ich nicht an sie gedacht. Musste sie aus mir verschwinden, damit ein neues Kleines in mir wachsen kann? Frauen werden schwanger, wenn sie bereit dafür sind – diesem abgegrabbelten Mythos wäre ich jetzt beinahe aufgesessen. Frauen werden schwanger, wenn sich ein fitter Embryo in ihnen einnistet, ob sie dafür nun geliebt, vergewaltigt oder künstlich befruchtet werden. Ich habe nur nicht an die Kleine gedacht, weil ich vom Schwangerwerden und Schwangerbleiben-Wollen so besetzt war, dass nichts anderes Platz hatte in mir. Auch meine tote Schwester Leah nicht.

Mami, mit dir will ich nicht mehr leben, hatte sie Mutter geschrieben, eine unbestimmte Zeit später war sie dann tot. Zu meiner chronischen Übelkeit gesellt sich eine hoch akute. Seit ich Leahs Brief gelesen habe, liegt ihre Geschichte im Dunkeln, aber statt die Wahrheit über den Tod meiner Schwester zu ergründen, trauere ich abgetriebenen Chinesinnen hinterher.

Mami, mit dir will ich nicht mehr leben. Also ohne Mutter leben. Oder gab es das für Leah nicht und deshalb nur den Tod? Ich bekomme schlecht Luft und kann nicht denken oder will es eher nicht. Wenn sie Suizid beging, hat mich Papi immer angelogen. Damit stellt er sich neben Mutter. Kann sich eine Kindheit rückwirkend verschlimmern? Er darf nicht gelogen haben, weil er mein Ein und Alles war.

Schon häufiger habe ich von Kindern gelesen, die sich das Leben genommen haben, meist ohne Vorzeichen. Mein Hals zieht sich zu. Das hier tut mir gar nicht gut, aber ich bin es Leah schuldig. Wissen Kinder um die Endgültigkeit ihrer Tat? Mit acht begännen sie, die Konsequenzen eines Suizids zu verstehen, behauptet ein Kinderpsychiater im Internet. Jüngere Kinder würden ihren Tod mit Weggehen gleichsetzen; nicht ihren Tod würden sie wollen, sondern ein besseres Leben. Leah war acht. Falls sie absichtlich vor den Lkw rannte, wusste sie, dass es für sie danach nie mehr etwas geben würde? Mir ist so schlecht, dass ich dieses Kapitel unserem Floh zuliebe schließe – zumindest für heute. Bald werde ich mit Papi sprechen müssen, ich kann nicht mehr zurück. Ich habe viele Mängel, aber eines werde ich nie: aufgeben.

22

DAS LEIDEN LIEBLOSIGKEIT

Ich drücke mich um dieses Gespräch herum, die Übelkeit vereinnahmt mich, von meiner Arbeit ganz zu schweigen. Nach einer Woche nehme ich mir meine Ausreden nicht mehr ab und melde mich bei Papi an. Wie zu erwarten war, wirkt er glücklich über meinen Besuch mit dem Floh in meinem Bauch.

»Ach Marta, du weißt ja gar nicht, wie sehr ich mich darüber freue, dass nun alles gut wird bei euch.«

»Ja, mal sehen. Ich wollte dich noch was fragen. Ich hab ja mal einen Brief von Leah an Mutter gefunden. In dem schreibt sie, dass sie mit Mutter nicht mehr leben will. Irgendwann später hat sie angeblich einen Unfall und ist tot.«

»Was heißt hier angeblich? Marta, kannst du denn nie Ruhe geben? Du bist schwanger, ich dachte, das wäre dein größter Traum? Ich dachte, du bist glücklich jetzt.«

Ein kalter Wind fegt über uns hinweg. Es ist zugig geworden auf dem Balkon meines Vaters.

»Was hat das denn damit zu tun? Ich hätte eine Schwester haben können und Leah ein Leben.«

»Hätte sie nicht, weil sie bei einem Unfall gestorben ist. Merkst du denn nicht, wie sehr du mich quälst? Erst stirbt Leah, dann deine Mutter, und du wühlst jetzt alles wieder auf. Manchmal glaube ich, du suchst Probleme. Ich dachte, du wolltest mich besuchen.« Seltsam steif wirkt er.

»Wollte ich ja auch.« Ich stehe auf, aber ich kann kaum sehen wegen der Tränen in meinem Augen oder vor Wut oder Mitleid oder weiß der Teufel was.

»Mensch Marta«, höre ich noch, als die Wohnungstür ins Schloss fällt. *Ich dachte, du bist glücklich jetzt.*

Am Abend fängt Tom mich auf und streichelt unseren Floh, den ich nicht vergessen soll.

»Ich muss jetzt wissen, was damals passierte.« Weil ich weiß, Tom wird dagegen sein, versuche ich, seine möglichen Argumente schon präventiv zu entkräften: »Der Floh versteht das, und zwischendurch schone ich mich ordentlich. Es wird eine Polizeiakte geben, die muss ich lesen.«

»Aber nicht mit unserem Kind im Bauch. Mach das später!«

»Spinnst du? Sie war meine Schwester, das kannst du mir doch nicht verbieten.«

»Mensch Marta.«

»Mensch Marta, Mensch Marta, ich höre immer nur Mensch Marta. Was soll das überhaupt heißen? Ob mit deiner Unterstützung oder alleine, ich zieh das sowieso durch. Aber wie komme ich jetzt an diese Akte?«

Tom seufzt. Gleich ergibt er sich.

»Okay, Süße, dann lass uns das zusammen machen.«

Im Juraforum erfahren wir, dass ein Anwalt bei der Polizei die Herausgabe der Akte beantragen muss. Am nächsten Tag verzichten der Floh und ich auf unseren Mittagsschlaf nach der Schule, stattdessen rufe ich so lange bei Anwälten an, bis ich einen Termin für heute bekomme. Um halb fünf erläutere ich mein Ansinnen einer aufgetakelten Blankeneser Schnepfe. Der Spaß koste 1.000 Euro, in ungefähr zwei Wochen liege die Akte vor. Tom und ich sind weiterhin mehrere Tausend Euro davon entfernt, 1.000 Euro zu besitzen, deshalb soll Papi sie mir schenken. Sein Enkelkind benötigt nun einmal eine

Menge teurer Dinge, die ich genauso gut gebraucht und deshalb günstig im Netz bestellen kann.

So einfach habe ich mir das Ganze nicht vorgestellt, aber so einfach wird es sein. In einer unpersönlichen SMS schreibe ich Papi, dass ich seinem Enkelkind für 1.000 Euro dies und das besorgen will. Ein paar Minuten später antwortet er, er werde das Geld überweisen. Und nach zwei Wochen Übelkeit und Ungeduld ruft die Schnepfe an.

»Die Akte Ihrer Schwester ist eingetroffen. Sie könnten morgen um fünf zur Akteneinsicht kommen.«

Tom meldet sich krank, obwohl er sogar mit Fieber arbeiten geht. Er will unserem Floh und mir beistehen. Ich freue mich über seinen Begleitschutz, obwohl ich ihn nicht bräuchte. Wie immer rechne ich mit dem Schlimmsten. Soll sich meine Schwester doch umgebracht haben, mich haut nichts mehr um.

Wir sitzen im Hochglanzbüro der Schnepfe.

»Ich habe die Fotos vorher rausgenommen, weil ich Sie da gerne schützen möchte. Sie würden diese Bilder nicht mehr aus Ihrem Kopf bekommen, und an den Tatsachen ändert es nichts, ob Sie die Fotos sehen oder nicht. Wenn Sie darauf bestehen, werde ich sie Ihnen natürlich zeigen, aber für Ihr Baby ist es bestimmt besser, wenn Sie darauf verzichten.«

Erfreut darüber, dass eine Außenstehende mir den Floh schon ansieht, folge ich ihrem Rat. Letztlich ist eine Schnepfe auch nur ein Vogel, und der führt uns in der folgenden Stunde sicher durch das amtliche Kauderwelsch der Akte. Am Schluss ist mein Herz so schwer, als hätte ich Leah wirklich gekannt. Und ich bin enttäuscht, weil sich das Leben im Gegensatz zum Krimi einmal mehr nicht lösen lässt.

*

»Warum hast du mir nicht die Wahrheit gesagt?«

»Herrgott Marta, ich kenne die Wahrheit nicht, und wir werden sie auch nicht mehr erfahren.«

»Aber ihr hättet mir erzählen müssen, dass sie Mutter den Brief an dem Tag hingelegt hat, an dem sie weggelaufen und gestorben ist. Spätestens als ich dich neulich nach dem Brief gefragt habe.«

Aus meiner Schreibtischschublade krame ich den Zettel heraus und lese ihn Papi noch einmal vor: »*Mami, mit dir wil ich nicht mehr leben. Sei nich traurig, du hast ja noch Papi und Marta. Gib ihnen jeden Tag ein Kuss von mir. Leah.* Ein paar Stunden später rennt sie dann vor einen Lkw. Für mich sieht das sehr nach Suizid aus.«

»Der Unfall ist passiert, nachdem sie schon sechs Stunden weg war, Marta. Außerdem ist sie von der anderen Seite der Straße auf unser Haus zugelaufen, als der Lkw sie erwischt hat. Sie hatte das Ausreißen nach sechs Stunden satt und wollte nach Hause kommen.«

Kleine Leah, große Schwester, wie hast du diese Stunden verbracht, an was hast du gedacht? Wolltest du zurück zu Mutter oder in den Tod?

»Woher willst du das denn wissen? Das ist doch überhaupt nicht erwiesen.«

»Die Ermittlungen haben aber auch nichts Gegenteiliges ergeben, und deine Mutter hat das im Übrigen genauso gesehen.«

»Dass die das so gesehen hat, kann ich mir vorstellen, alles andere hätte sie ja auch nicht ausgehalten. Warum ist Leah eigentlich weggelaufen?«

»Sie hatten sich über eine Lappalie gestritten, genauer hat deine Mutter mir das nie erzählt. Irgendeine Lappalie, sagte sie.«

»Mein Gott, Papi, deine achtjährige Tochter hat sich wahrscheinlich wegen deiner Frau vor einen Lkw geschmissen, und du gibst dich mit ›irgendeiner Lappalie‹ als Erklärung zufrieden?«

»Sie wollte es nicht sagen, und ich habe es dabei belassen. Der Tod deiner Schwester hat sie schon genug gequält, außerdem hatten wir noch dich, deshalb durften wir uns nicht zerfleischen.«

»Haben sie denn oft gestritten?«

»Du weißt doch, wie deine Mutter war.«

»Nein, weiß ich nicht. Ich weiß, wie sie zu mir war, aber wie sie zu Leah war, weiß ich nicht.

»Na ja, deine Mutter war nie einfach. Weißt du, Marta, es ging ihr oft nicht gut. Auch damals schon.«

»Aber sie hat Leah doch mehr geliebt als mich, oder?«

»Wie kommst du denn darauf, Kind? Wir hatten euch beide gleich lieb.«

»Also, von Mutters Liebe habe ich nichts mitbekommen. Und du hast gesagt, dass sie sich auf mich nicht einlassen konnte, weil sie Leah so geliebt hat.«

»Hab ich das? Wenn ich das gesagt habe, dann um dich zu trösten, weil deine Mutter ihre Liebe nicht so zeigen konnte.«

»Leah auch schon nicht, oder wie?«

»...«

»Papi?«

»Nein, Leah auch schon nicht.«

»Und du hast einfach zugelassen, dass sie deine Mädchen kaputt macht, oder was? Du musst doch gemerkt haben, was sie mit mir und anscheinend auch mit Leah gemacht hat. Warum hast du denn nichts unternommen?«

Bis eben wusste ich nicht, dass dieser Vorwurf in mir schmort.

»Marta, jetzt übertreibst du. Was soll sie denn mit euch gemacht haben? Sie war nicht immer lieb zu euch, aber es ging ihr eben oft nicht gut.«

»Das sagtest du bereits. Mir geht es auch nicht gut. Mir geht es schon mein ganzes Scheißleben lang nicht gut, weißt du? Und weißt du auch warum? Weil ich diese Scheißmutter hatte, vor der du mich nicht beschützt hast.«

»Jetzt reicht es aber, Marta, du kannst doch nicht …«

Ich lege auf. Ich atme ein und atme aus. In meinem Unterleib zieht es plötzlich, und mich ergreift Panik. Was, wenn ich vor lauter Wut eine Fehlgeburt bekomme? Ich rufe Tom an.

»Aber wir wollten doch zusammen mit ihm reden.«

»Das hast du gesagt, Tom. Ich wollte es lieber so.«

»Ach Süße … Ich mache gerade Notaufnahme, ich kann hier jetzt nicht weg. Pass auf, du kommst her und machst einen auf Notfall, dann kann ich zu dir kommen.«

»Und warum bitte bin ich ein Notfall?«

»Drohende Fehlgeburt natürlich.«

»Na schönen Dank.«

Zwei Stunden später liege ich schmerzfrei in einem Raum der Notaufnahme, als Tom in seiner Arztverkleidung hereinspaziert. Die steht ihm so gut, dass ich mich wie in George Clooneys *Emergency Room* fühle, obwohl ich keine einzige Folge gesehen habe.

»Guten Tag, junge Dame, wie darf ich Ihr Leben retten?«

»Guten Tag, Herr Doktor. Also, ich bin schwanger, von einem Ihrer Kollegen ...«

»Von einem meiner Kollegen, soso.«

»Ja, und ich fühlte mich nicht wohl, aber jetzt, wo Sie da sind, geht es schon wieder.«

»Jetzt geht es also schon wieder, soso. Das will ich mir mal genauer ansehen.«

Tom legt sich zu mir und küsst mich. Es ist profan, aber dieses alberne Rollenspiel macht mich scharf und schiebt meine Katastrophenstimmung beiseite. Wir knutschen, und Tom fährt mit seiner Hand unter mein T-Shirt. Ich fühle mich verwegen und knöpfe seine Hose auf.

Plötzlich steht eine grauhaarige Krankenschwester in der Tür.

»Oh, ent...« Mit großen Augen starrt sie auf Toms offene Hose, dann zwingt sie sich eine geschäftige Miene auf und will sich wieder zur Tür wenden.

»Frau Hansen, darf ich vorstellen, meine Freundin Marta Reinhardt mit unserem Kind an Bord. Marta, darf ich vorstellen, Frau Hansen, eine unserer wichtigsten Kräfte hier im Haus.«

Auf ihrem Gesicht zeigt sich ein erleichtertes Lächeln, das sich zu einem verschmitzten Grinsen ausbreitet.

»Hallo. Äh, Doktor Merkens, ich bräuchte Sie mal, hat aber überhaupt keine Eile.«

»Ich komme gleich, danke.«

Als sie draußen ist, lachen wir, aber der *Emergency-Room*-Film ist gerissen und die Stimmung kaputt.

»Okay Süße, warte hier.«

Wieder allein, lausche ich dem Treiben vor der Tür. Ich höre jemanden stöhnen und bekomme Beklemmungen. Was mache ich denn hier? Um bei Tom zu sein, habe ich mich freiwillig zum Notfall degradiert. Ich schleiche aus dem Zimmer und entlasse mich selbst aus der Notaufnahme. Zu Hause drücke ich mich auf unserem Sofa herum und versuche, von mir wegzukommen. Als mir das nicht gelingt, rufe ich bei der Anwältin an und vereinbare eine Ratenzahlung für ihr noch ausstehendes Honorar. Die 1.000 Euro überweise ich meinem Vater zurück. Er soll mir nicht die Wahrheit zahlen, die er mir immer vorenthalten hat.

Ich ahne, wie es war: Mutter hat ihm Schweigen abverlangt, und als sie nicht mehr lebte, sagte er aus Angst vor meiner Reaktion nichts. Ich bin ihm deswegen nicht böse, eher leid bin ich ihn. Ihn und seine nachgiebige Art, wegen der er Mutter nie entgegentrat. Mein Vater ist nicht rabenschwarz, aber auf keinen Fall reinweiß. Warum habe ich ihn immer überhöht? Ein Kind unterwirft sich dem harmloseren Elternteil, damit es vom gefährlicheren nicht aufgefressen wird. Aber als ich groß war, hätte ich ihn entthronen können. Bin ich je groß geworden? Ich erschrecke, denn hat nicht mein Vater genauso an Mutter gehangen, wie ich mich stets an etwas klammere? Erst das Feiern und der Bär, später Tom, nun der Floh und immer mein Vater. Genauso abhängig und schwach, wie ich es bin, stand er hinter Mutter und ließ sie gewähren. Wenn der Floh es besser haben soll, werde ich zu Kräften kommen müssen. Erledigt falle ich auf unser Sofa und versinke.

Als ich erwache, dämmert es bereits. Mutter war schon immer schwierig, hat mein Vater mir gesagt, und auch Leah hat sie ihre Liebe nicht so zeigen können.

»Wo fing das an und wann? Was hat dich irritiert? Was hat dich bloß so ruiniert?«, singen die Sterne in meinem Kopf. Fragen an Mutter, die ich mir selbst beantworten muss. Großmutter hatte Mutter vermittelt, nichts wert zu sein, weil sie das Kind des falschen Mannes war. Dieses Gefühl projizierte Mutter auf mich und wohl auch auf Leah. Eine Kette der Wertlosigkeit, von einem zum nächsten Glied getragen. Das Leiden Lieblosigkeit befiel unsere Vorfahren vielleicht schon in der Steinzeit. Mutter lehnte mich nicht um meiner selbst willen ab und auch nicht wegen meines Syndroms, von dem sie gar nichts wissen konnte. Die Hexe war eine Hexe, weil sie selber verhext worden war. Ein Teil von mir weiß das seit langer Zeit, aber ein anderer begreift es einfach nicht.

23

VIELLEICHT SIND WIR HIPPIES

Unser Floh hampelt und strampelt, dass es eine Freude ist.

»Ihr Kind will sich einfach nicht in die Karten gucken lassen, es dreht sich immer weg.«

In drei Wochen ist Halbzeit, aber der Floh hält sein Geschlecht geheim. Meine Stimmung trübt das nicht, sie ist stabil wie lange nicht, und meine Übelkeit ist einem unbändigen Appetit gewichen, der jedes Nahrungsmittel zur Delikatesse verklärt. Sicher eher vom Schlemmen als vom Schwangersein habe ich inzwischen einen kugelrunden Bauch, den ich stolz vor mir hertrage. Liebend gern würde ich für immer schwanger sein.

»Also, weil wir nichts sehen, würde ich jetzt auf Mädchen tippen, aber ohne Garantie«, murmelt Doktor Fischer, während er den Ultraschallkopf über meinen Bauch gleiten lässt.

Meine Mathilda, ich wusste es.

»Ein Mädchen, sind Sie sicher?«, fragt Tom hinter uns.

»Nein, das sagte ich ja gerade.« Jetzt lächelt Doktor Fischer, hält den Schallkopf ruhig und stellt das Bild größer.

»So, Frau Reinhardt, sehen Sie das?«

Da ist er plötzlich.

»Ein Penis!« Ich pruste los. All die Monate, die ich auf ein Mädchen gehofft habe, unsere ganzen Spekulationen, und jetzt zeigt der Floh uns einfach seinen Penis, Punkt. Wir bekommen einen Jungen.

»Ich sehe ihn auch. Also ein Junge, oder wie?« Für einen Arzt stellt Tom heute reichlich dumme Fragen.

»Eindeutig ein Junge«, antwortet Doktor Fischer und druckt uns zum Beweis Penisbilder vom Floh aus, über die ich herzlich lache.

»Und wo ist jetzt meine Mathilda?« Etwas in mir hakt aus, und ich lache weiter. Das gibt es doch nicht, wo ist bloß meine Mathilda hingekommen? Statt ihrer liegt da dieser Junge und streckt uns seinen Penis entgegen.

»Wir bekommen einen Jungen.« Richtig, Tom.

»Einen Stammhalter.« Er ist stolz wie Bolle.

Ich muss immer noch lachen. Den ganzen Tag geht das so weiter. Bin ich euphorisch, weil ich so erleichtert bin? Ich habe mir ein zartes Mädchen gewünscht, in dem ich mich wiederfinden würde. Bedingungslos lieben wollte ich es und so endlich auch mich. Dazu hätte ich alles anders und besser machen müssen als Mutter mit mir. Anstelle dieses Erfolgsdrucks ist da nun ein Junge, und von Jungen habe ich keine Ahnung.

Am nächsten Morgen wandere ich durch die Gänge unserer Schule und gucke mir die Jungen an. In einer bestimmten Phase ihres Lebens gehören sie alle weggesperrt. Mit vom PC-Spielen und Wichsen abgedaddelten Händen schieben sie fetttriefende Haare aus verpickelten Gesichtern. Ihr Hirn scheint in dieser Zeit klein wie eine Erbse, denn beim Begriff »Satzglied« blöken sie wie stumpfe Bullen. Kann man diese Wesen lieben? Wahrscheinlich gehen niedliche Kälber so schleichend in blökende Jungbullen über, dass sich ihre Eltern langsam an sie gewöhnen. Was aber mögen die Jungs selbst empfinden, wenn sie in meinem Unterricht Kafka lesen? »Als Gregor Samsa eines Morgens aus unruhigen Träumen erwachte, fand er sich in seinem Bett zu einem ungeheuren

Ungeziefer verwandelt.« Sind sie sich ihrer Verwandlung bewusst? Während dieser kritischen Phase hilft es den Eltern sicher, dass die Jungbullen genetisch von ihnen abstammen. Du bist halb ich, deshalb kannst du so anders gar nicht sein. Den Floh und mich wird dieser Kleber nicht zusammenpappen. Er muss ein süßes Kerlchen werden, damit ich ihn in den Zeiten seiner Metamorphose nicht vor die Tür jage. Wie er wohl aussehen wird? In mir wächst ein Mister X heran, mit dem mich nichts verbindet außer seiner Nabelschnur und der Hoffnung, dass wir einander lieben können. Tom und ich haben Flohs Mutter nie gesehen, aber aller Wahrscheinlichkeit nach ist der Floh ein halber Spanier. Die sind im Durchschnitt eher klein und haben einen vergleichsweise dunklen Teint. Tom und ich sind beide groß, ich bin ein heller Typ, und auch Tom ist trotz schwarzer Haare ziemlich blass. Wir haben beschlossen, unserem Umfeld die Eizellspende zu verheimlichen, damit der Floh später selbst entscheiden kann, wer es wissen soll. Nun werden wir vermutlich einen kleinen, braunen Jungen haben. Keiner wird zu fragen wagen, woher der südländische Einschlag kommt, aber die Leute werden tuscheln – Samenspende oder Kuckuckskind? Auf die Idee einer fremden Eizelle wird keiner kommen, zu tief sitzt die alte Gewissheit, die biologische Mutter sei immer die Gebärende. Ich habe mir das alles vorher ausgemalt, aber in der Realität fühlt es sich waghalsiger an. Mutig war ich, ein halbfremdes Kind zu wollen, mutig und ein bisschen irre, oder wer trägt das Kind von irgendeiner Frau aus Spanien aus, ohne sich Gedanken über gesellschaftliche Konventionen zu machen?

Wie schön wäre es, eines von diesen hübschen und verständigen Mädchen zu bekommen, denke ich, als ich in der folgenden Stunde eine Geschichtsarbeit in der 8c schreiben lasse. Ich lehne mich hinter dem Lehrerpult zurück und google mit meinem Smartphone herum. Für ihr Erstgeborenes wünschen sich die meisten Menschen angeblich das eigene Geschlecht. Gender Disappointment schimpft sich die Enttäuschung über das Geschlecht des eigenen Kindes, die ich mit vielen Menschen teile. In Zeiten des Internets muss niemand mehr mit etwas klarkommen. Zuhauf finden wir Menschen im Netz, die sind wie wir, und ihre Existenz legitimiert unsere Fehler und Verrücktheiten. Es gibt Foren für Menschen, die sich einbilden, sie hätten kleine Käfer unter der Haut oder die Regierung lähme unsere Hirne durch die Kondensstreifen am Himmel. Und wem die Legitimation nicht reicht, der sucht sich eine Lösung aus. Glückskurse, Treuetests oder eben Eizellspenden.

Plötzlich verspüre ich den Wunsch, einmal etwas allein verkraften zu müssen. Ich glaube, ich könnte das inzwischen.

»Ihr habt jetzt noch 30 Minuten Zeit.«

Im Chor schreien die Schüler auf, obwohl sie bestimmt wieder alle früher abgeben werden.

Und wie nennen wir den kleinen Spanier? Ich bin nun für Göppel, aber wie ich Tom kenne, findet er den Namen nicht mehr gut. Wenn es um ihre Stammhalter geht, verlieren Männer den Sinn für Humor. Floh klingt wunderbar leicht und schön vertraut, aber als richtiger Vorname für einen Jungen taugt er nicht. Florian finde ich zu durchschnittlich, und sonst kenne ich keinen Jungennamen, der sich zu unserem Floh abkürzen ließe. In einer Namensuchmaschine erscheint lediglich der Name Florimond. Nur Hippies nennen ihre Kinder so. Es sei ein französischer Vorname, lese ich, der »goldener

Bär« bedeute. Florimond, das klingt fremd und wieder nicht. Ein Flori und der Mond. Ich mag den Mond, es gibt keinen treueren Gefährten als ihn. Zwar verlässt er mich Monat für Monat, aber nur, um zu mir zurückzukehren, solange ich lebe. Selten bin ich mir seiner bewusst, doch wenn ich nicht schlafen kann, blicke ich in den Himmel und denke, richtig, da ist ja noch der Mond. Ebenso wie Flohs Mutter ist er weit weg und doch präsent als etwas Gutes, ohne das nichts wäre, wie es ist. Und vielleicht sind wir Hippies, Tom, unser kleiner Spanier und ich. Immerhin haben wir uns über meine begrenzten Eierstöcke, das Tabu der Eizellspende und die deutsche Gesetzgebung hinweggesetzt. Und ein Junge, der Florimond heißt, ist davor gefeit, innerlich begrenzt zu werden, schätze ich. Jetzt bin ich richtig verknallt in den Namen. Florimond. Weil er Toms Gene hat, bekommt er meinen Nachnamen, haben wir beschlossen. Florimond Reinhardt, wunderschön klingt das.

Am Abend verkünde ich Tom den Namen Florimond, er hält ihn für einen neuen Witz. An diesen Namen wird er sich gewöhnen müssen. Im Grunde genommen bleibt Florimond unser Floh, nur ohne h, genau wie es bei Marta fehlt, rede ich Tom zu. Ich streiche über meinen Bauch. Ich bereue nichts, mein kleiner Spanier Florimond.

Mein Vater würde sich über einen männlichen Enkel sicher freuen, hatte er selbst doch nur zwei Mädchen. Seit unserem Streit haben wir nicht mehr miteinander gesprochen, und defensiv, wie er ist, wird er sich nicht als Erster melden. Aber ich will ihn nicht anrufen, schon beim Gedanken daran zieht sich mein Herz zusammen, als hätte ich Liebeskummer. Dabei macht mich nicht unser Streit traurig, sondern mein Abschied vom perfekten Vater, den ich nie hatte. Ich muss der Wahrheit ins Auge blicken; er ist ein armer Tropf, der das Loch in mir nicht stopfen kann. Um darüber nicht abzustürzen, trauere ich nur dosiert, schließlich bin ich eine starke Mama, will ich Flo und allen anderen zeigen. Aber auch wenn er als Vater nur mäßig taugte, bleibt er mein Vater und bekommt einen Jungen zum Enkel. Ich nehme eines der Penisbilder, umkreise den Penis rot und schreibe *Junge oder Mädchen?* darunter. Das werde ich ihm schicken. So kann ich ihn teilhaben lassen, ohne mit ihm reden zu müssen.

Einige Wochen später sind Tom und ich im Kinderkino. Wir sehen Flo in bisher ungekannter Qualität auf einer riesigen Leinwand schlummern. Der Arzt rüttelt an meinem Bauch, Flo soll aufwachen, damit er untersucht werden kann. Wir sind in einer Spezialpraxis für Feindiagnostik, weil mir die erhöhte Missbildungsrate bei Kindern aus künstlicher Befruchtung keine Ruhe gelassen hat. Ich bin in der 23. Woche, die Halbzeit ist längst geschafft, und eine Abtreibung unseres im Grunde fertigen Flos erscheint mir absurd, aber Kinder mit schweren Behinderungen oder Gendefekten wie dem Downsyndrom dürfen bis zur Geburt abgetrieben werden. Dafür muss die werdende Mutter glaubhaft machen können, dass ihr das Austragen des kranken Kindes nicht zuzumuten ist. In diesem Fall werden die Wehen künstlich eingeleitet, und das Kind kommt so früh, dass es in der Regel stirbt. Jeder Regel ihre Ausnahme, im Netz habe ich einen Film über den Downie Tim gesehen. Das Erste, was du erlebst in dieser Welt, ist, dass du sterben sollst. Tim stirbt aber nicht. Der Arzt damals Assistenzarzt wie Tom. Im Nachtdienst einer Oldenburger Klinik eine Schwangere in der 25. Woche von ihrem Fötus befreien müssen, die Geburt des Kindes einleiten, warten, dass es endlich stirbt, es letztlich aber retten müssen, schwer geschädigt durch die eigene Hand. Auch kein Gefühl, das man sich zum Einschlafen wünscht. Erst neun Stunden später verlegt der Assistenzarzt Tim auf die Intensivstation. Tims Eltern verklagen ihn wegen unterlassener Hilfeleistung, das Gericht verurteilt ihn sogar wegen Körperverletzung zu 13.000 Euro Strafe. Tim kommt zu Pflegeeltern, seine Mutter nimmt sich sechs Jahre später das Leben. Um ein weiteres »Oldenburger Baby« zu vermeiden, werden die Föten bei sehr späten Abtreibungen vor ihrer Geburt inzwischen mit einer Giftspritze getötet.

Meiner Intuition nach ist Flo gesund, aber Chromosomen interessieren sich nicht für meine Intuition, sie spielen ihr eigenes Spiel. Würde ich Flo austragen, wäre er ernsthaft krank? Wahrscheinlich eher nicht, war mein Leben bisher doch schon schwer genug. Was aber wäre mit einem gesunden Downie-Kind? Ich bin nicht belastbar genug für ein besonderes Kind, finde ich und schäme mich. Neun von zehn Paaren, die von der Trisomie 21 ihres Kindes vor der Geburt erfahren, lassen es abtreiben. Aber Flo ist fertig, vielleicht sogar schon lebensfähig, wäre das nicht Mord? Der Arzt rüttelt wieder, und endlich wacht Flo auf. Nun wird er auf Herz und Nieren getestet. Als der Arzt die findet, atme ich auf, denn ohne Nieren lebt es sich nicht. Flos Hirnströme sind normal, und auch sein Herz funktioniert einwandfrei. Für die 23. Woche ist unser kleiner Spanier ein bisschen groß und schwer, aber er scheint ganz gesund. Ich wusste das, aber Tom verdrückt Tränen der Erleichterung.

24

DU WIRST, WAS DEIN ALTER IST

Wegen der Eizellspende und allem bin ich risikoschwanger und seit der 30. Woche krankgeschrieben. Die gefürchtete Schwangerschaftsgestose ist bisher nicht eingetreten, und ich glaube nicht, dass sie noch kommt. Flo und ich sind uns einig, nichts in meinem Körper will seine Existenz bekämpfen. Bis zur 33. Woche habe ich besorgt, was Flo in den nächsten Jahren brauchen könnte. Eines von vier Babyölen wird er sicher vertragen, und Schmusetiere haben Kinder nie genug. Wie ein Bonbonladen ohne Bonbons stehen die gebrauchten Babymöbel aus dem Netz herum und warten auf ein Baby, das ihnen einen Sinn verleiht. Für den Fall, dass es nach Flos Geburt sehr stressig wird, habe ich all sein Hab und Gut bereits fotografisch in Szene gesetzt und in das erste von fünf Fotoalben geklebt. Wenn Flo da ist, muss ich nur noch ihn fotografieren und dazwischenkleben. In den kommenden sieben Wochen habe ich keinen Auftrag mehr. Ich schlendere an Geschäften vorbei, blicke durch Auslagen hindurch und erschrecke. Das im Schaufenster kann ich nicht sein. Eine gigantische Wampe, und danach folgt, was von mir übrig ist. Im Profil wirke ich so übertrieben schwanger wie diese hormontriefenden Walzen, die immer andere sind, aber doch nicht ich. Meine Selbstwahrnehmung steht seit der 16. Woche im Stau, ein kleines Würmchen wohnt in meinem niedlichen Bäuchlein, mehr nicht. Das hier hingegen ist animalisch und unumkehrbar. Ich atme flach und flüchte vor mir selbst.

In einem Zeitungsladen lenke ich mich ab. Was so alles auf der Welt passiert, hier ein Amokläufchen und, ach, da ein neues Kriegchen. »Die Drei-Eltern-Babys kommen« ruft mir eine Schlagzeile zu. Meinen die uns? Neulich las ich etwas von Schwangerschaftspsychosen, und Frauen mit dem Triplo-X-Syndrome werden schon unschwanger überdurchschnittlich oft psychotisch. Ich spüre meinen Herzschlag im Hals, geht das überhaupt? Bevor ich selbst zur Schlagzeile werde, stampfe ich nach Hause und atme so tief in meinen Bauch, dass es meiner Hebamme eine Freude wäre. Die Drei-Eltern-Babys kommen bloß nach Großbritannien, erfahre ich zu Hause, dort sind sie neuerdings erlaubt. Aber was sind das, Drei-Eltern-Babys? Ich lese etwas von Eizellspenden und will den Rest verstehen. Dazu muss ich alles mehrmals lesen, so schwer fällt meinem hohlen Hirn das Denken. Eine neuartige Befruchtungstechnik verhindert, dass Kinder eine seltene Krankheit von ihren Müttern erben. Mitochondriopathie, was für ein Wort. Das ist die Sammelbezeichnung für neuromuskuläre Syndrome, bei denen die Mitochondrien in den Zellen dem Organismus nicht genügend Energie bereitstellen. Die Folgen zeigen sich schon im frühen Kindesalter, viele Erkrankte überleben ihre Kindheit nicht. Eine britische Frau verlor sieben Kinder wegen dieser Mitochonirgendwas. Um solche Schicksale zu verhindern, werden in Großbritannien jährlich ungefähr 150 erkrankten Frauen mit Kinderwunsch Eizellen entnommen und deren Zellkerne mitsamt dem Erbgut isoliert. Gleichzeitig werden Spendereizellen entkernt, ohne deren Mitochondrien zu entfernen, weil die sich nicht im Zellkern befinden. In diese entkernten Spendereizellen mit ihren gesunden Mitochondrien werden nun die isolierten Zellkerne der erkrankten Frauen eingesetzt, mit den Spermien der gewünschten Väter künstlich befruchtet und den erkrankten Frauen zurückgegeben. Als wenn ich von einem Pfirsich nur den Kern behalte, weil im Fruchtfleisch ein Wurm ist, erkläre ich mir. Einen anderen Pfirsich entkerne ich und stecke den Kern vom kranken Pfirsich in das gesunde Fruchtfleisch. Langsam komme ich dahinter: Die entstehenden Kinder haben drei Eltern, den leiblichen Vater, die Kernmutter und eine Fruchtfleischmutter, von der auch die Mitochondrien stammen. Weil die Erbanlage eines Mitochondriums nur ein Prozent der Genetik einer menschlichen Zelle ausmacht, ist der genetische Beitrag der Eizellspenderin gering, aber diese Veränderung wird von Generation zu Generation weitergegeben. Gegner dieser Methode sehen in ihr den Beginn von Babys nach Maß und somit einen ethischen Verstoß. Außerdem seien gesunde Spendereizellen zu schade, um sie für diese Therapie zu verbrauchen, argumentieren sie. Als wenn jeder der gespendeten Eizellen ansonsten ein Kind entstiegen wäre. Durchschnittlich springen von den 20.000 Eizellen einer gerade geschlechtsreifen Frau nur 500, und aus weniger als zwei von ihnen wird ein Baby. Die anderen gehen ungenutzt zugrunde, wenn sie nicht gespendet werden.

Mein hochverehrtes drittes X-Chromosom befindet sich in meinen Zellkernen. Insofern könnte diese Befruchtungstechnik mir nicht helfen, zumal nicht geklärt ist, inwieweit das Triplo-X-Syndrome vererbbar ist. Vieles über das rätselhafte dritte X steht noch in den Sternen. Weil Medikamente es nicht eliminieren können, ist unsere Erforschung wenig lukrativ, und wir Super Females bleiben unerklärt. Aber angenommen, ich könnte mithilfe dieser Therapie ein gesundes leibliches

Kind bekommen, würde ich es nicht mehr wollen. Zwar habe ich mir unseren Weg zum Kind nicht ausgesucht, aber nun kommt er mir wie eine Fügung vor. Ich bin befreit von der Verantwortung, ein gutes, ein richtiges Kind zu bekommen. Wen immer ich zur Welt bringe, liegt nicht in meinen Genen. Auch die an dieser Mitchonirgendwas erkrankten Frauen könnten auf eine Eizellspende zurückgreifen, aber wenn sie ihre Gene partout vererben möchten, soll der medizinische Fortschritt ihnen doch helfen. Wozu sonst schreiten wir voran? Ich bin immer auf der Seite der Leidenden, stelle ich gerade fest, als ich mich an Dolly, das in den 90ern geklonte Schaf, erinnere. Auch das war medizinischer Fortschritt, aber die Menschheit ekelte sich vor diesem eineiigen Zwillingslamm eines erwachsenen Schafes.

Nur die jugendliche Marta nicht. Die tröstet sich mit der Vorstellung, eine neue Marta könnte geboren werden. Die alte Marta würde sich eine Wohnung suchen und Martababy bei sich aufnehmen. Dort würde sie die geklonte Kleine hegen und pflegen, sodass diese zwar aussehen würde wie Marta, sich durch Martas liebevollen Einfluss aber gegenteilig entwickeln könnte. Aus purer Lebenslust würde die zweite Marta oft lachen und tanzen. In ihrem Inneren wäre sie rein und allen Menschen wohlgesinnt. Selbst mit Mutter würde sich Martababy gut verstehen. Weil es nun eine bessere, eine richtige Marta gäbe, die sich um Mutter kümmern könnte, dürfte die alte Marta bald verschwinden, fantasiert Marta und fühlt sich erleichtert.

Mit Dolly beginne sie, die böse Zukunft, hatte unser Bio-Lehrer uns gegruselt. »Mir kann das egal sein, damit müsst ihr euch rumschlagen, wenn ihr mal erwachsen seid. Was ihr wahrscheinlich eh nie werdet.« Tatsächlich bin ich in 34 Lebensjahren nicht erwachsen geworden und habe mich dementsprechend nicht weiter mit dem Klonen herumgeschlagen. Nur ab und zu habe ich etwas aufgeschnappt und bald wieder vergessen. Vielleicht werde ich doch noch erwachsen, hoffe ich nun und forsche. Klone können ähnlich hergestellt werden wie Drei-Eltern-Kinder. Man nehme eine Eizelle und ersetze ihren Kern durch den einer Körperzelle des zu klonenden Lebewesens. Allerdings entsteht durch diese Methode kein genetisch identischer Klon, wie ich längst weiß, denn ein kleiner Teil der Erbinformationen steckt in den nicht ausgetauschten Mitochondrien der Eizelle.

Das Klonen von nützlichen Pflanzen ist Normalität, und auch Tiere wurden nach Dolly etliche andere kopiert, ohne dass ich das mitbekommen hätte. Für die Pharmaindustrie werden seit 2014 serienmäßig Schweine geklont. Ihre Erbinformationen wurden so manipuliert, dass diese Tiere besonders anfällig für bestimmte Krankheiten sind und sich damit bestens als Versuchstiere für Medikamententests eignen. Ein Stall voller Alzheimer-Schweine im Endstadium. Und gibt es Dolly Buster auch schon im Doppelpack? Angeblich wurden in den USA 2006 Zellkerne eines unfruchtbaren Mannes in drei Eizellen seiner Frau und 13 Eizellen einer Kuh übertragen. Aus sieben Eizellen der Kuh und einer menschlichen habe sich ein Embryo entwickelt. Der menschliche sei der Frau eingesetzt worden, habe sich aber nicht eingenistet. Was mit den Kuhmensch-Embryonen wohl passierte? Übrigens, deine zweite Mama ist eine Kuh, und dein Papa, das bist du. Plötzlich bekommt das Ton-Steine-Scherben-Lied *Ich will nicht werden, was mein Alter ist* für dich eine drängende Bedeutung, trotzdem kannst du dir jegliche Rebellion sparen, denn eins ist sicher: Du wirst, was dein Alter ist.

2008 klonte sich der amerikanische Fruchtbarkeitsspezialist Samuel Wood aus seinen Hautzellen, angeblich zerstörte er die Embryonen wegen ethischer Bedenken im Blastozystenstadium. Damit gilt er als erster Menschenkloner. Fünf Jahre später konnten zum ersten Mal menschliche Stammzellen gezüchtet werden. Im Unterschied zum reproduktiven Klonen wird der Embryo bei diesem therapeutischen Klonen nach wenigen Teilungen zerstört. Die dadurch gewonnenen Zellen lassen sich zu unterschiedlichen spezialisierten Zellen wie zum Beispiel zu denen von Organen entwickeln. Gelänge es, aus ihnen ein komplettes Organ zu schaffen, das dem Zellspender implantiert werden würde, wäre eine immunologische Abwehrreaktion, zu der es bei der Implantation von Fremdorganen kommt, nahezu ausgeschlossen.

Reproduktives Klonen soll geächtet werden, da scheint die Welt sich einig. Trotzdem vermute ich bereits mehrere kleine Michael Jacksons und Scarlett Johanssons auf der Welt, die irgendwelche irren Forscher als ihre eigenen Kinder ausgeben. Wissenschaft tut, was Wissenschaft kann. Die Legitimität des therapeutischen Klonens ist umstritten. Hierzulande ist es illegal, weil das deutsche Embryonenschutzgesetz einen Embryo bereits nach der Verschmelzung von der Eizelle mit der Samenzelle als schützenswertes Leben definiert. Da sich ein Embryo aber nur in Kooperation mit einem Mutterkörper zum Menschen entwickeln kann, schützt eine andere Definition den Embryo erst mit der Einnistung in die Gebärmutter. So wird es auch in Großbritannien gehandhabt, und deshalb sind Drei-Eltern-Babys dort erlaubt, aber nicht bei uns, verstehe ich jetzt. Ich bin richtig stolz auf mich. So viel wie heute habe ich in meinem ganzen beschissenen Bio-Unterricht gefühlt nicht gelernt. Aber ist therapeutisches Klonen nun ein Teil der Lösung, weil dadurch Leid beseitigt wird? Die Praxis des therapeutischen Klonens macht auch das reproduktive Klonen wahrscheinlicher, und das schafft mit Sicherheit neues Leid, insofern ist therapeutisches Klonen vielleicht doch eher ein Teil des Problems? Völlig verausgabt schließe ich meine Augen und denke darüber nach. Ich wache erst auf, als Tom mich auf die Wange küsst.

25

E.T.

Wie immer seit der sechsten Woche gehe ich in dieser Nacht auf die Toilette. Als ich durch den Flur watschele, stürzen die Niagarafälle auf unseren Holzfußboden. Obwohl ich weiß, was passiert ist, halte ich ein pH-Stäbchen in die Pfütze, damit ich die teuren Dinger nicht umsonst gekauft habe. Augenblicklich färbt es sich dunkelblau, und das ist gar nicht gut. Ich bin ganz ruhig. Die Situation kommt mir vertraut vor, deshalb vermute ich, schon einmal gelebt zu haben. Als mehrfache Mutter oder Hebamme, denn ich fühle keine Angst. Nur wie man richtig atmet, habe ich über meinen Tod vergessen, und im Geburtsvorbereitungskurs war das noch nicht dran. Dort wurde uns nur eingetrichtert, sich in einem Fall wie diesem sofort hinzulegen. Für sofort ist es zu spät, aber ich gehe dann mal zurück ins Bett.

»Tom?«

Nichts.

»Tom?«

Nichts. Vielleicht sollte ich ihn schlafen lassen. Es ist sowieso unwahrscheinlich, dass ich ihn wach bekomme. Tom hält morgen einen Herzvortrag für Medizinstudenten. Vor solchen Auftritten ist er aufgeregt und kann nicht schlafen, deswegen hat er sich gestern Abend seine halbe Privatapotheke einverleibt. Die unterschiedlichen Tabletten hat er so aufeinander abgestimmt, dass er gegen sieben Uhr erwachen müsste, jetzt ist es eins. Trotzdem muss ich es weiter versuchen, sicher wäre er enttäuscht, wenn ich ihn nicht mitnähme.

Ich stemme mich hoch, umfasse seine Schultern und schüttle. Tom stöhnt kurz, dann dreht er sich weg. Ich stehe auf und suche ein Telefon. Zwischen meinen Beinen rinnt Flüssigkeit hinunter. Mein Handy, Toms Handy, Toms Diensthandy und unser Funktelefon, hier fliegen ständig Telefone herum, aber jetzt sind alle weg. Ich suche meinen Laptop und orte mit ihm mein Handy. In maximaler Lautstärke schrillt es aus dem Schlafzimmer, in dem Tom friedlich schlummert.

»Guten Tag, hier ist Marta Reinhardt. Meine Fruchtblase ist geplatzt. 35. Woche. Ja. Nee, keine Wehen. Okay. Alte Brunnenstraße 4, 3. Stock. Nein. Ja. Tschüss.«

Auf dem Weg zurück zum Bett greife ich unseren Putzeimer und lasse etwas kaltes Wasser hineinlaufen. Als ich es über seinen Kopf gieße, schnellt sein Oberkörper hoch.

»Bist du total verrückt geworden? Was soll das? Wie spät ist es?«, lallt Tom wenig verständlich.

»Eins. Wir müssen …«

»Spinnst du? Ich muss morgen meinen Vortrag halten und …«

»Tom! Meine Fruchtblase ist geplatzt.« Ich bin ganz ruhig, aber jetzt schreie ich ein bisschen, damit er mir zuhört.

»Ich muss schlafen.« Er hat nicht zugehört.

»Meine Fruchtblase ist geplatzt.«

»Was? Bist du sicher? 35. Woche ist doch viel zu früh.« Er legt sich wieder hin.

»Das habe ich Flo auch gesagt, aber ihm scheint das egal zu sein.«

»Bestimmt bist du nur inkontinent. Wir können jetzt nicht …«

»Ich bin nicht inkontinent, meine Fruchtblase ist geplatzt.«

»Okay, du bleibst hier liegen, ich ruf die Feuerwehr.« Er bewegt sich nicht.

»Das hab ich schon. Zieh dich einfach an und pack ein paar Sachen für mich ein.«

Stöhnend wuchtet Tom sich hoch und poltert durch die Wohnung.

»Wo ist mein Portemonnaie? Wir bekommen ein Baby, und ich finde mein Portemonnaie nicht. Ohne Portemonnaie bin ich kein Mensch. Ich kann mich ja nicht mal als Vater ausweisen.«

Mir ist schleierhaft, wie er sich als Vater ausweisen will und wozu, aber es scheint ihm ein dringendes Anliegen, denn er weint fast.

»Ich habs. Okay, mein Handy. Wo ist mein Handy? O Mann, ich dreh noch durch ...«

In dieser herausfordernden Situation ist mir Tom eine große Stütze, geradezu ein Fels in stürmischer Brandung. Liegend zerre ich ein paar Klamotten aus der Kommode und stopfe sie in eine Tüte. Es klingelt an der Tür.

»Tom, die Feuerwehr ist da.«

»Fuck, ich find mein Handy nicht. Ohne mein Handy krieg ich doch kein Kind.« Im Wohnzimmer rumpelt es.

»Tom verdammt, ich kriege ein Kind, und das auch ohne dein Scheißhandy.«

»Ich geh ja schon. Aber du bist sowieso bestimmt nur inkontinent.«

»Mach jetzt die verdammte Tür auf!«

»Jetzt nur noch Ihre Schuhe, junger Mann.«

Die beiden Feuerwehrmänner helfen Tom beim Anziehen.

»Der ist ja völlig blau, der kotzt bestimmt den ganzen Kreißsaal zusammen«, wenden sie sich mir zu und tragen mich in einem Tuch die Treppe hinunter. Ich finde alles fantastisch aufregend und frage mich, warum mein Leben nicht immer so sein kann. Im Feuerwehrauto bekomme ich sogar Wehen oder das, was ich dafür halte. Die Feuerwehr bringt uns in Toms Krankenhaus, und Toms Gesicht wird weiß. Ein hübscher Pfleger verfrachtet mich in ein Bett, mit dem er mich durch die Gegend kutschiert. Ich erzähle ihm vom kleinen Häwelmann, der in seinem Rollbett durch den Himmel fliegt und Mond und Sterne ärgert, bis ihn die Sonne ins Meer schmeißt. Tom folgt uns als wandelnder Tod, er ist ein Spielverderber. Ich werde zu einem unsicheren Mädchen gefahren, das behauptet, Gynäkologin zu sein. Es untersucht mich und diagnostiziert zu meiner Überraschung eine geplatzte Fruchtblase. Flo scheint in Ordnung zu sein, er verschläft die Aufregung. Das Mädchen ordnet einen Antibiotikatropf an und rät uns auch zu schlafen, bis ich morgen ein Mittel bekomme, das die Wehen auslösen soll.

»Die habe ich schon«, sage ich, aber das Mädchen schüttelt nur lächelnd seinen Kopf.

»Ließe sich das Ganze wegen eines wichtigen Vortrages noch etwas verschieben, vielleicht auf übermorgen?«, fragt Tom reichlich verwaschen.

Das Mädchen hört auf zu lächeln und mustert ihn, als sei er unzurechnungsfähig, was er streng genommen wirklich ist. Uns wird ein Zimmer mit zwei Betten zugewiesen. Tom legt sich hin und schnarcht sofort laut los. Ich bekomme nun wirklich Wehen und ziehe im Zimmer meine Kreise, stundenlang. Um sieben Uhr werden wir zur nächsten Untersuchung abgeholt. Während ein sehr junger Mann Flos Herztöne misst, scheitert Tom bei dem Versuch, den Vortrag mit dem Handy seinem Chef zu senden. Während ich die Wehentablette schlucke, überlegt Tom laut, ob er um zehn zum Hörsaal gehen soll, um seinen Vortrag zu halten.

»Meinetwegen kannst du das machen«, sage ich zu Tom und hoffe, dass es ein langer Vortrag wird.

»Meinetwegen können Sie eine Bank überfallen, aber beschweren Sie sich hinterher nicht, wenn Sie die Geburt Ihres Kindes verpassen«, sagt der junge Gynäkologe.

Tom will den Vortrag nicht mehr halten, sein Chef soll das übernehmen, und Tom muss augenblicklich nach Hause, um die Daten von seinem Laptop aus an seinen Chef zu senden. Kaum ist er weg, krampft mein Unterleib stärker, und ich denke, ach so, das sind jetzt also erst die Wehen. Tom hat mich gebeten, mit der Geburt auf ihn zu warten, deshalb gehe ich zum Frühstück in den Speisesaal. Weil hier eine Qualitätskontrolle stattfindet, renne ich nach jedem Bissen vor die Tür und stöhne dort, um niemanden zu stören. Eine Stunde später kann ich nicht mehr anders, als jemanden zu stören, weil mit meinen Schmerzen etwas nicht stimmt. Obwohl sie das Niveau der stärksten vorstellbaren Schmerzen längst überschritten haben, verzehnfachen sie sich von Wehe zu Wehe.

Ich werde in den Kreißsaal gebracht und rufe Tom an. Als er endlich kommt, liege ich in der Badewanne. Vorhin fragte mich die diensthabende Hebamme, was ich mir für die Geburt vorstelle. Als ich antwortete, mein Kind soll schnell geboren werden, blickte sie mich missbilligend an, sodass ich hinterherschob: »Eine Wassergeburt wäre sicher schön.«

Nun liege ich in der Wanne, und weil ich die Schmerzen im Liegen nicht aushalte, muss mich die Hebamme für jede Wehe hochwuchten. Endlich beschließt sie, dass ich doch keine Wassergeburt möchte. »Dann vielleicht eine Geburt in der Hocke«, sage ich, um sie bei Laune zu halten. Sie murmelt nur »wir werden sehen«. Aus einem mir nicht ersichtlichen Grund bin ich bei ihr schon vor der Geburt durchgefallen, deshalb muss ich nicht mehr tapfer sein. Ich verlange augenblicklich eine PDA, die meine Schmerzen ausschalten soll. Die Hebamme schlägt vor, stattdessen eine Schmerztablette zu nehmen, und ich lache sie aus. Bis die PDA gelegt ist, erhole ich mich unter dem Schutzmantel eines Wehenhemmers. Schließlich liege ich auf dem Rücken und lasse mir von der Hebamme immer wieder vorwerfen, dass ich falsch atmen würde. »Sie atmen zu stark in den Kopf hinein, immer so stark in den Kopf hinein.«

Ich verstehe nun zu sehr, was wirkliche Wehen sind, um zu verstehen, was sie meint. Tom tupft mit einem kalten, nassen Tuch an meiner Stirn herum, was alles andere als angenehm ist. Vermutlich wurde er dazu abgestellt, damit er nicht im Weg herumsteht, deshalb lasse ich ihn gewähren.

Drei Außerirdische blicken mich an, und ich verstehe nicht, was sie von mir wollen. Ich fühle keine Schmerzen, nichts.

»Frau Reinhardt, Frau Reinhardt, hören Sie mich?«

Jetzt kommt alles zurück, auch die Schmerzen, und ich weine, weil ich ganz verwirrt bin. Die Hebamme behauptet, ich sei ohnmächtig gewesen, und Tom bestätigt das. Ich war aber noch nie ohnmächtig, ich kann gar nicht ohnmächtig werden.

»Das kommt, weil Sie immer so stark in den Kopf atmen.«

Nun ist auch der Chefarzt da und beobachtet unser irres Treiben. Während ich presse und schreie, juckt mein Körper fürchterlich, und ich kratze wie eine Wahnsinnige.

»Der Juckreiz kündigt eine neue Ohnmacht an. Mir wird das jetzt zu heikel, wir holen es mit der Saugglocke«, sagt der Chefarzt. Und als hätte ich das nicht gehört, redet er mir in sanftem Tonfall zu: »Wir unterstützen Sie und Ihr Kind jetzt ein bisschen, dazu werde ich eine kleine Führungshilfe benutzen. Keine Angst, es ist keine richtige Saugglocke, und sie werden Ihr Kind trotzdem selbst auf die Welt bringen, es ist also kein wesentlicher Eingriff in den natürlichen Ablauf. Sind Sie damit einverstanden?«

Was für eine Frage? Warum haben die das nicht längst getan? Nichts interessiert mich weniger als ein natürlicher Ablauf dieses Martyriums. Und so dockt er seine Führungshilfe bei Flo an.

Die Schmerzen erreichen einen neuen Höhepunkt, dann spüre ich den Kleinen rutschen.

»Jetzt nur noch die Schultern.«

Ein weiteres Mal sterbe ich, dann liegt ein zappelndes Bündel auf meiner Brust. Die plötzliche Präsenz des Flos, so viel vibrierende Lebendigkeit, ich bin schockiert.

Bevor ich darüber hinwegkomme und ihn berühren kann, trägt ihn die Hebamme davon. Er muss auf die Intensivstation, und wir wissen nicht, wie es um ihn steht. Ich habe nicht einmal sein Gesicht gesehen. Hat er überhaupt geschrien? Und wer hat die Nabelschnur durchtrennt? Eben war ich schwanger, nun hat die Intensivstation ein Frühchen mehr. Ich war auf eine Geburt nicht eingestellt, und jetzt ist sie vorbei. Mein Bauch ist schlaff, Flo ist weg.

»Nee, die Nachgeburt möchten wir bitte nicht mitnehmen, ich will sie nicht einpflanzen oder in die Elbe schmeißen«, antworte ich einer unbekannten Hebamme, die um uns herumwerkelt. Der Chefarzt hat Reißaus genommen, eine neue Ärztin kommt herein, die keine Neuigkeiten bringt, sondern mich vernähen will. Wahrscheinlich wollen sie Tom eine Restchance bewahren, nach dieser Geburt jemals wieder Sex mit mir zu wollen, denn er soll den Kreißsaal verlassen. Nach ein paar lächerlichen Stichen und gefühlten Stunden kommt zunächst Tom und dann endlich meine Hebamme zurück. Ihrem traurigen Blick entnehme ich, dass Flo gestorben ist. Langsam kommt sie auf uns zu.

»Ihr Sohn hat die ganze Intensivstation beschäftigt. Er hat nicht richtig geatmet, dadurch ist die Sauerstoffsättigung in seinem Blut gesunken, und er ist blau angelaufen.«

»Aber er sah doch so lebendig aus.« Ich traue mich nicht, zu fragen, ob er noch am Leben ist.

»Wie geht es ihm jetzt?« Flos Vater ist mutiger als ich.

»Er wird beatmet und liegt in einem Wärmebettchen. Es geht ihm den Umständen entsprechend, er hat sich schnell stabilisiert.«

»Können wir zu ihm?« Als Arzt stellt Tom die richtigen Fragen.

»Sie können mitkommen, Ihre Frau bleibt aber hier, wir müssen sie noch entkabeln.«

Tom blickt mich an, und ich nicke. Flo braucht ihn jetzt dringender als ich.

Als er wiederkommt, überreicht er mir ein Foto von einer Sauerstoffmaske, dahinter ein winzig kleines Babyköpfchen.

»Er hat sich an meinen Daumen geklammert«, berichtet Tom mehr bedrückt als stolz. Ich will sofort zu Flo, ich bin seine Mutter oder werde es zumindest sein.

»Sieht er spanisch aus?«

»Nee, er sieht wie ein sehr süßes Baby aus, aber er ist noch ganz schön klein.«

Endlich bringt mich Tom zu Flos Bettchen. Darin liegt ein winziges Baby, das aber ansonsten aussieht wie jedes andere, besonders südländisch wirkt es tatsächlich nicht. Über mehrere Kabel ist es mit einem Monitor verbunden und schläft, zwei Krankenschwestern fummeln an ihm herum.

»Ach, hallo. Ihr Sohn mischt uns hier ganz schön auf. Eben hat er sich die Sauerstoffmaske heruntergerissen, seitdem atmet er selbst. Das macht er aber gut, also lassen wir es vorerst so.«

Ich fühle mich verloren. Von uns vieren hier kenne ich meinen Sohn am wenigsten, ich hätte ihn nicht erkannt. Würde ich jetzt gehen, verbänden uns nur knapp acht gemeinsame Monate, immerhin die schönsten meines Lebens.

Tom begleitet mich zur Wochenbettstation, auf der ich schlafen soll. Im Zimmer, das ich mit einer anderen Frau teile, wartet ein Epilepsiebesteck auf meinen nächsten Anfall. Der Chefarzt hat in meiner Akte vermerkt, ich hätte während der Ohnmacht gekrampft und damit möglicherweise einen epileptischen Anfall erlitten, erklärt mir ein Krankenpfleger. Nun also noch Epilepsie. Vor einem Jahr hätte mich eine solche Vermutung umgeworfen. Jetzt lache ich, weil ich weiß, dass sie nicht stimmt. Ich brauche mich und meine Nerven für unseren Flo und lege mich ins Bett. Es ist bereits nach Mitternacht, die letzte Nacht habe ich durchwacht, trotzdem kann ich nicht schlafen. Wie soll zwischen Flo und mir wachsen, was zwischen eine Mutter und ihr Kind gehört? Wurde sein Gehirn durch den Sauerstoffmangel geschädigt? Der Tag, an dem ich Florimond gebar, das war kein schöner Tag. Zum Glück bin ich vorher nicht dazu gekommen, ihn mir auszumalen, so beschissen hätte ich ihn mir bestimmt nicht vorgestellt.

Vier Stunden später klingelt mein Wecker. Gleich gibt es auf der Säuglingsintensivstation die nächste Versorgungsrunde, und ich will dabei sein. Flo soll wissen, dass er eine Mama hat, auch wenn die nicht weiß, ob sie ihn lieben kann. Als ich an sein Bettchen trete, schläft er noch. Niedlich sieht er aus, aber eine Ähnlichkeit zu Tom kann ich noch nicht erkennen. Ob er seiner Mutter ähnlich sieht? Eine junge Krankenschwester zeigt mir, wie ich ihn hochnehmen und wickeln soll. Dabei wacht Flo auf und weint. Die Schwester wirkt ungeduldig, und ich verhalte mich so ungeschickt, als wäre ich nicht seine Mutter, was so unwahr ja nicht ist. Dann wird mir Flo in den Arm gelegt und ein warmes Fläschchen in die Hand gedrückt. Bedächtig beginnt der Kleine zu saugen, und ich betrachte ihn dabei. Schmolllippen in einem kleinen Gesichtchen, große, dunkelbraune Augen und ein schwarzer Flaum auf dem Kopf. Seine Glieder sind dürr und wirken zerbrechlich, seine Füße hingegen sind breit und gigantisch groß. Von wegen kleiner Spanier, der wird ein Riese, freue ich mich.

»Ich bin deine Mama und beschütze dich, kleiner Florimond«, flüstere ich ihm zu. Er nickt beim Trinken immer wieder ein, dabei ist die Flasche noch fast voll.

»Du musst trinken, kleiner Mann, du willst doch groß und stark werden«, rede ich leise auf ihn ein. Eine ältere Krankenschwester zeigt mir, wie ich ihn kitzeln kann, damit er weitertrinkt. Florimond schafft ein gutes Viertel, dann sinkt er tiefer in den Schlaf. Ich soll mich in einen Liegestuhl legen und bekomme Flo zum Känguruing auf den nackten Bauch. Augenblicklich überkommt mich eine tiefe Ruhe, Flo auf mir wirkt wie ein ganzer Wellnessurlaub. Ich schließe die Augen und lausche seinem Hecheln.

»Entschuldigung?« Vor mir steht die ungeduldige Schwester. »Die nächste Versorgungsrunde steht an.«

Ich habe fast vier Stunden geschlafen, und wir beginnen von vorn. Die kommenden Tage werden von diesen Runden bestimmt, alle vier Stunden wickeln und füttern, ich bin immer dabei. Tom begleitet uns nach seinem Feierabend zwei Runden lang, dann fährt er nach Hause, um zu schlafen. Ich selbst schlafe kaum und funktioniere wie ein Uhrwerk. Unverwüstlich flitze ich zwischen der Intensivstation, dem Speisesaal und meinem Zimmer hin und her. Nach vier Tagen schießt endlich meine Milch ein, aber Flo ist zu schwach, um sie aus meinen Brüsten zu saugen. Ich bekomme eine Milchpumpe, mit der ich mich melke wie eine Kuh. Alle drei Stunden pumpe ich eine halbe Stunde lang Milch ab, etikettiere sie und bringe sie zum Kühlschrank. Die neue Aufgabe verändert meinen Rhythmus, aber ich integriere sie spielend. Zwischen meinen Stationen halte ich hier und da ein Schwätzchen und genieße langsam meine neue Rolle. Nebenbei erkundige ich mich, wie lange Geburten glücklich machen können. Die Endorphine der Geburt können einige Tage nachwirken, erfahre ich, aber dann müssten rasch die Heultage folgen. Nach einer Woche ist mir klar, dass ich in einer manischen Phase nie erlebter Stärke stecke. Ob wegen der Hormonveränderung oder durch Flo an sich, ich nutze die Energie, um eine gute Mama zu sein. Auf dieser Welle rufe ich bei meinem Vater an und gratuliere ihm zum Enkel. Er scheint besorgt, aber ich beruhige ihn. Alles ist gut, aber besuchen soll er uns hier nicht.

»Wenn wir zu Hause sind, empfangen wir dich gern.«

Flos Monitor ist mein bester Freund. Wenn Flos Sauerstoffsättigung fällt, schlägt der Monitor Alarm. Dann lege ich meine Hand auf Flos Stirn und rede ihm gut zu. Er atmet tief durch, die Sättigung steigt, und seine Herzfrequenz sinkt ab. Inzwischen verkable ich ihn selbst, ich bin die Krankenschwester meines eigenen Kindes. In unserem Zimmer liegen Zwillinge aus der 25. Woche, allerdings ist einer der beiden immer im OP oder in der Sprechstunde irgendeines Spezialisten. Untereinander flüstern ihre Eltern nur, mit mir sprechen sie nie. Weil Flo erst in der 35. Woche gekommen ist, scheinen wir unter ihrer Würde zu sein. Die Brutkästen der Zwillinge sind abgedeckt, wir sollen sie nicht sehen. Wenn ihre Magensonden gewechselt werden, erblicke ich sie trotzdem. Miniaturmenschen, deren Gestalt mich an E.T. erinnert. Bei ihnen piepst es ständig, und auch in den anderen Zimmern schlagen die Monitore Alarm, sodass auf der Intensivstation für Säuglinge ein chronisches Piepkonzert erklingt.

Heute wird Flo zum ersten Mal gebadet. Gemeinsam mit der Schwester bereite ich alles vor. Ich stecke meinen Arm ins warme Wasser, und sie legt mir Flo hinein. Er entspannt sich sofort und fällt in eine vorgeburtliche Starre. Dabei wirkt er wie ein Fötus im Uterus, und es kommt mir fürchterlich falsch vor, dass er schon an der Luft ist. In Stille und Dunkelheit sollte er heranreifen können, geschützt vor den Blicken der anderen. Ich verstehe jetzt, warum die Zwillinge abgedeckt sind und ihre Eltern nur leise miteinander sprechen. Es geht ihnen nicht um uns, sondern um die Würde der Zwillinge und um deren Schutz.

26

FREIER FALL

Flo wird immer gelber, weil er Gelbsucht hat. Schließlich benötigt er eine Fototherapie. Mit einer Binde über den Augen liegt er nackt im Blaulicht wie ein Opa im Solarium. Er zerrt sich die Binde ständig ab. Damit treibt er die Schwestern in den Wahnsinn und macht uns stolz. Unser Sohn weiß, was er will, und lässt sich nichts gefallen.

Sein Bilirubin-Wert stagniert auf hohem Niveau, die Fototherapie schlägt nicht an. Die Therapieintervalle werden kürzer und die Behandlungszeiträume länger. Wir freuen uns nicht mehr, wenn er sich die Binde herunterreißt, denn jede Unterbrechung der Therapie ist gefährlich. Die Ärzte spekulieren auf eine seltene Leberkrankheit, und Tom weint stundenlang. Ich tröste ihn und bewache Flo die ganze Nacht. Am nächsten Morgen ist sein Wert gefallen. Tom kann unser Glück kaum fassen, doch ich bin nicht erstaunt. Schon am Anfang der Schwangerschaft hat Flo uns gezeigt, dass er es uns nicht leicht machen will, aber bei uns bleiben wird. Ich bin bereit für was immer da kommen mag.

Es kommt in Form eines mobilen Ultraschallgerätes, als Flo zwei Wochen alt ist. Am Tag nach der Geburt bestürmten wir die Ärzte mit unseren Fragen, doch sie konnten uns weder beantworten, warum Flo anfangs nicht richtig geatmet hat, noch kannten sie die Ursache für seine Frühgeburt. Zwar hätten Kinder aus künstlichen Befruchtungen ein erhöhtes Frühgeburtsrisiko, aber auch eine Infektion könne für den vorzeitigen Blasensprung verantwortlich gewesen sein. Die alles entscheidende Frage stellten wir aus lauter Angst vor der Antwort nur einmal: Hat Flos Gehirn durch einen Mangel an Sauerstoff Schaden genommen? Das sei sehr unwahrscheinlich, seine Werte seien nie gefährlich abgefallen, sagten uns die Ärzte, aber ganz ausschließen könnten sie Hirnschädigungen nicht. So sehr wir auch nach Boden unter unseren Füßen verlangten, die Ärzte beließen uns in wabernder Ungewissheit. Alles andere wäre unprofessionell, sagte Tom. Alles andere wäre human, sagte ich. Von anderen Müttern der Station erfuhr ich dann, dass die Ärzte hier Folgeschäden nie ganz ausschlössen, sie aber bei so späten Frühchen wie Flo äußerst selten einträten. Das beruhigte mich etwas. Und nun schiebt eine unbekannte Ärztin dieses mobile Ultraschallgerät an Flos Bettchen.

»Ich soll noch einmal sein Gehirn schallen, beim ersten Mal gab es ja einen unklaren Befund.«

Von dem ich nicht weiß.

»Was heißt das?« Mir ist ein bisschen schwindelig.

»Eben dass es keinen klaren Befund gab.«

Ach.

»Deshalb werde ich sein Gehirn jetzt noch einmal schallen.« Schon legt sie den Schallkopf an.

Ich stehe direkt hinter ihr. »Und?«

»Es ist alles sehr dicht hier.«

Flo blickt sie mit großen Augen an, während sie den Schallkopf über seinen Schädel schiebt.

»Und was bedeutet das?« Sie soll gehen, ich will mit Flo alleine sein.

»Das könnte für eine Hirnblutung sprechen.«

Ich atme nicht mehr oder will es jedenfalls nicht. Meine Welt steht still. Sehr wohl hatte ich bis eben Boden unter den

Füßen, weiß ich jetzt, da er fehlt. Ich befinde mich in freiem Fall.

»Aber meist bedeutet es nur, dass das Gehirn noch etwas unreif ist. Die Hirne von Frühchen sehen oft so aus. Das erklärt auch, warum sie häufig Probleme mit der Atmung haben – das Atemzentrum ist noch nicht reif.«

Sie schallt noch ein bisschen, dann setzt sie den Schallkopf ab.

»Also, bei Ihrem Sohn kann ich keine Anzeichen von Hirnblutungen erkennen. Alles in Ordnung.«

Mitten im Fall halte ich an, und der Boden kehrt zurück. Die Ärztin verpackt ihre kleine Wundermaschine und zuckelt davon, um andernorts für gute Stimmung zu sorgen.

Die Wut kommt später, als ich spüre, wie tief das Gift in mich gedrungen ist. Tom meint, wir sollten erleichtert sein, und damit hat er recht. Aber der Boden unter meinen Füßen wird nicht wieder fest, und das Gift frisst sich durch mich hindurch, bis ich nicht mehr kann. Ich verschlafe die Versorgungsrunden, und wenn ich aufwache, komme ich nicht hoch. Stattdessen bleibe ich im Bett, und mir ist alles zu viel. In meinem Kopf kreisen die Gedanken. Wie soll aus mir eine gute Mutter werden? Was, wenn Flo doch Schaden genommen hat? Und selbst wenn nicht, wäre da noch unser dunkler Fleck. Wir hatten uns vorgenommen, unsere Blastozysten bald zu spenden oder verwerfen zu lassen. Aber falls Flo nun den plötzlichen Kindstod erleidet? Ich fühle mich so schlimm bei dem Gedanken, dass ich sofort die Statistiken google. Generell beträgt das Risiko für einen Säugling, am plötzlichen Kindstod zu sterben, 0,04 Prozent, aber für Flo als Frühchen ist es wahrscheinlicher. Wir bewahren die Blastozysten mindestens noch ein Jahr auf, beschließe ich. Der dunkle Fleck ist damit zwar zunächst verdeckt, aber nun habe ich schlimme Angst davor, dass Flo bald stirbt. Hier überwacht ihn der Monitor, aber wie soll ich das zu Hause schaffen? Mein Herz rast, und meine Finger zittern. Ich bekomme kaum noch Luft. In diesem Zustand kann ich mich nicht um mich selbst kümmern, geschweige denn um ein Kind, das auch noch meines ist. Aber weil ich weiß, dass Flo mich braucht, schleppe ich mich zu ihm, jeden Tag mindestens einmal. Wie immer wickle und füttere ich ihn, dann lege ich ihn mir auf den Bauch. Ich fühle nichts mehr dabei, auch ruhiger werde ich nicht. Zum Abpumpen muss ich in den Stall, wie ich den dafür vorgesehenen Raum insgeheim nenne. Dumpf sitze ich vor der Milchpumpe und lasse mich auspressen, neben mir andere Frauen mit starrem Blick. Es riecht nach warmer Milch, wir reden nicht. Dann setze ich mich an Flos Bett und betrachte ihn im Schlaf. In den letzten Wochen kam er mir immer näher, nun blicke ich wieder auf ein unbekanntes Wesen. So sehr habe ich mir ein Kind gewünscht, ich muss jetzt zufrieden sein, mache ich mir Druck und verdopple so mein Unglück. Am Nachmittag kommt Tom zu Flo, und ich nutze die Zeit, um im Krankenhauspark zu heulen. Seit fast drei Wochen lebe ich in der Öffentlichkeit, ohne jede Nische oder Sekunde für mich. Ich will nach Hause, und ich will mein altes Leben zurück.

Flo und ich ziehen in ein Mutter-Kind-Zimmer, hier versorge ich ihn selbstständig, mitsamt seinem Monitor. Ständig platzt jemand herein, gerade bringt mir die Stillberaterin die Visitenkarte einer Therapeutin, mit der ich Flos Geburt aufarbeiten soll. Als hätte ich sonst nichts aufzuarbeiten. Sie fragt mich, ob es Probleme mit dem Stillen gebe, und die gibt es ausnahmsweise nicht. In dieser Hinsicht läuft alles wie geschmiert, ich habe genug Milch, und Flo saugt inzwischen kräftig und ausdauernd. Nun stürmt die Visite das Zimmer, und die Ärzte umringen Flos Bett. Sie wollen ihn übermorgen entlassen, wenn es keine Zwischenfälle gibt. Seine Sauerstoffsättigung darf nicht mehr stark absinken, meinen sie damit. Seit Flos Fehlstart nach der Geburt ist das nicht vorgekommen, deshalb sind wir gemeinsam optimistisch. Übermorgen ist mein Überlebenselixier. Tom und ich wollen diese Nachricht im Steakhaus feiern und mich dabei aufrichten. Seit der Schwangerschaft mit Flo habe ich nur durchgebratenes Fleisch gegessen, ich lechze nach Steak medium. Dass wir morgen ausgehen, erzähle ich der ganzen Station, so sensationell scheint mir unser Vorhaben nach drei Wochen in diesem Krankenhaus.

Auf dem Weg nach draußen treffe ich den Stationsarzt, und er rät mir: »Trinken Sie ein Bier, um mal richtig abzuschalten. Wenn Sie Ihre Milch danach abpumpen und verwerfen, bekommt das Kind davon nichts mit.«

»Interessante Empfehlung eines Arztes. Zahlt meine Krankenkasse vielleicht sogar die Zeche?«

»Nee, aber ich lade Sie gerne ein.«

Ich werde verlegen und verabschiede mich schnell.

Im Steakhaus steigt meine Stimmung schlagartig an, und nach einem Bier träumen Tom und ich von unserem ersten Weihnachten zu dritt. Ich brenne jetzt darauf, Flo übermorgen nach Hause zu bringen. Endlich darf ich eine richtige Mama sein und den Flo lieben lernen. Dann kommt das Steak, und es ist zäh. Die Wirkung des Alkohols verflüchtigt sich, und ich bin unfassbar erschöpft. Als wir ins Krankenhaus zurückkehren, empfängt uns der Stationsarzt schon auf dem Flur.

»Es hat einen Zwischenfall gegeben. Die Sauerstoffsättigung Ihres Sohnes ist vorübergehend unter 60 Prozent gefallen, für ihn ist das ja ein ziemlich schlechter Wert.«

»Und nun?«, frage ich nach einer Pause, obwohl ich weiß, was nun passiert. Die Entlassung wird verschoben.

»Wir müssen ihn weiter beobachten. Er sollte ja morgen entlassen werden, das müssen wir leider verschieben. Drei Tage muss er schon stabil sein, bevor wir ihn entlassen können.«

In dieser Nacht weine ich so laut, dass Flo davon erwacht. Mein kleiner Delfin fiepst ganz hoch sein »Hab mich lieb«, und ich brumme eine Oktave tiefer zurück. Er versteht, Mama ist da, und er glaubt, alles ist gut.

Am nächsten Morgen besucht uns meine Lieblingskrankenschwester, eine besonnene ältere Dame.

»Wissen Sie, ich arbeite schon so lange hier, ich kann die Kleinen inzwischen gut einschätzen. Ihr Florimond ist nicht krank. Er hatte Startschwierigkeiten, aber jetzt ist er fit. Beim besten Willen kann ich mir nicht vorstellen, dass seine Sauerstoffsättigung gestern wirklich so tief gefallen ist. Ich habe da einen ganz anderen Verdacht.« Während sie spricht, zieht sie Flos rechte Socke aus. An seiner Ferse klebt der Sensor für die Sauerstoffsättigung.

»O Gott, der hat ja Riesenfüße. Hab ich's mir doch gedacht, sein Fuß ist eiskalt. Deshalb funktioniert der Sensor nicht richtig. Wir ziehen ihm jetzt mal Wollsocken darüber, und ich wette mit Ihnen, dass der Sensor dann keinen Abfall mehr meldet.« Schon hat Flo warme Socken an. »Solche großen Füße muss das kleine Kerlchen erst mal durchbluten.« Sie blickt auf meine Füße. »Hat er die von Ihnen?«

»Leider nicht.«

»Ach, seien Sie froh, da hätten Sie nur Probleme beim Schuhekaufen.«

Mit Größe 42 habe ich die.

»Wusste ich's doch«, murmelt sie nach einem Blick auf den Bildschirm, dann ist sie wieder draußen. Flos Sauerstoffsättigung ist von 84 auf 98 Prozent gestiegen und schwankt in den folgenden Stunden zwischen 98 und 100 Prozent. Obwohl mich das erleichtert, rauscht auf meinem Handy den ganzen Tag eine Meeres-App, damit ich hier nicht durchdrehe. Die Ärzte glauben nicht an die Kalte-Füße-Theorie, und so trennen Flo und mich drei Tage vom Leben. Noch drei Tage zur Freiheit.

DIE NEUE FREMDHEIT MEINER STADT

Heute Nachmittag holt Tom uns ab, dann werden wir Flo gemeinsam sein Zuhause zeigen. Ich bin seit fünf Uhr in der Früh wach und aufgeregt. Um halb zehn beginne ich mit dem Packen, als eine Schwester hereinstürmt.

»Frau Reinhardt, es tut mir leid, aber es gibt einen Engpass. Sie müssen dieses Zimmer bis zehn Uhr räumen, damit die Putzfrau noch rein kann, wir haben nämlich heute noch eine Neuaufnahme.«

»Aber mein Freund kann uns erst um 15 Uhr abholen.« Ich muss jetzt hilflos gucken. »Er ist Arzt in diesem Krankenhaus und schiebt heute Dienst in der Notaufnahme«, ergänze ich in der Hoffnung, dass Vitamin B hier hilft.

»Dann müssen Sie sich eben ein Taxi nehmen oder so.« Sie scheint nicht im Geringsten beeindruckt.

»Aber unsere Babyschale für das Auto ist zu Hause.« In kürzester Zeit wurde Flo vom Bauchbewohner zu einem Baby, das transportiert werden muss. So konkret war uns das vorher nicht bewusst, deshalb haben wir nicht daran gedacht, die Babyschale mitzubringen.

»Dann holen Sie die doch.« Sie kennt keine Gnade.

»Und was mache ich bitte mit meinem Sohn?«

»Den bringen Sie ins Schwesternzimmer.«

Schicksalsergeben räume ich unsere Sachen zusammen, parke Flo bei den Schwestern und mache mich auf in die neue Fremdheit meiner Stadt. Als wir vor über drei Wochen in das Krankenhaus kamen, war Frühling, aber nun ist wieder Winterwetter. In meinem T-Shirt zittere ich an der Haltestelle, im Bus wird mir übel, und die Tür der S-Bahn knallt vor meiner Nase zu. Auch unsere Wohnung ist ausgekühlt. Ich schnappe mir die Babyschale, dann wiederhole ich die Tour rückwärts. Als ich das Krankenhaus erreiche, zittere ich mehr vor Erschöpfung als vor Kälte. Meinen Brüsten steht die Explosion bevor, auf meinem T-Shirt prangen zwei runde Flecken. Abpumpen, Abschiednehmen und den Flo anziehen, dann stehen wir vor dem Krankenhaus wie zwei ausgesetzte Waisen. Die Babyschale mit Flo halte ich in der rechten Hand, links eine Tasche, der Rest hängt irgendwo an meinem Körper, so schleppe ich uns zum Taxistand. Niemand hier weiß, wie so eine Babyschale im Auto angebracht wird, deshalb verknote ich sie mit dem Anschnallgurt. Flo macht große Augen. Ich setze mich neben ihn und halte sein Händchen. Ständig wandert mein Blick zu seinem Brustkorb, um zu überprüfen, ob er sich hebt und senkt. Wie in einem dämlichen Film fährt der Fahrer viel zu schnell.

»Das ist seine erste Autofahrt, können Sie bitte etwas langsamer fahren?« Ich fühle mich wie das ängstliche Huhn, das ich nie werden wollte.

»Aber Fräulein, bei mir ist Ihr Baby in den besten Händen, ich fahr seit 20 Jahren unfallfrei.« Er zwinkert mir durch den Rückspiegel zu.

Wie vorhin im Bus wird mir wieder schlecht, und ich kurble das Fenster hinunter. Die Babyschale schlackert hin und her, ich versuche verzweifelt, sie mit meinen Händen zu fixieren.

»Können Sie bitte trotzdem etwas langsamer fahren, er soll sich nicht erschrecken.«

Der Fahrer bremst ruckartig ab und fragt: »So?« Ein Taxifahrer mit Profilneurose. Als wolle Flo ihm antworten, brüllt er los und hört nicht mehr auf. Unser Taxi schleicht durch die Stadt und verstreut Flos Schrei in allen Straßen. Ich streiche seine Wange, und dabei befällt mich ein merkwürdiges Gefühl. Zwischen Traurigkeit und Überschwang verlangt es, jedes Unglück von Flo fernzuhalten. Wenn es meinem Sohn ein Lächeln abränge, würde ich diesen Teufel von einem Taxifahrer erwürgen oder Gott weiß was tun.

Mit dem inzwischen nur noch leise jammernden Flo in der Babyschale betrete ich unsere Wohnung. Diesen Moment habe ich mir in den letzten Tagen immer wieder ausgemalt. In der Realität fühlt er sich so unbedeutend an, dass ich einen Schritt zurücktrete, um ihn noch einmal zu erleben. Wieder nichts. Es ist kalt, verdammt, es ist so kalt. Bis eben lag Flo in einem Wärmebettchen, und nun wird er hier erfrieren. Ich stelle ihn in der Babyschale auf den Boden und sprinte zur Therme, um die Heizung anzustellen. Das Licht leuchtet nicht, Tom hat vergessen, sie reparieren zu lassen. Mein Leben mit Kind scheint ein Film mit vielen Klischees zu werden, denn tatsächlich handle ich instinktiv. Ich zerre mir die Kleidung vom Leib und staple alle verfügbaren Decken auf unserem Bett. Schon habe ich den wimmernden Flo entkleidet und schlüpfe mit ihm unter einen Deckenberg. Ich will seine Heizung sein und lege ihn mir auf den Bauch. Mit meinen Fingerspitzen streiche ich behutsam über seinen Rücken, kein Fingernagel darf ihn kratzen. Seine Haut ist warm und weich. Flo atmet tief durch, dann seufzt er. In meinem Bauch kribbelt es, und ich bekomme eine Gänsehaut. So nah waren Flo und ich noch nie zusammen. Das sagenumwobene Bonding, das Frauen mit ihren Babys nach der Geburt erleben, fühlt sich sicher ähnlich an.

Der Chefarzt der Geburtsstation hat mir erzählt, dass er einer Mutter nach der Geburt ihr Kind entreißen musste, weil es zu ersticken drohte, sie sich aber das Bonding nicht nehmen lassen wollte. Als er mit dem blauen Baby Richtung Intensivstation lief, rief sie ihm hinterher: »Die kaputte Beziehung können wir im Leben nicht aufarbeiten.« Tot noch weniger, wird er sich gedacht haben.

So verrückt ihr Verhalten war, kann ich es gerade ein bisschen verstehen. Weil Flo und ich noch nicht einmal miteinander verwandt sind, hätte uns diese gemeinsame Nähe gleich nach der Geburt besonders gutgetan. Stattdessen wurde er direkt aus meinem Innersten weit weg gebracht. Unbewusst hätte ich Flo wohl am liebsten in mir behalten, schließlich bin ich eher ohnmächtig geworden, als ihn herzugeben. Auch er wäre bestimmt lieber geblieben, als die Saugglocke ihn ans Licht zerrte. Eine Berührung, ein Blick, und er war weg. Mir laufen ein paar Tränen die Wange hinunter, aber Flo darf nicht merken, dass ich weine. Er soll sich sicher fühlen. Ich konzentriere mich auf meinen Atem. Dabei blähe ich meinen Bauch übertrieben auf und ziehe ihn ganz ein, weil ich weiß, dass Flo diese Wellen beruhigen. Auf und ab, auf und ab. Sein Atem wird regelmäßiger, und schließlich ist er eingeschlafen.

Ich wache auf, weil mir etwas Warmes über die Hüften läuft. So schön fühlt sich das an. Wie süß, Flo hat gepinkelt. Plötzlich bin ich hellwach. Was, wenn ich urophil bin, wie die Vorliebe für Urinspiele beim Sex genannt wird? Ich frage mich, wo die Grenze zwischen Schmusen und sexuellem Missbrauch verläuft. Obwohl ich eben mit Flo keine sexuellen Empfindungen hatte, fühle ich mich schuldig. Allzu gern wüsste ich, wann in meiner Kindheit dieser Blödsinn angefangen hat, mich für etwas zu schämen, was ich nicht getan habe. Jedenfalls ist mir nun unwohl mit dem Flo so nah bei mir. Ich möchte aufstehen, aber ich will keine schlechte Mutter sein. Andererseits muss ich die Reparatur der Heizung veranlassen, um keine schlechte Mutter zu sein. Seit Flo auf der Welt ist, sucht ein Geheimdienst in jeder meiner Handlungen die schlechte Mutter, als die ich mich sowieso herausstellen werde. Aber ich bin Flos einzige Mutter, deswegen darf ich nicht versagen, nicht so wie Mutter mit mir. Unter Mithilfe meines Minderwertigkeitsgefühls produziert dieser Druck eine Heerschar von Agenten, die mich auf Schritt und Tritt verfolgen. Sie schleichen hinter mir her, als ich den schlafenden Flo im Bett zurücklasse, sie fertigen eine Tonaufnahme von meinem Anruf bei der Hausverwaltung an, und sie filmen, wie ich den aufgewachten Flo stille.

Als Tom kommt, ist alles warm und schön. Ich habe Flo in der Mitte unseres Wohnzimmerteppichs eine Burg aus Kissen errichtet. Dort thront er nun und guckt.

»Du kannst ihn doch nicht auf den Boden legen.«

»Er liegt auf ganz vielen Kissen und noch dazu auf dem Teppich.«

»Das ist trotzdem auf dem Boden, Marta. Ich finde das nicht gut.«

»Ich finde das nicht gut«, äffe ich ihn nach. »Und warum findet Doktor Doofmann das nicht gut?«

»Du spinnst echt, Marta. Er ist das Kostbarste, was wir haben, und das legt man nicht auf den Boden.«

»Sehr wohl legt man das auf den Boden, siehst du doch.«

Tom starrt mich entrüstet an, dann entreißt er Flo seinen königlichen Gemächern. »Das geht überhaupt nicht, Marta.«

Und so rasseln wir innerhalb unserer ersten Minuten zu dritt zu Hause ohne jede Vorwarnung in unseren ersten Elternstreit, dem abertausend folgen werden.

Am nächsten Morgen gehen Flo, Tom und ich zum Kinderarzt. Ich stelle Flo im Aufsatz des Kinderwagens auf den Boden des Wartezimmers, und sofort beginnt das Gezeter erneut. Tom gibt erst Ruhe, als ich ihm erkläre, der Aufsatz stehe auf dem Boden am allersichersten. Flo scheint die Atmosphäre nicht zu behagen, denn nach ein paar Minuten kühlen Schweigens beginnt er zu jammern. Gedankenverloren schaukele ich den Aufsatz mit meinem Fuß, und Flo beruhigt sich langsam.

»Du kannst ihn doch nicht mit deinem Fuß schaukeln. Guck mal, wie dreckig dein Schuh ist.«

Ich rechtfertige mich, und wir fangen wieder an zu streiten. Mitten in Toms Vorwurf, mein Schuh entehre seinen Flo, werden wir in das Sprechzimmer gerufen. Der Kinderarzt ist mit Flos Entwicklung sehr zufrieden.

»Sie werden sehen, von den paar Wochen zu früh bleibt nichts zurück. Ihr Sohn ist kräftig und gesund.«

Diese Einschätzung muntert mich auf, und ich verdränge unseren Streit. Auf dem Rückweg wickle ich den Stoff vom Sichtfenster des Kinderwagens, damit Flo etwas Licht bekommt.

»Du kannst seine Haut doch nicht ungeschützt dem Sonnenlicht aussetzen.«

Schweigend lasse ich den Stoff zurückfallen.

Als Tom zu Hause sein nächstes »Du kannst doch nicht« anstimmt, fange ich zu weinen an. Ich wusste, Tom hat eine Neurose, ich wusste, Tom ist ein Pedant, und ich wusste, Tom neigt zum Erdrücken, wenn er etwas liebt. Aber von diesem enormen Ausmaß seiner Störung hatte ich keine Ahnung. Jedes seiner »Du kannst doch nicht« lässt meine Agentenarmee ihren Chor anstimmen: »Sie ist eine schlechte Mutter.« Ich kann mich gegen Toms Angriffe wehren, aber meinen Agenten bin ich schutzlos ausgeliefert. Wie soll ich Flo gemeinsam mit diesem Verrückten großziehen, als der sich Tom gerade entpuppt? Das frage ich Tom, und er versucht sich zu erklären. Theoretisch verstehe ich, dass er große Angst um Flo hat, auch weil wir so lange auf ihn warten mussten und Flo noch dazu ein Frühchen ist. Praktisch muss sich Tom augenblicklich zusammenreißen, damit ich nicht ausflippe. Das verspricht er hoch und heilig. Im Gegenzug will ich versuchen, seine Ängste nicht als Angriff auf meine Mutterkompetenzen zu verstehen.

Den kommenden Monat können wir zum Üben nutzen, denn morgen beginnt der obligatorische postnatale Vatermonat. Ich kann mir nicht vorstellen, dass die gemeinsame Zeit nach der Geburt des ersten Kindes den Paaren wirklich hilft. Wahrscheinlich hat sich dieser Ritus eingebürgert, damit die neuen Eltern streiten können, ohne durch die Arbeit des Mannes unterbrochen zu werden. Für uns als Paar jedenfalls ist Flo das erste große gemeinsame Projekt, und das stellt eine immense Herausforderung dar. Verwunderlich ist, dass wir die Probleme nicht haben kommen sehen, können wir doch nicht einmal gemeinsam kochen, ohne vorher die Chef- und Assistentenrolle festzulegen.

Am nächsten Morgen lege ich Flo in den Aufsatz des Kinderwagens, um gemeinsam mit ihm einzukaufen.

»Du kannst doch mit Flo nicht in den Supermarkt gehen. Da nimmt man keine Babys mit, ich habe noch nie ein Baby im Supermarkt gesehen.«

Ich muss lachen. Schließlich lacht Tom ein bisschen mit, dann trage ich Flo hinaus und schließe die Wohnungstür.

28

PROFESSOR DRÜCKERFISCH

Ich stehe an Flos Bett und sehe ihm beim Schlafen zu. Inzwischen vertraue ich darauf, dass er immer weiteratmet. Er ist ein solches Wunder. Nichts an ihm könnte schöner sein, als es wirklich ist. Er ist ein perfekter kleiner Junge. Viele Mütter denken das von ihren Kindern, die Hormone vernebeln ihr Gehirn. In Flos Fall ist es auch objektiv gesehen so. Nichts könnte schöner sein, bestätigt auch Tom. Mein Wunsch nach einem Mädchen ist passé, ich will nur und für immer unseren Flo. Im Leben würde ich dieses schöne Wesen nicht eintauschen gegen ein Mädchen. Und er ist so originell; mit seinem knappen Monat hat er bereits Marotten ausgebildet. Zum Schlafen legen wir ihn auf dem Rücken in sein Gitterbettchen, weil sich das Risiko des plötzlichen Kindstodes so angeblich verringern lässt. Sofort schmeißt Flo seine im Schlafsack angezogenen Beinchen so lange auf die linke Seite, bis er mit seinen Füßen einen Gitterstab erwischt. Dort klemmt er seine Füßchen ein und schlummert davon. Wahrscheinlich hat er schon in der Gebärmutter so gelegen, die Füße lässig gegen meine Bauchdecke gestemmt. Und nun verwendet er die Gitterstäbe als äußere Begrenzung, die ihn beruhigt.

Ich betrachte Flos Haltung und werde traurig, ohne dass ich weiß warum. Als ich später die Augen schließe, sehe ich den behaglich eingeklemmten Flo vor mir. Da fühle ich auf einmal Gitterstäbe rund um mich herum. Hirnphysiologisch betrachtet ist es unmöglich, aber ich sehe mich als Baby, das in einem Gitterbettchen liegt und schreit. Machtlos und ausgeliefert bin ich fassungslos darüber, dass niemand kommt, um mich zu trösten. »Ihm ist, als ob es tausend Stäbe gäbe und hinter tausend Stäben keine Welt«, fällt der zukünftigen Deutschlehrerin Rilkes Gassenhauer ein. Das darf es doch nicht geben, dass jemand so alleine ist, denkt das Baby, das noch gar nicht denken kann. Und da schreit es gemeinsam mit Jean Pauls verwaistem Jesus: »Mein Gott, mein Gott, warum hast du mich verlassen?«

So früh habe ich den Glauben an Gott und die Welt verloren. Daraus habe ich meine Schlüsse gezogen: Wenn niemand da ist, um mich zu retten, bin ich es nicht wert, gerettet zu werden. Und mit Sicherheit habe ich mich nie geborgen genug gefühlt, um meine Füße zum Einschlafen zwischen irgendwelche Stäbe zu klemmen. Damit ein Baby sich selbst so beruhigen kann, muss es sich von außen gehalten fühlen. Ich schluchze laut auf. Ich beweine mein frühes Ich, und ich beneide meinen Sohn. Wie die Dinge stehen, wird er sich nicht falsch fühlen müssen, weil er geliebt werden kann. Heulend verkrieche ich mich im Bad, damit ich die um mich herum liegenden Jungs nicht wach weine.

Einige Zeit später schließt sich Flo mir an. Seine Drei-Monats-Koliken lassen ihn oft stundenlang weinen. Einige sogenannte Experten bezeichnen diese Blähungen als ein Konstrukt, das sogenannten Schreikindern einen bodenständigeren Namen verpassen soll. Angeblich stecken hinter Flos Leiden Interaktionsstörungen zwischen Mutter und Vater. Welches frischgebackene Elternpaar hat die bitte nicht? Trotzdem speichert dieses Kind Tonnen komprimierter Luft in sich, jeder Blinde sieht das an seinem aufgeblähten Bauch. Und wer es nicht sieht, der kann es hören und auch riechen. Legt man

Flo auf den Rücken und schiebt seine Knie gegen den Bauch, kann man ihn nämlich auspupsen. Weil er sich nicht von selbst entlüften kann, drückt er so lange herum, bis wieder einer von uns Hand anlegt. Dabei verzieht er sein Gesicht wie ein Professor, der am letzten Detail seiner welterklärenden Formel tüftelt. Nachdem ich Herrn Professor Drückerfisch also ausgepupst und in den Schlaf gelullt habe, trauere ich geräuschlos im Bett weiter, bis ich schließlich wegdämmere.

Wenn ich einen Rat brauche, vertraue ich Professor Drückerfisch. Seiner rätselhaften Mimik entnehme ich die Antwort. »Müssen wir den Opa einladen?«, frage ich ihn heute. Der Professor rümpft zunächst die Nase, aber ich beobachte ihn weiter. Nach ein paar Minuten bewegt er seinen Kopf leicht nach oben. Das war ein klares Nicken, finde ich und lade seinen Opa ein.

Mein Vater sagt sofort zu, und ich beginne mich zu gruseln. Er fehlt mir, aber ich kann ihm nichts mehr glauben, auch nicht, dass er mein Superdaddy war. Ich wünschte, er wäre einfach weg. Seine Nachbarin würde mir sagen, es gehe ihm gut, aber er wolle nicht gefunden werden. Ganz entspannt könnte ich ihn vermissen und auch ein bisschen wütend sein. Stattdessen ist er gleich hier, und weil Flo zumindest einen Opa haben soll, muss ich mich zusammenreißen. Ich werde reden, ohne da zu sein, eine Kunst, die ich trotz lebenslanger Übung nur an der Oberfläche beherrsche.

»Hallo kleiner Mann! Ich bin dein Opa. Och Marta, der ist aber süß.«

»Ja, ne? Hätte glatt von mir sein können, oder?«

Mein Vater überhört diese Bemerkung, er will jetzt Opaharmonie.

»Guck mal, was der Opa dir mitgebracht hat!«

Er zaubert einen großen karamellbraunen Teddy hinter seinem Rücken hervor. Zugegeben, für einen kleinen Jungen ist der nicht das schlechteste Geschenk. Soweit Flo auf meinem Arm das zulässt, nehme ich meinen Vater in den Arm oder deute es zumindest an.

»Schön, dass du da bist. Komm rein.«

»Schön, dass du mich endlich eingeladen hast.«

Flo scheint seinen Opa zu mögen, jedenfalls stört er sich nicht an ihm. Widerstandslos lässt er sich in Opas Arme legen und guckt mich von dort zufrieden an. Ich gehe in die Küche, um Filterkaffee für meinen Vater zu kochen. Tom und ich trinken den fast nie, deshalb muss ich die Kaffeemaschine vorher reinigen. Mir fällt auf, wie verschmiert die Fläche darunter ist. Ich finde einen Lappen, den ich auswasche, um die Arbeitsplatte abzuwischen. Damit sich das lohnt, werde ich sie zunächst frei räumen. Da kräht Flo aus dem Wohnzimmer, und mir fällt ein, dass ich mich zusammenreißen wollte. Außer Tom und mir hätte Flo sonst niemanden. Ich setze Kaffee auf, atme ein bisschen und gehe zu den beiden.

»Und, wie geht es dir?«

»Du, nichts Neues. Aber viel wichtiger, wie geht es euch, Marta?«

»Ach, eigentlich ganz gut. Flo hat seine frühe Geburt prima überstanden. Na ja, und wenn du meinst, wie es mir damit geht, dass er nicht mein richtiger Sohn ist und so, also ich glaube, ich komme gut damit zurecht.«

»Nee, das meinte ich nicht. Und überhaupt, wieso denn nicht dein richtiger Sohn? Meine Tochter hat ein richtiges Kind bekommen, also ist Florimond mein richtiger Enkel, Punkt.«

Ich will nicht weinen.

»Ich meinte auch nicht, dass ich nicht Flos Mama bin, aber egal. Danke jedenfalls. Weißt du, ich will, dass Flo einen richtigen Opa hat, aber ich weiß nicht, wie das alles werden soll. Ich vertraue dir nicht mehr, ich weiß nicht, ob du mir jetzt wirklich alles über Leah erzählt hast, und ich finde ehrlich gesagt auch nicht, dass du so ein guter Vater warst. Du hast Leah nicht retten können und mich eigentlich auch nicht.«

Offensichtlich geht oberflächlich nicht. Eine lange Minute habe ich mich zusammengerissen, dann schwappte es aus mir heraus. Mein Vater blickt erschrocken aus dem Fenster und sieht dabei so verletzt aus, dass mir das Herz blutet. Hätte ich mich bloß zurückgenommen, im Gegensatz zu ihm halte ich doch alles aus. Er guckt mich an und räuspert sich.

»Hm. Ich weiß, früher war nicht alles gut. Deine Mutter war bestimmt nicht die ideale Mutter für dich. Ich hab immer versucht, das etwas abzufangen. Sicher habe ich auch nicht immer alles richtig gemacht, aber ich finde schon, dass du gerettet bist. Wahrscheinlich hast du dich selbst gerettet, jedenfalls hast du einen guten Job, du hast einen lieben Freund und jetzt hast du diesen tollen Jungen.« Mein Vater zeigt auf Flo, der sich auf dem Sofa gerade durch eine meiner schwersten Stunden schlummert. »Du musst die Vergangenheit auch mal loslassen, Marta.«

Nichts lieber als das, aber ich bestehe aus Vergangenheit. Mutter hat mein Innerstes auf Minus programmiert, und das spuckt es immer wieder aus, egal, wie viel Plus im Heute auf Entdeckung wartet.

»Das kann ich nicht. Ob ich will oder nicht, meine Gegenwart wird immer noch von früher bestimmt. Wie gern würde ich das alles wegmachen, aber so einfach funktioniert es nicht. Ich kann nur irgendwann akzeptieren, dass es war, wie es war, und dafür brauche ich, glaube ich, noch viel Zeit. Weißt du, bis vor Kurzem habe ich gedacht, dass bei Leah, Mutter und dir alles gut war und dann der Unfall kam und dann ich, und dass ich alles schlimm gemacht habe, was vorher eben gut war, weil ich selber schlimm bin. Aber nun weiß ich, dass vorher gar nichts gut war und sich Leah wahrscheinlich umgebracht hat, oder warum rennt man sonst direkt vor einen Lkw? Mit acht Jahren, verdammt. Um sich mit acht Jahren umzubringen, muss es einem schon verdammt schlecht gehen.« Meine Stimme klingt ein bisschen schrill, und meine Augen tränen.

»Umgebracht, umgebracht, du kanntest sie doch nicht einmal. Warum kannst du nicht wie alle anderen auch sagen, dass es ein Unfall war?« Seine Augen tränen auch.

»Weil es nicht stimmt. Oder jedenfalls weiß ich nicht, ob das stimmt.«

»Also gut, dann weißt du das eben nicht, aber akzeptiere bitte, dass ich das weiß.« Seine Stimme hat sich ein bisschen überschlagen. »Ich kann da auch nicht mehr drüber reden. Ich wünsche dir von ganzem Herzen, dass du nie erfahren musst, wie es ist, sein eigenes Kind zu beerdigen.« Er guckt in Flos Richtung, aber sein Blick geht ins Leere. »Ich will nicht mehr daran erinnert werden.« Er steht auf, blickt sich um und setzt sich wieder hin.

»Entschuldige, es tut mir leid«, flüstere ich. Niemand soll sein Kind beerdigen, aber warum gebe ich mir die Schuld für seine Traurigkeit? »Ich will dich nicht traurig machen, aber das alles hat auch was mit mir zu tun. Ich kann nicht einfach so weitermachen wie vorher.«

»Wie denn dann, Marta, wie denn dann?«

»Ich weiß es noch nicht, aber wie gesagt, Flo soll einen Opa haben, sonst hätte er ja niemanden außer Tom und mir. Und ich will dich auch nicht verlieren.«

Sein Gesicht wird weich und verschwimmt vor meinen Augen. Ich warte, bis ich wieder sprechen kann.

»Aber ich brauche Zeit und Abstand. Ich ruf dich an, okay?«

»Okay, aber warte nicht zu lange, ja?«

Mein Vater steht auf und wendet sich zur Tür, um Tränen zu verbergen, die ich längst gesehen habe. Ich sollte aufstehen und ihn anständig verabschieden, aber ich kann nicht. In mir brennt alles vor Mitleid oder Selbstmitleid, und ich bin erschöpft wie von zehn Burn-outs. Nachdem die Wohnungstür ins Schloss gefallen ist, lasse ich mich neben Flo auf unser Sofa fallen. Hier weine ich ohne Ton, bis Flos Aufwachritual meine Traurigkeit verdrängt. Er fiepst und dreht sich auf den Rücken. Nacheinander streckt er seine Ärmchen und Beinchen aus. Dann stöhnt er und dreht sich wieder auf die Seite, um noch ein Ründchen zu drehen. Nach ein paar Minuten beginnt er sein Ritual von vorn und wiederholt es einige Male, verringert aber die Abstände dazwischen immer weiter. So sinkt er aus mollig-weißen Babyträumen behutsam zu einem karamellbraunen Teddy und seiner schwierigen Mama hinab.

BALLERN

In der folgenden Nacht bricht die Hölle los. Flo schreit seit Stunden, selbst das Auspupsen hilft ihm nicht. Nur wenn wir ihn ballern, beruhigt er sich vorübergehend. Dazu setzt sich einer von uns mit Flo im Arm auf unseren Gymnastikball und hüpft, so hoch er kann. Flos Kopf liegt dabei in einem unserer Ellenbogen, und seine dunklen Augen überwachen den korrekten Ballerablauf. Dazu wird die Melodie von *Bruder Jakob* angestimmt, der Text muss aber lauten: »Kleiner Brüller, kleiner Brüller, brüllst du noch, brüllst du noch? Oder bist du fröhlich, oder bist du fröhlich? Ha, ha, ha! Ha, ha, ha!« Sobald wir versuchen, ihn danach hinzulegen, oder auch nur auf dem Ball innehalten, beginnt sein Geschrei erneut.

Tom und ich teilen die Nacht in Ballerschichten ein. In meiner zweiten Schicht um vier Uhr in der Früh schmerzt mein Rücken so stark, dass ich nicht mehr sehr hoch hüpfen kann. Flo bestraft das mit einem nervigen Jammerton, und ich werde immer wütender. Warum quält er uns so? Anscheinend hat der kleine König tagsüber zu viel geruht, sodass ihm jetzt langweilig ist. Wie die Puppen lässt der feine Herr uns tanzen. Meine Wirbelsäule brennt fürchterlich, und jetzt reicht mir Flos Theater. Ich lege mich auf das Sofa und ihn auf meinen Bauch. Dabei wippe ich mit meinem Po, mehr kann ich ihm nicht bieten. Erst schreit er hysterisch, aber nach einiger Zeit geht sein Gebrüll in das anklagende Jammern von vorher über, und ich dämmere davon.

Am nächsten Morgen weckt mich wiederum Flos Schrei. Ich streiche über sein blasses Gesichtchen und erschrecke. Er glüht wie ein Backofen, der Arme hat mindestens 39 Grad Fieber. Ich springe auf und trage ihn ins Schlafzimmer.

»Wach auf, Tom! Flo ist ganz krank. Wir müssen Fieber messen.«

Tom springt auf und sucht unser Fieberthermometer, das gerade jetzt in einem Paralleluniversum benötigt wird und deshalb unauffindbar ist. Tom soll eines herschaffen, aber um sieben Uhr am Morgen hat die Apotheke noch geschlossen, und unsere Nachbarn öffnen uns selbst mitten am Tag nicht mehr, seit wir Flos Stinkewindelsack des Öfteren für einen kurzen Augenblick oder ein kleines bisschen länger im Treppenhaus zwischenlagern. Flo jammert jetzt nur noch schwach, deshalb bestehe ich darauf, mit ihm ins Krankenhaus zu fahren. Wir hetzen einen schlecht gelaunten Taxifahrer zur nächstgelegenen Klinik, und in seiner Eile fährt er am Haupteingang vorbei. Als wir ihn zwingen, zurückzusetzen, gibt es einen kleinen Ruck, der von einem unangenehmen Knirschen begleitet wird. Er hat einen parkenden Krankenwagen angefahren und schreit uns an, wir hätten Schuld und so. Aber es ist sein Problem, wir haben ein eigenes. Unser todkrankes Kind müssen wir retten, deshalb drücken wir Geld in eine gestikulierende Hand und springen vom Taxi in die Klinik.

Dort rennen wir zur Notaufnahme, Tom trägt einen nahezu bewusstlosen Flo in seinen Armen. Man schickt uns zur Patientenaufnahme, hier sollen wir Flos Krankenkassenkarte vorlegen, die wir in unserer Not vergessen haben. Da dies nicht Toms Klinik ist, kann er keinen Einfluss geltend machen, aber als ich meine reale Angst auf die Bühne einer übertriebenen Verzweiflung bringe, haben sie Nachsehen mit uns – wer wird ein Kind auf seiner Schwelle sterben lassen? Nun geht es zurück zur Notaufnahme, und endlich wird Flos Fieber gemessen. Er hat 41,4, und ich bekomme Angst am ganzen Körper. Flo wird ein Fiebersaft verabreicht, von dem er die Hälfte wieder ausspuckt. Dann sollen wir uns zu den anderen Notfällen in den Wartebereich gesellen und auf eine lange Wartezeit einstellen. Flo döst wieder vor sich hin, und ich halte sein Händchen.

»Tom, kann man mit 41,4 Grad sterben?«

»Nein, erst ab 42 wird es kritisch, aber auch da stirbt man nicht gleich, bloß schadet die Hitze langfristig den Eiweißverbindungen im Körper.«

»Aber das Fieber kann ja noch steigen und dann langfristig den Eiweißverbindungen schaden.«

»Eher unwahrscheinlich, er hat ja jetzt Fiebersaft bekommen. Ich schätze, die Temperatur wird bald sinken.«

»Aber davon hat er doch die Hälfte ausgespuckt. Was, wenn der Saft nun gar nicht wirkt und das Fieber weiter steigt auf über 42 oder sogar 43 Grad?«

»Marta, mach dich nicht verrückt. Säuglinge bekommen schnell hohes Fieber, und das ist eigentlich gut, damit töten sie die Erreger ab.«

»Also gut finde ich das nun nicht. Ich hatte noch nie über 43 Fieber, und ich glaube auch nicht, dass irgendein anderer Mensch auf der Welt jemals so hohes Fieber hatte, weil man nämlich vorher stirbt.«

Ich warte auf Toms Antwort. Als die nicht kommt, fällt mir auf, dass ich gar keine Frage gestellt habe, und füge hinzu: »Wie es ihm wohl geht?«

Tom schweigt weiter, deshalb fahre ich fort: »Mir tut es so leid, dass es ihm schlecht geht. Und ich war letzte Nacht auch noch gemein zu ihm.«

Wie erwartet, wird der Übervater da hellhörig, als könnte ich Flo tatsächlich etwas angetan haben: »Wieso, was hast du denn gemacht?«

»Ich habe schlecht über ihn gedacht. Dass er so schreit, um uns zu ärgern. Und dann habe ich ihn nicht mehr geballert, sondern nur noch gewippt. Er muss gedacht haben, er sei mir egal.«

»Blödsinn, du warst doch für ihn da. Und was auch immer er für ein Wunderknabe ist, ich glaube kaum, dass er dich schlecht denken hören kann. Und selbst wenn, könnte er das noch nicht verstehen.«

»Aber er versteht die schlechten Vibes.«

»Dann sende nächstes Mal einfach keine schlechten Vibes mehr aus.« Tom wirkt genervt.

»Also meinst du jetzt, ich habe ihn krank gemacht, oder was? Sei du mal lieber froh, dass du deine zweite Ballerschicht nicht mehr antreten musstest, weil ich ihn eingeschläfert habe. Sonst hättest du auch schlechte Vibes ausgesendet, das glaub mir mal.«

»Marta, bitte reiß dich zusammen, es geht jetzt um Flo.«

Soll der sich doch zusammenreißen, statt mich hier so anzufahren. Ich blicke zu Flo, unserem armen weißen Mann. Er atmet schwer, und seine Stirn glänzt schwitzig. Ein Streit zwischen seinen Eltern könnte ihn noch mehr schwächen. Es darf jetzt nur um Flo gehen, in diesem Punkt hat Tom recht.

»Du hast ja recht, sorry. Ich bin einfach nervös.«

Tom runzelt die Stirn und blickt mich zweifelnd an. »Bist du das, Marta?«

»Wieso?«, frage ich scheinheilig.

»Weil du so anders bist. Früher hättest du jetzt weiter gestritten, statt dich zu entschuldigen, auch wenn du gewusst hättest, dass du im Unrecht bist.«

»Ach, früher ist doch ewig her«, antworte ich verlegen. »Der Taxifahrer tut mir leid«, schiebe ich hinterher, um von meiner sinnlosen Aussage abzulenken.

»Ja, mir auch. Aber er ist gefahren.«

»Stimmt, er ist gefahren.«

Flo schreckt aus einem Fiebertraum hoch und beginnt, schwach zu jammern. Ich fühle seine Stirn und bekomme wieder Angst.

»Tom, der verglüht uns hier. Du musst ihm helfen, du bist doch Arzt.«

»Ich bin aber kein Kinderarzt, Marta.«

»Wann kommen wir nur dran?«

Eine gute und geschlagene Stunde später führt uns eine in die Jahre gekommene Kinderärztin in ein Untersuchungszimmer. Sie legt Flo auf eine Liege und misst Fieber, 42,1. Ich beginne zu weinen.

»Der stirbt doch, Sie müssen jetzt was tun«, fordere ich die Ärztin auf.

»So schnell stirbt der nicht«, antwortet sie trocken.

»Aber seine Eiweißverbindungen sterben ab.«

»Wenn Sie wollen, dass ich das verhindere, lassen Sie ihn mich jetzt untersuchen!«

Seelenruhig horcht sie Flo ab und schaut ihm in den Mund. Dann will sie ein silbernes Otoskop in Flos linkes Ohr stecken, doch als es sein Ohr berührt, brüllt er wie ein angestochenes Schwein und dreht sich weg.

»Sie müssen ihn beide festhalten, aber richtig, sonst kann ich nicht in seine Ohren gucken«, herrscht uns die Ärztin an.

Tom drückt Flo in die Liege und umfasst seinen Kopf, ich halte die Arme und Beine fest. Als sie das Otoskop tief in Flos Ohr drückt, brüllt er erneut und bäumt sich auf. Die angebliche Kinderärztin wartet, bis wir Flo wieder im Griff haben, dann guckt sie lange in sein Ohr und schweigt. Schließlich zieht sie das dumme Ding heraus und nähert sich seinem rechten Ohr. Flo heult so herzzerreißend, dass ich ihn loslasse.

»Hören Sie auf, ich will das nicht. Davon kann er ein Trauma kriegen. Wie soll er uns weiter vertrauen, wenn wir ihn hier so quälen. Es ist doch offensichtlich, dass er Ohrenschmerzen hat.« Mir ist es ernst, ich will das nicht.

»Ich weiß nicht, warum Sie herkommen, wenn ich ihn nicht mal untersuchen darf.«

»Weil wir Angst haben, dass er über 42 Grad Fieber nicht überlebt.«

»Wenn ich Ihrem Sohn helfen soll, muss ich ihn untersuchen.«

»Marta, komm, lass uns ihn noch mal festhalten, es ist doch gleich vorbei.«

»Ich mach das nicht.« Ich weine wieder. »Ich bin seine Mama und werde ihn nicht sinnlos quälen.«

Wenn ich ihn mit einem Luftröhrenschnitt retten könnte, immer her mit dem Skalpell, aber indem sie das Ding auch noch in sein rechtes Ohr stopft, hilft sie ihm kein bisschen. Sein Fieber müssen wir senken, und zwar sofort.

»Bitte, wir müssen jetzt sein Fieber senken«, bettele ich, aber die Kinderärztin ignoriert mich.

»Dann machen Sie eben allein«, befiehlt sie Tom.

Ich hebe die Hände, und sie machen ohne mich weiter. Nun stößt sie das Otoskop brutal in sein rechtes Ohr und schiebt es viel zu tief hinein. Flo schreit wie bei seiner Schlachtung.

»Aha, also auch auf dieser Seite.«

Ich bin kurz vor einem Amoklauf, als sie Flo endlich freigibt und ich ihn in meinen Armen wiegen kann.

»Mein liebes kleines Baby, es tut mir so leid, dass ich dich nicht gerettet habe. Aber nun ist es vorbei, mein Schatz!«

»Der hat auf beiden Seiten eine schwere Mittelohrentzündung, ich verschreib ihm Antibiotika und Fieberzäpfchen. Machen Sie ihm Wadenwickel!« Dann schiebt sie uns hinaus.

Das erste Fieberzäpfchen stecken wir Flo auf dem Bürgersteig vor der Notfallapotheke in den Po. Zu Hause ist das Fieber auf 40,8 gesunken, und wir atmen auf. Flo wird nicht sterben, er wird wieder gesund.

Tom übernimmt die nächste Schicht, und ich lege mich auf unser Sofa. Letzte Nacht dachte ich, Flo heult, um mich zu ärgern. Dabei muss er unmenschliche Ohrenschmerzen gehabt haben, ahne ich nun und schäme mich. Als seine Mama hätte ich wissen müssen, dass er wirklich leidet, denn Flo hat keinen falschen Knochen in sich. Sicher, so ein kleines Kind ist ganz auf sich bezogen, es fordert, um zu überleben, aber dadurch ist es doch nicht schlecht. Es besitzt noch gar keine ausgeprägte Persönlichkeit, aus der heraus es das sein könnte. Mich begleitet das Gefühl, verkehrt zu sein, aber, seit ich mich erinnern kann, und bestimmt war es schon vorher da. Als ich noch kein schlechter Mensch sein konnte, habe ich mich schon so gefühlt.

Tief in mir spüre ich plötzlich, dass ich damals nicht falsch gewesen bin. Ich fühlte mich, wie Mutter mich behandelte. Kein schlechtes Mädchen war ich, sondern ein schlecht behandeltes. Und weil ich seitdem keinen Mord oder ähnlich Verwerfliches begangen habe, wurde ich auch später nicht verkehrt. Mein Verstand weiß das schon lange, aber zum ersten Mal dringt diese Erkenntnis durch den Dschungel meiner Seele bis zu dem Ort hindurch, in dem die falsche Überzeugung lebt und blüht. Ich fühle mich ganz leicht und schwebe zu meinen Jungs hinüber.

»Tom, ich bin nicht falsch und war es nie.«

30

ES HAT UNS NIEMAND GEFRAGT

Tom muss wieder arbeiten, und so erleben Flo und ich viel ohne ihn. Wir lungern in der Stadt herum oder vertreiben uns die Zeit in Krabbelgruppen. Dort sehe ich bestätigt, was Flos Kinderarzt uns stets versichert: Flo ist mit seinen Altersgenossen gleichauf und entwickelt sich fantastisch. Sogar greifen kann er schon. Ich genieße das Treffen mit den anderen Müttern, aber nicht wegen der gemeinsamen Klagen über den fehlenden Schlaf, sondern weil wir über uns unperfekte Mütter lachen. Und ich erlebe, dass die meisten Frauen viel verspannter mit ihren Kindern sind als ich mit Flo. Im Vergleich zu ihnen sind wir ein lässiges Team. Keine Rolltreppe ist uns zu steil, um nicht mit dem Kinderwagen hinunterzugelangen, und keine S-Bahn schließt ihre Türen so schnell, dass wir nicht doch noch hindurchspringen könnten. Fehlt mir der mütterliche Angstinstinkt?, frage ich mich manchmal. Vielleicht wird der über ein genetisches Reiz-Reaktions-Muster aktiviert, das nur bei den biologischen Müttern anspringt. Dann sollen die anderen doch Angst haben, Flo und ich haben unseren Spaß.

Ich genieße die verliebten Blicke, mit denen die Passanten Flo anschmachten. Hast du ein Kind, bist du in der Stadt nicht mehr allein. Ähnliches haben mir Hundebesitzer erzählt. An jeder Ecke werde ich angesprochen, meist von Müttern mit Kindern, die schon im Buggy sitzen.

»Oh, der ist aber süß. Und so winzig, man vergisst so schnell, wie klein die waren.«

Ich blicke dann auf Flo und wundere mich. Er kommt mir inzwischen enorm groß vor, wächst er doch so schnell. Viele unserer Bewunderer wollen eine Ähnlichkeit zwischen Flo und mir erkennen, worüber ich mich innerlich amüsiere. Meist raten mir die Mamis noch: »Genießen Sie die schöne erste Zeit, sie ist so schnell vorbei.«

Also genieße ich die schöne erste Zeit, was nicht immer einfach ist. Bei jedem Entwicklungsschritt von Flo schwingt ein bisschen Wehmut mit. Nie wieder werde ich mein Kind zum ersten Mal einen Gegenstand bewusst greifen sehen, denn es wird unser einziges bleiben. Und warum betonen die Mamis immer wieder die schöne erste Zeit? Liebt man das Kind mit seiner voranschreitenden Entwicklung immer weniger? Wird meine große Liebe schrumpfen? Mich treibt diese Frage so um, dass ich die Mutter eines Jungen mit Schultornister beim Mittagstisch des Asiaten anspreche. Sie weiß sofort, wovon ich rede.

»Nein, die Liebe schrumpft nicht, aber man kann sie nicht mehr so leben, weil die Kinder sich körperlich entfernen. Erst wollen sie kaum vom Schoß runter, dann wollen sie nicht mehr rauf. Bei Jungen ist das ja auch gesellschaftlich geprägt. Nachdem mein Sohn mir morgens in der Schule ein Abschiedsküsschen gibt, erzählt er seinen Freunden, die böse Mami zwinge ihn zum Küssen. So peinlich ist es ihm, dass er auf sein Abschiedsküsschen nicht verzichten will. Ne, Jona?«

Der senkt den Blick auf sein gebratenes Hühnchen mit Reis. Flo liegt im Kinderwagen und flirtet mit der Deckenlampe, zumindest lächelt er sie an. Damit ist jetzt Schluss, ich hole ihn auf meinen Schoß und drücke meine Nase tief in seine Haare. Wie immer riechen sie nach klarer Meeresluft.

Ich bilde mir ein, seine biologische Mutter stamme von der Costa del Sol, deshalb steckt das Meer in jeder seiner Zellen.

Flo beginnt sein Aufwachritual. Ich streiche verklebte Haare aus seinem Gesicht, das sich langsam mit Leben füllt. Seine Wangen sind rosig, die Krankheit liegt Wochen zurück. Er kneift ein Auge auf und wird vom Licht geblendet. Da beginnt er zu jammern.

»Wein doch nicht, mein Süßer! Heute habe ich etwas Schönes mit dir vor.«

Als hätte Flo das verstanden, lächelt er mich an. Seit einer Woche verzaubert er uns mit dieser Fertigkeit. Sein erstes Lächeln schenkte er nicht seinem biologischen Vater, der ihn am liebsten in Schaumstoff legen würde, und auch nicht einer unbekannten Frau in Spanien. Er schenkte es der unfruchtbaren Triplo-X-Frau ohne mütterlichen Angstinstinkt. Flo und ich haben eine Nähe entwickelt, die jede Frage nach seiner genetischen Herkunft überflüssig macht. Er stammt nicht von mir ab, und ich bin alles andere als perfekt, aber ich bin an ihm dran, und das ist es, was zählt. Ich lächele zurück, lege ihn auf unser Ehebett und beginne mit dem Wickeln. Flos Finger haben das kleine Loch in meinem Kissen entdeckt und zuppeln Federn daraus hervor.

Fasziniert schaue ich ihm zu. Dass er so etwas schon kann, wundere ich mich. Ich puste die Federn in die Luft, selig blickt er ihnen hinterher. Deshalb ziehe ich weitere Federn aus dem Kissen und puste erneut. Flo gluckst, wie nur Babys glucksen können, und ich muss lachen. Schließlich reiße ich das Loch größer und schüttele den ganzen Inhalt aus dem Kissen. Flo ist außer sich, und ich bin es eigentlich auch. Immer wieder klaube ich die Federn vom Boden auf und wirbele sie durch die Luft. Es schneit. Und wie es schneit. Gemeinsam jauchzen wir und strecken unsere Arme in das Federmeer. Immer wieder rufe ich »Hurra« und »Ja«, und meine Stimme klingt wie die der kleinen Marta. Dabei fühle ich mich so frei und unbeschwert, wie die kleine Marta sich nie fühlen durfte.

Die Kriege der Zukunft werden um Wasser geführt, aber heute ist mir das egal, heute gehe ich mit meinem Sohn zum letzten Mal das allererste Mal zum Schwimmen. Als wir in die U-Bahn treten, halte ich Flo in meinen Armen. Wir leuchten, und die Menschen schauen uns an. Ja, seht her, so schön sind wir.

Im Schwimmbad angekommen, schläft Flo tief. Vorsichtig pelle ich ihn aus seinem Raumanzug, und er wimmert leise. Es ist hell und warm in der Schwimmhalle. Die Sonne strahlt durch alle Fenster und bricht sich im Wasser, dort zersprenkelt sie in abertausend Blitze. Flo wacht auf und staunt; der Raum ist erfüllt von goldenem Licht. Es ist schön hier und still, wir sind allein. Wir und die Sonne und das Wasser. Ich trage Flo in das warme Becken, und sein Körper entspannt sich augenblicklich. Als ich ihn auf den Rücken drehe, lächelt er mich an. Ich ziehe ihn durch das Becken, und er beginnt, mit seinen Beinchen zu strampeln. Nach einigen Bahnen lege ich ihn auf meinen Bauch, und wir spielen tote Frau mit totem Kind. Das Wasser löst die Trennungen zwischen innen und außen. Unsere Körper geben ihre Grenzen auf und fließen ineinander. Uferlos – wir sind alles, nichts und eins, Moleküle ein und derselben unendlichen Masse. Wir schweben. Einige Zeit später öffne ich die Augen und blicke auf die große Uhr. Ich erschrecke, pro Lebensmonat darf das Kind fünf Minuten im Wasser bleiben, Flo ist noch keine drei Monate alt, und wir sind bald eine halbe Stunde drin. Ich schaue ihn mir genauer an, aber er wirkt überhaupt nicht geschwächt. Im Gebärmutterwasser dümpeln sie monatelang vor sich hin, beruhige ich mich. Flos Mama sieht, dass es ihm gut geht. Und weil Tom keinen Einspruch erheben kann, machen wir die halbe Stunde voll. Dann dusche ich uns ab, und Flo schreit auf. Wie ich ist er ein Bader und kein Duscher wie Tom, konstatiere ich stolz. Ich kuschle uns in Handtüchern auf eine Liege und gebe Flo die Brust. Er saugt ohne Atempause, dann greift er nach der anderen Seite.

»Hui«, lache ich, »da hat ja einer Durst.«

Flos Augen fallen bald zu, und seine Lippen lösen sich von meiner Brust. Sein kleines Gesichtchen liegt auf meinem Bauch, der Mund schmatzt noch im Schlaf. Ich betrachte meinen kleinen Jungen, und da weiß ich plötzlich, wohin mit unserem dunklen Fleck. In meine Gebärmutter soll er hinein, natürlich nicht sofort und schön der Reihe nach. Was soll schon geschehen außer einem zweiten Wunder? Ein Zwilling würde Jahre nach seinem Zwilling aufgetaut und hoffentlich geboren werden. Mein Vater findet das suspekt, aber der ist nicht mehr mein Himmel. Genetisch betrachtet sind selbst normale Geschwister zweieiige Zwillinge. Wann welche Eizelle heranreift, ist Zufall, und damit ist auch die Geschwisterkonstellation willkürlich. Ob künstlich befruchtet oder nicht, letztlich entstehen wir alle gleich: Eine Hälfte von uns wartet als Eizelle in irgendeiner Gebärmutter darauf, dass sie endlich an die Reihe kommt, bis unsere andere Hälfte aus einem ganz bestimmten Penis katapultiert wird, weil wir sonst nicht wären, wer wir sind, sondern jemand anderes. War das nun

Glück oder Unglück – es hat uns niemand gefragt. Zufällig plumpsten wir aus dem Nichts alle an denselben Ort, wer auch immer von wem abstammt. Zur gleichen Zeit lebendig, können wir uns hier lieben oder die Hölle heiß machen, bis wir uns wieder ins Nichts verabschieden – außer uns interessiert das niemanden. Ich stecke meine aus drei X-Chromosomen bestehende Nase in die Haare des gemeinsam mit mir existierenden Flo und atme reine Meeresluft.

DANKSAGUNG

Ich danke Professor Griesinger vom Universitären Kinderwunschzentrum Lübeck für seine freundliche Unterstützung und den dreien, die schon wissen, wen ich meine, für ihre Existenz an meiner Seite.

QUELLEN

S. 9: Griffey, Benjamin: *Alaska*. Interpret: Casper. Universal / BMG, 2011.

S. 12: Uhlmann, Thees: *Schreit den Namen meiner Mutter*. Interpret: Tomte. Tamsongs Edition, 2003.

S. 12: Spilker, Frank: *Das bisschen besser*. Interpret: Die Sterne. Gold / Hanseatic, 1999.

S. 43–48: Alle Zitate beziehungsweise Informationen sind folgenden Wikipedia-Artikeln entnommen: de.wikipedia.org/wiki/Triple-X-Syndrom – de.wikipedia.org/wiki/Chromosom – de.wikipedia.org/wiki/Erbkrankheit – de.wikipedia.org/wiki/Trisomie – de.wikipedia.org/wiki/X-Chromosom (alle aufgerufen am 24.10.2015).

S. 44: de.wikipedia.org/wiki/Wei%C3%9Fe_Lichtnelke (aufgerufen am 24.10.2015).

S. 68: Spilker, Frank: *Themenläden*. Interpret: Die Sterne. Gold / Hanseatic, 1996.

S. 77: Ashcroft, Richard: *The Drugs Don't Work*. Interpret: The Verve. EMI Music Publishing, 1997.

S. 78: Acher, Markus: *Electric Bear*. Interpret: The Notwist. Home Music Community / Hanseatic, 1998.

S. 79: Naidoo, Xavier: *Dein Leben*. Interpret: Die Söhne Mannheims. Edition Wortgewandt / Hanseatic, 2004.

S. 79: Distelmeyer, Joachim: *Ich-Maschine*. Interpret: Blumfeld. Umfeld Edition, 1992.

S. 85 u. 95: Büchner, Georg: *Woyzeck*. Erstausgabe: Frankfurt a. M. 1879. Online: gutenberg.spiegel.de/buch/woyzeck-419/3 (aufgerufen am 05.08.2015).

S. 87, 106 u. 109: Lewitscharoff, Sibylle: *Dresdner Rede »Von der Machbarkeit. Die wissenschaftliche Bestimmung über Geburt und Tod«.* Gehalten am 02.04.2014. Online: www.deutschlandfunk.de/dresdner-rede-von-der-machbarkeit-die-wissenschaftliche.1818.de.html?dram:article_id=279389 (aufgerufen am 01.08.2015).

S. 88: Domenico Dolce im Interview mit Panorama (16.04.2015). Online: www.spiegel.de/panorama/leute/elton-john-kritisiert-dolce-und-gabbana-fuer-leihmutter-kommentare-a-1023640.html (aufgerufen am 03.08.2015).

S. 132: Greenall, Finian Paul; Whittaker, Guy; Thornton, Timothy William: *Perfect Darkness.* Interpret: Fink. Just Isn't Music / Rückbank, 2011.

S. 134: Tweedy, Jeff: *Sky Blue Sky.* Interpret: Wilco. BMG, 2007.

S. 176: Mitu Khurana zitiert nach Blume, Georg: *Eine mutige Kämpferin.* Artikel vom 28.11.2012 auf taz.de: m.taz.de/!5078462;m/ (aufgerufen am 15.08.2015).

S. 188: Spilker, Frank: *Was hat dich bloß so ruiniert.* Interpret: Die Sterne. Gold / Hanseatic, 1996.

S. 190*f*: Kafka, Franz: *Die Verwandlung.* Erstausgabe: Leipzig 1915. Online: gutenberg.spiegel.de/buch/die-verwandlung-165/1 (aufgerufen am 05.08.2015).

S. 232: Rilke, Rainer Maria: *Der Panther im Jardin des Plantes, Paris.* In: Neue Gedichte. Erstausgabe: Leipzig 1907, S. 37.

S. 232: Richter, Jean Paul: *Erstes Blumenstück. Rede des toten Christus vom Weltgebäude herab, daß kein Gott sei.* In: Siebenkäs. Erstausgabe: Berlin 1796/97. Online: gutenberg.spiegel.de/buch/siebenkas-3215/47 (aufgerufen am 08.08.2015).

Lucie Bach
TRIPLO X
Ein Kinderwunschroman

ISBN 978-3-86265-542-7
© Schwarzkopf & Schwarzkopf Verlag GmbH, Berlin 2016
Alle Rechte vorbehalten. Dieses Werk ist urheberrechtlich geschützt.
Jede Verwendung, die über den Rahmen des Zitatrechtes bei korrekter und vollständiger Quellenangabe hinausgeht, ist honorarpflichtig und bedarf der schriftlichen Genehmigung des Verlages.
Autoren- und Coverfoto: © privat

KATALOG
Wir senden Ihnen gern kostenlos unseren Katalog.
Schwarzkopf & Schwarzkopf Verlag GmbH
Kastanienallee 32, 10435 Berlin
Telefon: 030 – 44 33 63 00
Fax: 030 – 44 33 63 044

INTERNET | E-MAIL
www.schwarzkopf-schwarzkopf.de
info@schwarzkopf-schwarzkopf.de